ALL VOICES FROM THE ISLAND | 島嶼湧現的聲音

島嶼幻想曲

ISLAND FANTASIA

戰地馬祖的
想像主體
與未來

Imagining Subjects on the Military Frontline between China and Taiwan

林瑋嬪

目次

圖表清單

中文版序

本書改寫自我在劍橋大學出版社（Cambridge University Press）出版的*Island Fantasia: Imagining Subjects on the Military Frontline between China and Taiwan*（收錄於「劍橋臺灣研究叢書」，二〇二一年）。田野工作始於二〇〇七年，深入調查止於二〇一八年。英文版出版後，我曾於國科會人社中心、清華大學、英國倫敦大學亞非學院、美國加州大學聖地牙哥分校、華盛頓大學臺灣研究中心以及臺灣大學社會系做新書發表。我感謝何明修、李威宜、羅達菲（Dafydd Fell）、廖炳惠、洪廣冀與黃克先的主持，以及參與者的提問。魏樂博（Robert Weller）、宋怡明（Michael Szonyi）、穆爾克（Erik Mueggler）、呂欣怡、陳俊斌與焦大衛（David Jordan）對英文版仔細的閱讀與精采的評論，讓我收穫甚多，我在中文版盡量做了補充與改進。

我也希望表達對李豐楙院士深刻的謝意，他在中文稿剛完成時仔細地閱讀書稿，提出寶貴意見，讓我獲益匪淺。陳弱水教授也協助了本書部分歷史文獻的解讀。能夠與臺大同學們——涂峻清、康舒雅、余東栩、王佳臻、黃立元與謝竹雯——在一起討論這本書是一個愉快的經驗。他們的詮釋反映年輕世代的觀點，對我的寫作頗有助益。黃郁茜與張正衡的閱讀迴響也讓我感受到這本書的活力。

中文版寫成後，我將書稿帶回馬祖，與楊綏生縣長、劉家國站長、曹爾嵐村長、曹雅評、李問以及一些我曾訪問過的人一起探討這本書的內容。他們不但仔細地閱讀，也提出不同的想法。我或許無法將他們的意見一一納入，但是在凝聚如此多人的心思與智慧後，中文書可說已是「二次創作」，與英文原版有了不同的風貌。本書也加入更多陳天順的畫，讓他的圖來傳達他內心的世界。每一章也以馬祖人謝昭華的詩做前引。他們的創作讓本書生色不少。

林宜水一家人從田野開始至今都把我當女兒一樣照顧，我深深地感謝他們。生活中我常與身邊的人聊起金門馬祖，陳仁傑與王嘉能是最好的聆聽者。曾信喻在金門當兵的經驗豐富了我對戰地的認識。周致廷律師以專業協助我處理出版過程中的法律事務。我的家人與Pinaki再次是整個改寫過程的堅強後盾。

中文版的編輯有許多人付出心力：彭佳鴻細心地重新編排中文與繪製地圖，我感謝他多年來的協助。王傳信與邱雪清協助影像後製，讓本書的圖像在文字外能發揮重要的力量。我衷心地感謝春山出版社盧意寧編輯細心專業的潤稿與莊瑞琳的支持，是她們的鍥而不捨讓這本書能以最好的形式呈現。

英文版序

我在二〇〇六年因一場學術會議邀請首次來到馬祖。那時，由於大三通即將開始，島民不斷在思考馬祖未來應走向何方。在此次造訪中，馬祖人與海洋既接近又陌生的關係讓我十分好奇。從那時開始前後十幾年，我曾多次造訪馬祖，調查工作仰賴許多馬祖人的友誼與幫助才能順利進行。我由衷地感謝我曾拜訪過的馬祖人，謝謝他們的接納、分享與教導我關於馬祖的知識。為了保護我曾訪問者的隱私，本書提到的人名，除公眾人物外，多以匿名方式處理。

在馬祖生活需要很多智慧，有時需耐心等待（尤其經常遇到無法降落而取消的航班），但更多的時候需要當機立斷（如打麻將）；其中，馬祖人勇於冒險的賭徒精神與想像的能力始終讓我感到驚異。在馬祖我最感謝的是收養我的家庭：「老爸」、「老媽」、「大哥」與「依弟」一家。在馬祖田野工作中，他們給我最大的支持以及最溫暖的情感。尤其是老媽，從她每天為家人準備的豐盛晚餐中，我特別能感受到家對馬祖人的意義。

田野工作由國科會與臺灣大學研究經費支持。哈佛大學燕京學社、蔣經國基金會與臺大文學院資助了本書出版經費。我在二〇一七至二〇一八年間，在美國訪問時完成書稿，感謝哈佛燕京學社提供一個舒適的環境讓我可以專心寫作。我感謝哈燕社的同仁，特別是李若虹在訪問期間的協助。

宋怡明（Michael Szonyi）、李仁淵與羅士傑曾與我一同到馬祖旅行，此行我收穫很大。我特別感謝宋怡明教授，他的金門研究開啟了我對馬祖的興趣。他在這段旅程中提出的問題讓我更認識到馬祖歷史的重要性。

本書中有些章節曾在哈佛大學、波士頓大學、密西根大學、布朗大學、廈門大學、臺灣大學、政治大學、中研院以及美國亞洲研究年會中發表。我感謝穆爾克（Erik Mueggler）、裴宜理（Elizabeth Perry）、羅伯松（James Robson）、張倩雯（Rebecca Nedostup）、黃向春、黃厚銘與鄭瑋寧的邀請，以及參與會議者的意見。本書部分章節曾以期刊論文發表：如第五章（《考古人類學刊》）、第八章（《台灣社會研究季刊》與*Material Religion*）與第九章（《考古人類學刊》與*Comparative Studies in Society and History*）。

我感謝許多人在這幾年來的支持。李豐楙與劉苑如夫婦一直是生活中與學術上的好友。哈佛大學亞洲中心的編輯Robert Graham與Chatterjee一家總是對馬祖的故事充滿好奇。施永德（D.J. Hatfield）與黃應貴曾讀過初稿，提出非常有幫助的意見。我非常感謝魏樂博（Robert Weller）多次邀請我參與工作坊，也在本書最後完成階段仔細閱讀，提出寶貴的修改建議與支持。我也希望表達對鄭依憶最深刻的感謝，從田野工作的進行到書稿的撰寫過程，她都經常與我討論、分享她的智慧，並在精神與情感上支持著我。

這本書最後能成形匯聚了很多人的心力。臺大人類學系的馬祖同學，王惇蕙與曹以勳，與我一起工作一段時間，並介紹他們的家人給我認識。我也從課堂上同學們的閱讀與討論中收穫不少，包括張廣東、余俊鋒、甯格、蔡恩亞、彭菡萏、桂綺、郁鴻軒與沈陽。彭佳鴻十分細心地繪製這本書中的圖表與編輯參考資料。唐宜傑協助馬祖福州話拼音。Eleanor Goodman與Geoffrey Voorhies修飾本書的英文。我也感謝劍橋大學出版社兩位編輯Angela Roberts與Catherine Smith的協助，以及Joe Ng在出版過程的導引。

我的母親楊紫姻女士以及兄長沂鋒、沂祥、姐姐達玲在生活中一直照顧著我，我經常在生活的細節中感受到他們對我的愛。最後，我感謝Pinaki，這本書在他的鼓勵與陪伴中完成，我將這本書獻給他。

馬祖福州話拼音方式

本文使用的標音符號根據國際音標（IPA）略加調整，與「馬祖福州話拼音方案」一致，為該方案採用的標音符號系統。該方案資料可見於《維基百科》網站。[1]

有一些補充說明如下：

一、b與j兩個輔音僅在「聲母類化」（initial assimilation）現象中出現，實際發音分別為國際音標（IPA）的β與ʒ。聲母類化是指一個音節（syllable）的聲母在多音節詞中受前一字的韻尾或最後一音的影響而產生的同化現象，此現象僅發生在第一音節之外的音節上。（漢語每個音節都由聲母和韻母組成，聲母即是開頭的子音。在福州話中，如果一個詞有兩個以上的音節，則除了第一個音節之外，各個音節的聲母都可能會改變，而改變的方式是由這個聲母的前一個音而定。）

二、h用來表示聲母時為喉擦音，用來表示韻尾時為喉塞音。

三、y為圓唇前高元音。

四、oe為圓唇前中元音，相當於國際音標的ø。

五、本文使用上表所示符號，但省略聲調符號。

輔音符號如下表所示：

發音方式＼發音部位		雙唇	齒齦	齦後	舌根	喉
塞音	不送氣清音	p	t		k	H（韻尾）
	送氣清音	ph	th		kh	
鼻音		m	n		ng	
擦音		（b）	s	（j）		h（聲母）
塞擦音	不送氣清音		ts			
	送氣清音		tsh			
邊音			l			

元音符號如下表所示：

	前		中	後
	展唇	圓唇		
低	i	y		u
中	e	oe		o
高			a	

1 https://zh.wikipedia.org/wiki/馬祖閩東（福州）語注音符號

導論 想像的主體

一群廢彈殼堆裡的瓢蟲集體於山區
越冬，等待漫長酷寒的灰色季節遠去
春天的馬鞍藤伸展欣喜的長莖
我們等待，像褐黃膚色的黑翅蟬若蟲
伸展在地底潛伏已久的觸角，彷彿經歷
一場唐突夢境，不期而遇的荒謬劇
意識猶疑於夢與醒的邊境

〈如歌的行板〉

馬祖列島位於臺灣與中國之間，是比初步蘭群島（Trobriand Islands）更小的島群。[1] 站在這個屬於臺灣的島上遠眺，白天可以看到對岸貨船往來，晚上則是燈火紛繁閃爍——中國只在咫尺之遙！現在從馬祖北竿搭船到對岸黃岐只需要半個小時，但是到臺灣卻要穿過海象惡劣的「黑水溝」——也就是臺灣海峽；九個小時的航程加上不時顛簸的海浪，感覺比越過太平洋到美國還要遠。

圖0.1　漫步於石頭屋之間（作者攝）

初次來到這裡，容易被島上隨處可見的石頭屋吸引。不同於閩南院落型的民宅，它們多半為單體二樓建築，依山勢高度相互比鄰，看起來精緻可愛。[2] 它獨特的名稱「番仔搭」（*huang ngiang nah*），說明它們混合了西方建築的元素。據說這是一八四二年簽訂《南京條約》福州開港後，師傅參考西方在中國的建築改良而成的形式。走在村落中，偶而會發現石頭屋外牆上仍有「光復大陸」、「消滅朱毛漢奸」、「軍民合作」的標語，訴說著這個島嶼曾有的戰地前線歷史。不少石頭屋經過後來的聚落保存修繕計畫改造後，今日已成為民宿或咖啡館。昔日的番仔搭現在紛紛取起具有歐洲風味的「地中海」、「聖托里尼」

或「愛情海」等時髦名稱，走在巷道中彷彿進入了歷史的長廊（圖0.1）。

對比著地上素樸的石頭屋，矗立在南竿島山頭的是一座精心打造、在二〇〇九年才完工不久的媽祖巨神像。由於馬祖地名淵源自島上的媽祖廟（也就是現在馬祖村的天后宮），近年來許多地方發展計畫都以「媽祖在馬祖」為號召。巨神像模仿湄洲媽祖神像形式建造。現在的她不再只是望著茫茫大海，召喚漁民歸來。媽祖巨神像的角度據說經過特別的調整以注視著她在中國莆田的出生地：湄洲。她的凝望透露著當代馬祖人以媽祖重新連結臺灣與中國的熱切渴望與想像。

想像、媒介與當代社會

社會想像（social imaginary）是人們對於生活世界與存在意義的共同認識，也是社會實踐的基礎（Taylor 2004: 23-24）。不過，想像（imagination）在過去並非人類學者的核心關懷，這與人類學過往較少關心個人及其思考過程有關（Robbins 2010）。然而，想像的議題在當代社會愈來愈不容小覷；相關民族誌專書也逐漸出現（Mittermaier 2011; Weiss 2009）。這類研究由於更能描繪受苦者如何面對二十一世紀的生活困境與未來，而受到關注（Robbins 2013）。人類學與文化研究界最近甚至曾經出現以「想像」取代「文化」或「意義」的倡議（Strauss 2006: 322）。[3] 那麼，想像究竟為何愈來愈重要？

無疑的，當代新式媒體技術的蓬勃發展給予想像更多的展現空間，這是不爭的事實。然而，當代社會面對未來的不確定性，也助長了各式各樣想像的發展，在各領域中都有相關的探討。[4]阿帕度萊（Appadurai 1996）從一九九〇年左右開始以系列著作探討想像在當代社會的重要性：他認為想像的作用是當代社會的特質，構成現代主體性的要素（31）。一九八〇年代後，大眾媒體的普及與大量的遷移裂解了傳統社會中人與土地緊密的連結：原本由村落—區域—國家井然有序的整體在這過程中逐漸「去地域化」（49）。大眾媒體的普及標誌了新時代的來臨，並以其快速的傳播速度與介入公共論述的力量，重構了我們所在的社會。媒體如此，遷移亦同。遷移原是人類社會常有的現象，但是當現代的遷移伴隨著電子媒體的訊息、影像，以強烈的感染力快速傳播時，文化的傳遞便不會以原來的方式進行；想像的力量在其中占有愈來愈重要的角色（53）。

不過，阿帕度萊並非否認傳統社會有想像的存在，而是告訴我們當代社會如何因新的大眾媒體出現而帶來不同的想像。[5]現在，想像成為日常生活的一部分；個人可以與更廣袤的全球世界協商以建構現代自我與主體。整體而言，阿帕度萊的論述一方面承繼了過去相關作品的探討，另一方面，也將想像與當代社會連結，提供了後來研究重要的啟發。以下，我將進一步探討在他前後逐漸匯集之關於想像的重要議題。

想像（individual imagination）是人們與生俱來的能力，每個人都有想像的能力。然而，事實上只有某些想像能夠從個人擴展到集體，成為多數人共享的「社會想像」（social imaginary）——也就是，對社會產生重要的影響，為大部分人所共同接受的意象（image）或表徵（representation）。[6] 在過去的研究中，促成個人過渡到集體的轉換媒介受到相當的關注。例如，安德森（Anderson 1991[1983]）在其經典著作《想像的共同體》探討印刷資本主義如何從根本上轉變了人們思考世界的方式。他以小說與報紙為例，說明它們如何創造出同質、空洞的時間以及可類比的社會空間。這種對時間與空間的建構使得人們對國家的想像可以奠立在同樣的基礎上，從而創造出彼此的一體感。

想像對現代社會的重要性，在哲學家泰勒（Taylor 2004）的書中有更系統性的論述。他認為西歐的現代性蘊含了人們共享的社會想像。革命性的社會想像通常來自菁英或先知者對道德秩序的創見。在歷史的長征中透過三種「社會形式」（social forms）逐漸滲透到人們的心中，成為一般大眾的想像。這三種核心的社會形式分別是：市場經濟、公共領域及自我管理的人民。

將創造共同想像的方式由媒介技術擴展至各樣的社會形式的討論是泰勒重要的貢獻。但是他的研究缺乏從個人到集體滲透過程的分析，也沒有告訴我們在此過程中產生的緊張與衝突如何解決（Crapanzano 2004: 7）。因此，不令人意外的，接下來的研究就逐步聚焦在「想像技術」（technologies of imagination）的探討上，特別是，想像如何被引發的過程分析（Sneath et al. 2006: 11）。媒介的作用當然是其中的要角。貝爾廷（Belting 2011[2001]: 20）指出媒介是一種「活化的行動」（an act of animation），中介了個人與集體想像之間的轉換。合適的媒介能夠開啟眾人的認識之門，使得存在於個人心中的圖像（image）能在公共空間中被理解，最後成為集體圖像（picture）。梅耶（Meyer 2015）在非洲加納的研究進一步發展了這個觀點，探討電影如何扮演「創造共時性的行動者」（synchronizing actor），將個人想像轉換為共享的集體意象。

不過，在當代社會中，人們愈來愈是生活在複數的想像世界中。換言之，在擺脫了傳統血緣或地緣的限制後，人與人的連結比過去更為複雜且異質。許多新的要素，如族群、媒體、科技、財金與意識形態，能串連出更大尺度的想像，或「景觀」（scape），對社會生活產生新的影響（Appadurai 1996: 33）。這些景觀具有流動，不規則特質，而且足以與官方想法競爭。總之，阿帕度萊提醒我們：人們在當代社會中，想像的世界愈來愈是一個持續流動的爭論空間，其關係也無法再以傳統的政治經濟學或中心／邊陲二元的方式來解釋。因此，要如何進一步理解這些不同想像的出現，以及它們在當代社會的意義呢？

看不見的想像主體

雖然前述許多學者都對社會想像提出重要的見解，但是他們的作品也都蘊含了一個預設，即，他們都從社會角度出發，以社會為前提分析想像。然而，這樣的做法並沒有真正面對個人想像的問題（Crapazano 2004: 1; Rapport 2015: 8; Robbins 2010: 306），或者更正確地說，並沒有真正面對想像主體的存在。我認為造成過去研究中想像主體隱身的原因有二。

首先是過去的理論往往採取由上而下的觀點。我們可從前述安德森、阿帕度萊與泰勒幾位學者繼續來談。以安德森為例，他從印刷資本主義探討想像與想像共同體形成的可能，不過他的研究卻很少觸及其中想像的個體（Axel 2003: 121）。同樣的，阿帕度萊的研究強調當代人們因大眾媒體與空間遷移而擴展了想像的尺度，但是他更關注媒介與技術的發明帶來的影響，鮮少碰觸到想像的主體。事實上，他不認為個人想像是重要的，例如他區分兩種想像形式（1996: 7）：一種是幻想（fantasy），它是私下、個人的，且容易散逸。另一種是集體的想像（collective imagination），它是社會行動的起點，創造了鄰里、社會與國家。很明顯的，他重視的是後者。最後，泰勒的研究雖然觸及了個人，特別是菁英的思考，以及他們的想法如何透過經濟、政治與公共領域向一般大眾滲透。但是他的討論卻很少論及一般人如何在其中溝通、轉圜、甚至重新創造的過程。

另一個看不到想像主體的原因跟歷史或社會有關，也就是在某個時代或社會中，有一個更大的制度存在，使得個人想像不易被看見或輪廓模糊。以本書的研究地點馬祖為例，馬祖列島一直到十八世紀都是中國的「外洋禁山」，官方可以隨時勒令人們遷離。居民來此往往只是暫居，以捕魚為生。島上的社會關係也以原鄉（即福州沿海地區）的血緣或地緣關係為基礎，重要節慶也回到大陸舉行（見本書第一章）。由於許多生活面向的完成要仰賴大陸，那時島上的生活只是人們生活世界的一部分。即使有雄霸一方的海盜，能開創他們自己的天地，但往往只是曇花一現，無法持續。總之，在這個時期的島嶼生活短暫且片段，加上資料有限，我們不容易得知當時個人想像的內涵。

二十世紀的國共戰爭與美蘇冷戰改變了馬祖列島的命運。馬祖瞬時被封鎖於臺灣與中國之間，成為保衛臺灣對抗中國的前線戰地。島嶼上從一九五六至一九九二年實施了長達三十六年的軍事統治。在這段期間，軍事政府在島上進行了大規模的現代化建設，廣設中小學，甚至建立保送制度遣送優秀學生到臺灣接受高等教育，大大地改造了原本幾近荒蕪的島嶼。然而，成為戰地前線也使得漁民出海受限，原本島民賴以為生的漁業逐漸凋敝，以致將近三分之二的人口在一九七〇年間陸續外移。雖然有軍需產業隨之興起，政府機關也提供新的工作機會，但是一般人在軍人掌權下多半位於基層，更不用說那時在思想與行動所受的限制。

面對軍事統治，個人想像往往是隱藏的，或只能在私下表露。例如，馬祖漁民往往知道大海中哪些地方可以逃過軍方的監控與對方漁民往來，得到片刻的釋放與快樂。但這些自由時刻往往也只是插曲，短暫且隱蔽（見第三章）。島民在戰地政務時期也將原來漁村社會男人的休閒娛樂——賭博——延伸到各個社會階層中，調劑枯燥單調的軍事生活。但賭博仍只是存在於島嶼的角落，如桌底下、坑道中或人跡罕至的林間（第四章）。

無疑的，如此遍布於生活中的壓抑也促使馬祖人，特別是當初曾到臺灣就學、吸收自由之風的年輕人，在臺灣民主運動風起雲湧之時，隨之走上街頭爭取自由。透過在臺灣的兩次靜坐與遊行，馬祖人積極的爭取終於終止了馬祖軍事統治。一九九二年金馬戰地解嚴後，馬祖也重獲自由。航空、海運與通訊的改善使得馬祖人與外面世界連結，島嶼不再封鎖孤立。此時我們看到馬祖人活躍於新的地方網路媒體——《馬祖資訊網》，在那裡他們自由發表意見、連結跨地的力量並參與公共議題。我們看到政治的解禁與網路的普遍後，才使馬祖人的個人想像有更大的發展空間。

主體化與倫理想像

值得進一步思考的是：久經壓抑或禁錮的人要如何成為一個想像的主體？他們的主體性如何產生？主體化的進程與經驗為何？我從摩爾（Moore 1994, 2007, 2011）的研究得到了不少的啟發。

摩爾（2011）告訴我們過去人類學對主體性的定義非常寬鬆，學者往往有不同的看法。一般而言，它通常指的是「涉及情感、認知、道德與能動性的內在情境或概念」(Biehl et al. 2007: 1; Ortner 2005: 31，也見 Holland and Leander 2004: 127; Luhrmann 2005: 345）。其中，尤以能動性（agency），也就是人在世界的行動更為一般學者所強調。

在這些一般性的定義中，學者又分別從兩個面向探討主體性的出現。第一個面向是奧特納（Ortner 2005）透過再閱讀葛茲（Clifford Geertz）所提出的；她認為人的主體性，也就是人的情感與思考是由「文化和社會所塑造、組織與激發」(2005: 31）。奧特納的重點很明確的是放在文化與社會的模塑力量上（34）。另一個重要取向則由凱博文與菲茨—亨利（Kleinman and Fitz-Henry 2007: 53）所提出，強調「經驗」的重要性，以經驗來解釋主體性的異質、變異與偶發。他們認為經驗是互為主體的，在人與人互動的過程中包含了實踐、協商與競爭。經驗因此也是個人與集體相互影響、辯證與融接的重要媒介。他們雖不否認人的主體性由文化象徵或社會互動建構，但與奧特納不同的是：他們更強調經驗如何能夠提供個人重新詮釋與重構文化內容與社會關係（53）。

但是，摩爾指出在凱博文與菲茨—亨利這樣的研究取向中，「經驗」事實上是一個相當鬆散的概念，其內容究竟為何並不清楚。互為主體性的內容更是空泛，如此使得主體性理論化的層次無法提升。更重要的是，這些分析方式對摩爾而言，都局限在個人的框架之中，沒有探討主體化發生的形式與機制（the forms and mechanisms of subjection）（Moore 2011: 73）。對於那些可能促成改變的因素，往往只是很粗略地被歸為「外在因素」。內在自我因此與外在影響被區隔、二分。若有交錯，其結果往往被認為只是一種現代性與全球化的「混成」（hybridity）。

摩爾認為我們若要認識主體性如何形成與改變，就必須要突破傳統內外二分的預設，進一步理解「主體化過程」（the process of subjectification），或者是「成為主體」（becoming a subject）究竟如何發生。在她早期的作品中（Moore 1994: 55, 2007: 17），她區分了自我與主體，說明自我如何由多重主體位置所建構。之後，她繼續探索不同形式的媒介，或以她的話來說，不同媒介是重塑自我成為「不同可能的形式」（the forms of the possible）。她以新媒體技術為例，說明它們如何可以增強、放大內在的意義與情感，補充與延展了人的感官經驗與情感（2011: 116），帶來新的能動與連結。如此的主體化過程不僅創造了新的主體，也重構了自我以及自我與他人的關係。因此，她認為我們應該打破內外之分，將這些新的技術視為類似於人的「第二天性」（second nature）一般，探討它們如何為人擴展了新的世界，使人們成為「關係的主體」（relational subject）。而且，媒體技術只是多種媒介之一，摩爾認為人們也透過物（Latour 1993, 2005）或藝術（Gell 1998）延展自身，創造新的社會關係與文化。她說：

> 透過物與技術，人們延展時空觸及他人，從其中建立了新的自我、社會關係與社會本體……新的技術增進我們虛擬與創造社會關係的能力，它們不只帶來了新的視域，也生產新的情感與張力，並將之接力傳遞，最後創造了新的文化能力與形式。（Moore 2011: 127）

在探討主體概念時，摩爾從主體的發生、重塑自我的技術以及人與他人的關係的角度切入，無疑相當受到傅柯「倫理的主體」概念的影響（Foucault 1985, 1998）。但是她進一步將之發展為「倫理的想像」（ethical imagination）（Moore 2011: 15-21; Long and Moore 2013），更關注在人與新媒介技術互動過程中所產生之情動、感情與幻想（affect, emotion, and fantasy），並強調無意識的情感如何可能改變人，以及人與他人的關係。有關情感的研究，有的學者將「情動」（affect）從「情感」（emotion）區分出來，強調情動無意識、非結構、非語言的面向，其中代表性的學者為馬蘇米（Massumi 2002）。也有的學者強調二者事實上難以區分而交互使用，如研究情感著名的學者盧茨（Lutz 2017）。本文傾向後者，雖然在某些分析中仍會區分二者，以做進一步討論。

今日，多面向、更著重情感的民族誌視角不但在人類學研究愈來愈重要，也相當有助於我們理解馬祖在解除戰地政務後想像主體的形塑過程。本書第六章〈網路戰地記憶〉即是最好的例子。

從傷痕地景中重新出發

《雷盟弟的戰地童年》系列是在馬祖地方網站——《馬祖資訊網》——從二〇〇五年秋至二〇〇九年春長達三年多的網路連載。它由遷移到臺灣的馬祖人陳天順作畫以及他的臺灣太太夏淑華書寫。刊載期間得到網民很大的迴響，最後集結成書，在二〇〇九年出版；該書在二〇一〇年被選為「馬祖之書」。

陳天順在馬祖戰地時期成長，島嶼豐富的文化、人情與生態環境在他年幼的心中留下了深刻的印象，不過軍事統治的壓迫與恐懼也帶給他莫大的心理創傷。他們家在他十五歲時因漁業沒落而搬離馬祖。由於具有藝術天分，他之後在復興美工接受藝術教育，畢業後從事動畫創作。然而，搬到臺灣後，他不常與馬祖人往來。與家人在臺北近郊過著獨居生活般的他，有二十七年的時間沒有再踏上故鄉的土地，即使對妻子也不願意再提起那段過去。

一直到《馬祖資訊網》的出現提供了創作與發表的平臺，他才逐步將那段深藏於內心深處的童年回憶畫出來。在這個過程中，他得到妻子生動的文筆與網民的熱情支持。技術上，Web 2.0參與式社群網路的出現使得協同運作成為可能（Djick 2007; Cappelletto 2005a, 2005b）。在快速的互動中，產生共鳴、凝聚情感，一個共同的戰地馬祖記憶逐漸成形。它是由陳天順、夏淑華以及網民透過「情感的接力」（relay of emotion）一同完成。在這個過程中，內／外、個人／集體的界線被跨越，陳天順也因而能夠逐步走出那段陰霾的過往，重新面對馬祖。書出版後，他被邀請回到馬祖舉行發表會，也到小學教導孩童作畫。重新回到馬祖甚至激發他重新思考自己的倫理價值——他認為他應該為那些因戰爭而受到傷害，以及為那些無人記得、無人哀悼的死者爭取應有的位置，抵禦遺忘。因此，雷盟弟的網路創作可說是陳天順主體化的過程：他整合了個人的價值、道德與情感，重新發出動能。馬祖這塊土地對他不但有了新的意義，未來更有不同的可能。

如此的主體化過程不只發生在陳天順身上，也可從軍管時期被保送至臺灣求學、後返回馬祖擔任重要職位的中生世代身上看見。讓我們先回到解嚴後馬祖面對的挑戰來看。在一九九二年解嚴的同時，馬祖的未來也面臨極大的不確定性：因為，經過三十六年的軍事統治，馬祖的經濟早已從漁業轉變為仰賴軍人消費的軍需產業；然而此時兩岸關係緩解，駐軍逐年減少。當軍需經濟不斷衰頹時，馬祖的未來究竟要走向何方？雖然二〇〇一年「小三通」暫時緩解了一些焦慮，但當二〇〇八年實施「大三通」時，兩岸已經跳過馬祖、金門而與中國直接通航，今日孤立於海中的馬祖要如何才能避免重回百年前邊陲荒島的困境？

此時，一連串發展島嶼的構想——或者更正確來說，是一系列將馬祖重置於兩岸、亞洲與世界的「想像」——被提出，不斷嘗試為馬祖的未來尋求新的可能。其中，幕後的主要推手，正是那些軍管時期被保送到臺灣求學的中生世代。他們在馬祖成長，共同歷經了軍事統治的艱辛與創傷。在赴臺吸收了臺灣與世界的知識後，重組了他們的戰地遭遇與在臺經驗，回鄉後為島嶼的未來提出新的願景。

我要強調的是：這些人不只是擅於規劃的「思考者」(thinking subject)(Miyazaki 2013: 6)，而更是「想像與情感的主體」。特別是經歷軍事統治的壓抑後，人們更渴望為這塊充滿傷痕的土地重新尋找出路。因此，對馬祖未來的想像的探討，我認為首先必須從個人的角度來理解。在人們一次又一次將馬祖重置於兩岸、亞洲與世界的想像中，也是一個接一個發揮創意與自我探索的歷程。

其次，這些重置本身，對於經歷戰爭的人們整體而言也意義重大：作為前線，馬祖過去一向被視為「臺海堡壘」或「反共跳板」，馬祖的價值建立在軍事戰略意義上。在解嚴後，這一系列重新想像馬祖的計畫，也就成為長期受到國家壓迫的人們尋找新的認同與存在的方式。這些新的想像在過去往往只從政治經濟的角度來理解。本書指出：它們同樣也是馬祖人們集體探索的主體化過程；受到戰爭壓抑的人們透過重構地方，也重塑了自我。

以小搏大的想像主體

但是，新的計畫不見得都能成功，而且，實踐的過程事實上處處充滿風險，且經常要面對失敗。然而為何馬祖人在二十一世紀所提出的願景卻是一次比一次更大膽、規模更出人意料，甚至具有冒險性？而且，即使失敗也不留戀地繼續尋找下一個機會？

生活在物資不充裕的島嶼，面對廣大的世界，馬祖人向來強調勇於冒險、與之一搏的精神：也就是，以有限的資源去拚搏未來；這是島民重要的生存之道。如此之特質在漁業時期尤為明顯，島嶼重要的娛樂——賭博——提供了重要線索。無論在耗盡體力的海上作業後，或在陸上等候潮水時，賭博都可作為漁民調劑與解悶之用，因此是島上男人主要的娛樂。不過，賭博與打魚之間有著更多互為表裡的關係。漁民在海上要面對各種瞬息萬變的情境，他們不但應變的能力要強，更要有冒險的勇氣才能有所斬獲。因此賭博中所蘊含的運氣與拚搏精神培養了漁村男子面對海洋所必需的賭徒性格。

不過，軍管政府來到後卻將賭博視為民間陋俗而百般禁止。然而，賭博作為島民生活的一部分，不但頑強地在縫隙中繼續存在，甚至配合前線生活節奏，發展為戰地全民的日常；在軍事統治中成為人們逃離與戲謔國家的管道。解嚴後，馬祖人勇於一搏的賭徒冒險精神經過時代的淬煉後，更觸發新的想像；在面對不確定的前景時，一系列嶄新的行動被激發出來，「賭馬祖一個未來」。

如此「以小搏大的想像主體」是本書主要的關懷。我從三個面向來分析它的形成、擴展，同時也探討它在當代世界的浮沉與徘徊。

想像主體的形成

所謂的個人可以是一般人。每個人都具有想像的能力，在社會生活與歷史經驗中，逐漸淬鍊出個人的價值與理念。個人能力、社會文化生活經驗與歷史遭遇在本書因此成為分析個人想像的形成要素。所謂社會文化，並非固定不變的傳統；島嶼生活本就瞬息萬變，人也始終處於不斷的萌生之中（Biehl and Locke 2010; Deleuze and Guattari 1987）。其中，那些具有比較特殊歷史經驗的人們往往更是「關鍵人物」(key social actor)(Boyer and Lomnitz 2005: 113)，在社會急遽變動時帶入新的想像。他們的掙扎、思考與情感在本書中會有深入的鋪陳。

另外，想像的主體也可以是有共同特點的一群人。來自相同生活經驗的世代、性別或社會階層容易因同樣的成長背景與工作性質形成類似的未來願景。如同上述，今日馬祖的中壯世代多半在年輕時期曾到臺灣接受高等教育或工作，他們在那裡受到新思潮的激勵，在軍事統治後期回鄉服務。當馬祖解嚴後他們逐漸在地方政府獲得重要職位，有了將他們個人思考發展為社會想像的機會。不過，這並不代表他們就可以支配或單方決定社會想像的形成。相反的，這個世代群體也一直不斷面對不同的意見，而必須與那些和他們有著不同歷史經驗與社會遭遇的人協商：例如那些過去與海搏鬥的年長漁民，以及出生在九〇後、從未有戰爭生活經驗的後軍事世代。從這個角度來看，本書不同於過去研究的做法，更加關懷不同的想像主體以及他們之間協商的過程。

除了世代之外，性別也相當重要。仰賴勞力付出的漁業傳統上重男輕女，女性的生活往往以家為重心，不容易獲得高等教育的機會。對她們而言，要擘劃出一個宏觀的馬祖未來藍圖事實上並不容易，也並非她們生活主要的目標。然而，她們今日在家庭與事業之間的掙扎，反而如同稜鏡一般，折射出馬祖人面對當代挑戰的困境與努力。

新媒介技術與主體化想像

其次，本書探討想像的主體如何透過新媒介技術將他們的個人想像滲入社會大眾之中。受益於上述摩爾的研究，我分析人們如何透過媒介技術以延展個人想像、連結新的社會關係與創造文化認同。在本書，我對媒介技術採取一種較寬廣的定義，除了一般媒體外，也包含各種物質、事件、行動與實踐（Mazzarella 2004）。這些媒介技術以過去未有的方式展現新的能動性：它們不只形塑思考，也召喚了人們的情感與幻想。在二十一世紀，它們以各種經濟、象徵、展演與科技力量重組各種象徵與實踐，使得傳統元素在新的時代得以擴展（Stolow 2005；林瑋嬪，2018）。它們介入地方，改變人們。

從第八到第十章，我探討了馬祖不同的想像主體如何運用新的媒介技術協商與創造新的願景，企圖贏得人們的支持。其中，有的帶入網路科技，在軍事禁錮已久的島嶼追求個人發聲的自由。有的則引進新的社造計畫，企圖打造馬祖為「閩東文化村」。馬祖人擅於引進並改造臺灣習俗以適合當地處境，因此，我們也將看到馬祖人在二十一世紀初如何引入、再造臺灣進香儀式與物質實踐，以之擴大島嶼的社會文化空間，參與跨越臺海的「海西經濟區」。後來，也有人大膽地引入美國資本家的博弈計畫，期待馬祖能夠突破兩岸格局，華麗變身為「亞洲地中海」。

這些計畫不見得都能成功，也留下很多未解的問題。而且，不同於摩爾研究樂觀的態度，我認為新媒介技術在促成人與人密切互動之時，也可能造成人的孤立或帶來更多的分化，社會關係也可能因此更容易斷裂（參見 Turkle 2011; Gershon 2010）。然而，對地處邊陲的馬祖人而言，我認為比成功或失敗更重要的是：這些不斷的嘗試是讓他們「持續被看見」，也就是，「存在」的自我實踐與集體努力。馬祖人透過這些方式呈現自己「並非固著在某些本質上，而總是在某種歷程、移動與通往〔未來〕之中」（Latour 1993: 129）。這些計畫因此也是他們面對目前的「危殆狀態」（參見 Tsing 2015: 20）以及與不確定未來搏鬥的方式。

重構政治經濟的社會想像

最後，本書認為想像的實踐不可避免地也交纏在全球政治經濟脈絡中。現在的馬祖已經不再是前線戰地。島民可以透過不同的媒介技術與計畫發展新的社會想像，為地方未來尋找出路。我們可以說想像在二十一世紀得到前所未有的發展機會：從引入社造計畫建立「閩東文化村」、以進香方式參與中國的「海西經濟區」，到發展博弈、打造馬祖成為「亞洲地中海」等，都帶來新的「社會展望」（social envisioning）（Peter 1997: 97）。這些計畫是人們在面對現狀的徬徨以及未來的不確定時，藉由將馬祖不斷重置於兩岸與世界，以尋找突破的嘗試。

然而，不可否認的，在這些創造地方認同的想像背後往往糾結著更大的政治經濟權力網絡（Gupta and Ferguson 1997）。過去的研究經常將資本主義與想像之間做因果連結，不少學者常視後者為前者的結果（Anderson 1991[1983]; Harvey 2005）。[7] 馬祖事實上的確深陷於臺灣與中國的政治角力，以及新自由主義經濟特區的經濟擴張中（Ong 2006: 104-105）。因此我們也很容易將馬祖的各種計畫視為因應資本主義擴張的結果。然而，對當代人類學者而言，想像並不只是資本主義或新自由主義的結果或反映，更是人們重組政治經濟秩序的「想像性重構」（imaginary reconfiguration）（Kapferer et al. 2009）。這些想像不僅包含人們的資本主義經驗以及對它的批評，而且也包含了人們對未來的期待與渴望（Comaroff 1999; 2000; 2002; Weiss 2009）。[8]

馬祖亦不例外。在馬祖，每一次島嶼發展新藍圖的提出，都是地方不斷「再尺度化的過程」（rescaling process）（Hatfield 2019: 268; Tsing 2005: 38）。它們是島嶼人們在新的政治經濟權力網絡中對地方的重新定位，以及對時代的回應。而且，這些回應並非馬祖人對世界秩序的模仿，而是當地人將自身置入當代政治經濟中所做的想像性重構，蘊含著他們對未來的情感與期待。這些想像不只中介了人與地方社群，也不斷媒介地方與世界。

迷霧中的徘徊、希望與未來

不過，我們也許會問：這些想像真能為地方人們帶來他們期待的結果嗎？答案或許是不盡然。以馬祖為例，建立「閩東文化村」的社造計畫，雖然修復了部分聚落景觀，但也因為無法引起聚落的人共同參與而漸趨沒落。以進香或其他宗教實踐連結臺灣與中國的方式，則因臺灣與中國政治經濟力量的改變，以及基礎設施有了新的發展而未能真正落實。亞洲地中海的博弈計畫更因無法得到海峽兩岸官方的支持，最後也不了了之。

然而，想像的意義本來就不在它當下的效益，也不在立即可見的成果，而是它如何將世界諸多可能性打開：在「認識中存在」（knowing-in-being）（Ingold 2013: 747）；並透過參與、感知與行動，「為真實而想像」（imagining for real）（Ingold 2022: 12）。此外，想像更有「無時序」與「魔幻」的特質（Belting 2011[2001]: 36）；它可以與真實相關，但也有所區別。某一類型想像的出現往往是人們對時代的回應，容易隨著時代的推進而消失，但也可能激發更多的想像以面對未來。想像不同於「文化」（Rollason 2014）與「象徵」（Castoriadis 1987: 127）之處，就在於它不受制於既定的思考模式而具有創造的潛力；它能突破傳統，富含「可能性的力量」（possibilizing power）（Casey 1976: 231）。因此，比起其他與「未來」相關的類似概念（Bryant and Knight 2019; Salazar et al. 2017），如有較清楚可能性的「預期」（anticipate）（Adams et al. 2009; Stephan and Flaherty 2019）、有明確目標的「希望」（hope）（Crapanzano 2003; Miyazki

2004, 2006; Miyazaki and Swedberg 2015）以及「想望」（aspire）（Appadurai 2004, 2013）等，想像更為自由、較少受到特定形式的拘束。不過，想像也可能因為偏離真實而成為幻想（fantasy），或因為脆弱而瀕臨幻滅。即使如此，想像仍是人們面臨困境時，一個不可或缺的暫時避難處。

想像與幻想最近也逐漸受到研究中國西南少數民族與漢人社會的學者重視，成為反思國家（Mueggler 2001）、親屬（Sangren 2013）、跨國遷移（Chu 2010）與地方／都市空間（李安如，2015；黃應貴，2016）的重要概念。不過，他們的理論根源相當不同，包括哲學家卡斯托里亞迪斯（Cornelius Castoriadis）、泰勒（2004）與心理分析學者等。本書所使用的社會想像概念比較接近穆爾克（Mueggler 2001）與黃應貴的思考。例如，我們或許並不訝異國家力量在中國西南Lòlop'ò社會無所不在，但是穆爾克不從政治組織、網絡或政策著手，而從社會想像出發探討人們對國家在不同時期的理解，相當別出心裁。事實上，無論在中國西南山上或東南外海，都不乏見到地方人們如何以不同的方式轉移國家的掌控。同樣的，本書也與Chu（2010）之中國福州移民研究類似，關心想望的主體（aspiring subjects）以及他們的跨國流動時空延展。

然而，不同於上述學者，我更加細緻地探討想像的主體，仔細審思其主體化過程以及如何透過不同媒介技術延展個人想像。我認為這樣的視角可以讓我們更接近那些總是在面對不確定卻必須與之一搏的人們：體會他們面對的往往不只是介於之間的掙扎，也是迷霧之中的徬徨。馬祖多霧；迷霧飄繞不但是島上人們重要的生活經驗，也是島嶼作品獨有的氣息。[9] 霧中的迷

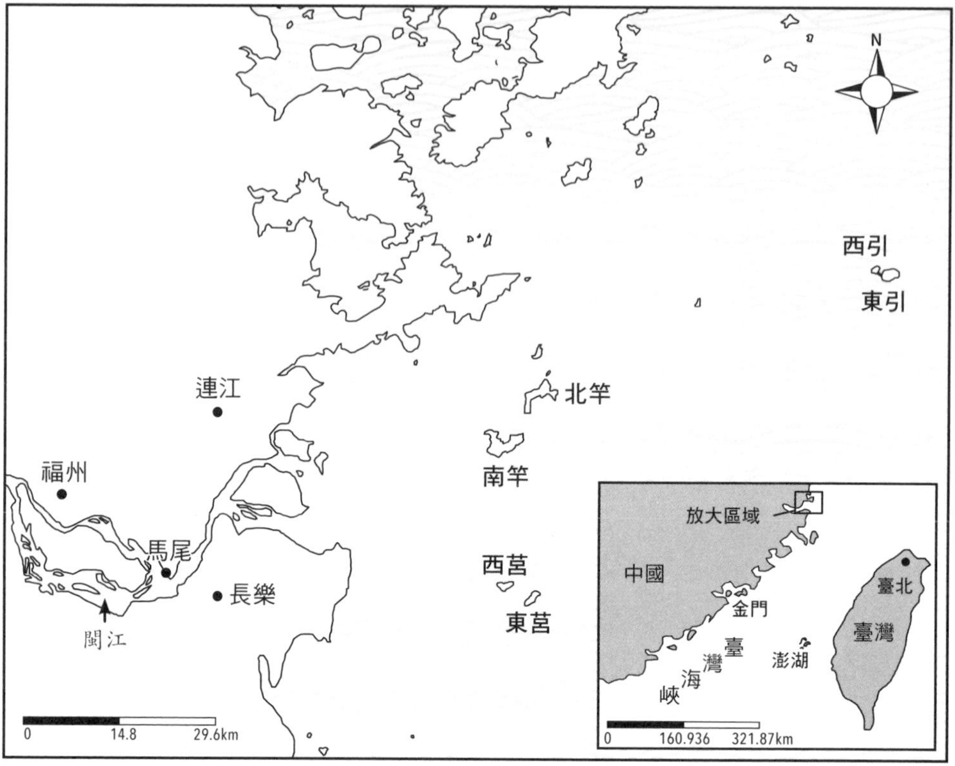

圖0.2　位於臺灣海峽之中的馬祖

茫特別能映照我們在當代生活經常淹沒在模糊未知的處境，而島民持續探索世界的好奇，以及不斷開創路徑的嘗試，相信能為我們點亮希望。

田野地點

馬祖列島由北而南包括東引、西引、南竿、北竿、西莒與東莒等島嶼。它們位於福建東北沿海，離閩江口不遠，與福州距離只有十六海浬（圖0.2）。由於島嶼多山且面積狹小，各島早期多半是長樂、連江漁民捕魚期間暫歇之處。聚落環繞澳口發展，形成一村一澳口的狀態。島上的人在捕撈魚貨後，將之載往閩東沿海販賣，換取生活必需品回來（林金炎，1991）。因此，各島無論在經濟上或其他社會層面都與福州地區密切結合為一體。風俗、文化與語言也都具有閩東色彩。各島群過去也有自己的名稱，呈現各自特質。如：最南的島群稱為白犬（*pa ing*），因其在白霧中遠看像一隻臥犬，其中又分東、西兩島。東島稱為東犬，由於位於下方，又稱下沙（*a lei*）。西島稱為西犬，又稱上沙（*suong nei*）。中間的南竿、北竿兩島，因島上有媽祖廟之故，統稱為馬祖（楊雅心，2014: 143）。位於北方較遠的是東引、西引兩島，與南方的島嶼互動有限。

各島之名從十二世紀開始就逐漸出現在方志中。但是由於位於東南外洋，敘述非常有限，不容易得知細節。島上的拓墾也常因官府海防禁令而中斷，在暫居與荒廢中擺盪。一直到一七九〇年，乾隆皇帝合法化東南海島的拓墾後，閩東沿海地區的人們才漸次移入。大約到十九世紀末，今日聚落皆已成形。不過居民仍經常往返於島嶼與大陸之間，並非長期的定住。

一九四九年國民黨軍隊在中國大陸節節敗退後，撤守到東南沿海島嶼。軍方來到南竿，在島上成立「馬祖守備區指揮部」，以「馬祖行政公署」統轄馬祖六個島嶼以及北方四島。在北方島嶼相繼失守後，國民黨軍隊最後保住了六個島，「馬祖」就成為它們後來的通稱。軍方也以大陸對岸地名——福建連江縣——作為這些島群正式的行政名稱，目的是證明中華民國除臺灣外仍轄有其他大陸領土。直至今日，海峽兩岸仍有兩個「連江縣」的存在。總之，這些島嶼被組合起來成為「馬祖」，事實上是一個歷史的偶然，也是中華民國與中華人民共和國軍事對峙的結果。本書以當地人習慣的稱呼——「馬祖」——來統稱這些島群。

軍隊的來到，更重要的是全面地改變了島嶼原有的世界。國共的對峙使得馬祖成為中華民國的前線島嶼，被迫切斷原本與大陸之間密切的依存關係。島上的人剎時被定著於海中。然而，與臺灣之間一一四海浬的距離以及至少十個小時以上的航程，卻又使得馬祖成為孤懸於臺灣北方的邊境島嶼。一九五六年開始，中華民國政府在馬祖實施戰地政務制度，島嶼進入全面的軍事統治。不但一般人無法進入，島民也被嚴格控制進出，馬祖成為一個與外界隔離的軍事世界。一直到一九九二年臺灣民主化的浪潮與地方人士極力爭取後，軍事統治才走入歷史。然而，即使島嶼已經解嚴，馬祖對今日的臺灣人而言仍是一個面目模糊的地方，混合著曾為戰地前線的過往與遙遠邊境的想像。

成為戰地前線對漁民海上作業造成了極大的限制。漁業經濟受到很大的衝擊後，漸趨衰頹。當臺灣在一九七〇工業化開始需要大量勞力時，馬祖人紛紛遷移到臺灣工作。其中有不少人聚居在桃園工業區，尤其是今天的八德市。那裡至今仍有一條「馬祖街」，街上有不少商店販賣著馬祖的特產。而留在馬祖的人多半轉行做小生意，賣東西給軍人，俗稱為「阿兵哥生意」。馬祖解嚴後，軍人逐漸離開，軍需產業也隨之沒落。隨著臺灣與中國關係逐步改善，二〇〇八年臺灣海峽兩岸也已經直接雙向「大三通」（通郵、通商、通航）。褪去軍事價值的馬祖今日正面對未來應何去何從的挑戰。

馬祖列島的人口，最多在一九七〇年曾達一萬七千人。隨著漁業衰頹以致人口外移，一九九〇年間曾降至五千五百人左右。目前戶口登記有一萬人以上，但常住人口約在五千至六千之間。本書的研究方法以田野調查為主。我走訪所有的島嶼，但比較深入的田野工作地點在南竿

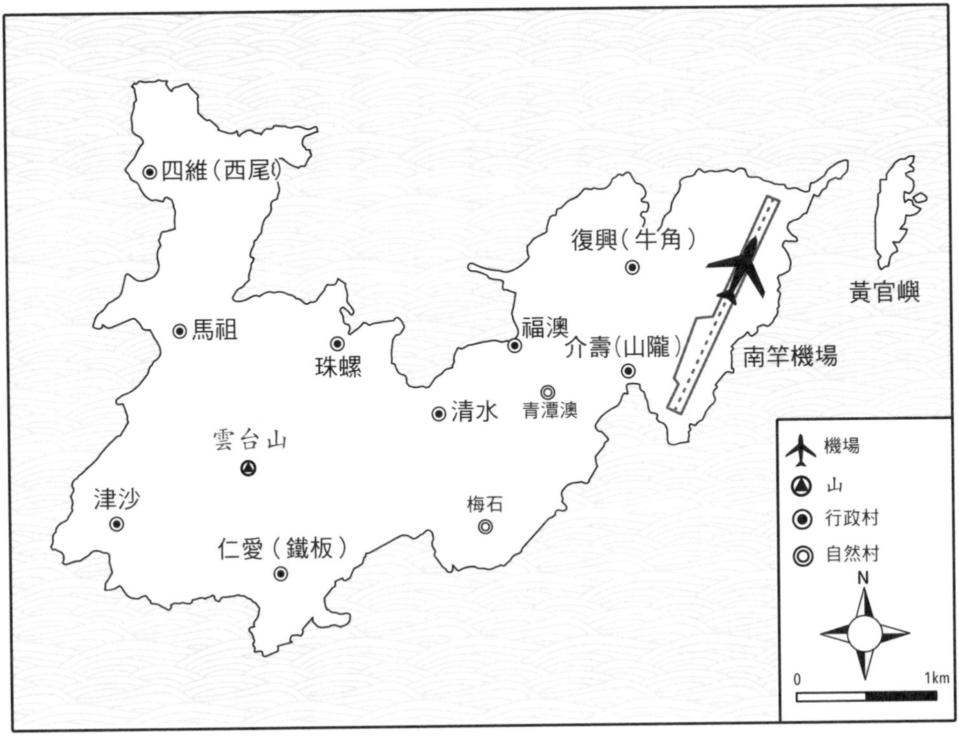

圖0.3　馬祖南竿

牛角（復興）村進行。[10]該村位於南竿島東北方（圖0.3），一九六〇年以前是南竿第一大村。主要是因為牛角面向南、北竿之間的水域，該區的水流無論向南或向北的潮水都很湍急，是漁民設置定置網最佳之處（劉家國，1996a）。由於距離漁場近，漁民在這裡落腳，便於出海作業。因為村裡的漁民多，二十世紀初福建省政府也曾在此設置鹽倉，提供漁民醃製漁獲。國民黨政府退守馬祖後，一度也將重要的政府機關，如行政公署（即後來的連江縣政府）、重要的情治單位與醫院等都設置在牛角。不過由於村子腹地小，發展有限，政府機構隨後紛紛遷走，另尋新的地點擴建。馬祖漁業衰頹後，牛角人口也大幅流向臺灣，村子隨之沒落。牛角村的遭遇相當能呈現馬祖幾個重要歷史階段的轉變以及當代面對的問題，因此我選擇該村作為主要田野地。

另外，南竿島上的市場所在地，即牛角隔壁的山隴（介壽）村，也是重要的調查地點。我也視研究需要到桃園與中國做訪問。

書中提到的地名在圖0.3都有標示。馬祖的島嶼或村落常常有兩個名稱，一個是當地人的慣稱，另一是軍方的命名。在戰地政務時期，軍方若覺得島名或村名「不雅」，就會另外為它們取名。新的名字多半深具軍事或國家意識，如白犬島被改為「莒光」（取自「勿忘在莒」的歷史典故），牛角被改為「復興」（復興中華），山隴改為「介壽」（為蔣介石祝壽之意），鐵板改為「仁愛」（儒家崇尚的品德）等。當地人也都習以為常，兩者皆用。本書的漁業資訊不少在東引蒐集。該島附近是馬祖的重要漁場，過去當重要漁季來臨時，許多馬祖人也會前往捕撈。那裡的漁民打魚經驗豐富且擅於表述。

金門、馬祖與冷戰框架的超越

前線島嶼除了馬祖外，還有南方的金門。由於島嶼大，且幾次重要的戰役皆發生在當地，金門不但更為一般人所熟知，而且學術上吸引更多學者的關注。[11] 近年更有重要的社會史專著出版。歷史學者宋怡明（2016 [Szonyi 2008]）的《前線島嶼：冷戰下的金門》以地緣政治為背景，分析國共戰爭與美蘇冷戰如何深刻影響地方社會。[12] 他說明「軍事化動員」（militarization）（Enloe 2000; Lutz 2004）如何深入金門人的家庭、宗教與經濟。軍事的價值、利益與各樣現代化計畫結合，將前線金門轉化為一個充滿「軍事烏托邦現代主義」的地方。

宋怡明的書提供了我們理解馬祖的重要歷史依據，尤其從冷戰的角度將金門置於地緣政治的框架，讓我們對地方歷史有了鉅視的理解。[13]本書與該書不同之處首先在於我採用了不同的視角，以更貼近個人生活世界的方式探討人們對於經歷這段歷史的感受。曾親身經歷軍事統治的人，其實不容易表達他們心中對那段過去的想法；但是透過他們的生活經驗，例如他們的空間移動、經濟活動與休閒娛樂，能讓我們更接近他們在軍事統治時期的遭遇。

本書也從馬祖與金門不同的歷史、地理與文化背景進一步思考：同樣一套制度在不同地方施行所產生的分歧結果與反應；也就是，軍事統治與地方不同的接合過程（articulation）。首先，相對於金門六百年的拓墾史以及軍人來到前已文風鼎盛、經濟富庶的景況，馬祖各島早期只是漁民暫居之處。島上素樸有限的開發使得人民對戰地政務在當地的實施有著複雜的情感，因為伴隨著威權統治而來的是軍人在馬祖進行大型基礎建設與推廣基礎教育，這些都是在邊陲小島生活的人們未曾享有的資源與經驗。如前所述，馬祖各島過去無法獨立存在，無論生活用品的補給與教育的完成都要仰賴中國大陸。軍事統治雖帶來壓迫，但也提供地方人們新的機會，形成人們對軍方愛恨交織的複雜情結。

其次，不同於金門的耕讀傳統，馬祖的漁村社會文化元素也在軍事統治過程中發揮作用。例如，賭博向來是漁村的重要娛樂，是漁民習得如何冒險的重要方式。即使軍事政府百般禁止，賭博作為島民生活的一部分不但持續保有活力，且發展出與軍事生活共存的方式。解嚴後，馬祖人以小搏大的冒險精神也再次展現在為陷入兩岸僵局的島嶼，不斷尋找新的機會中。儘管未能成功，也能快速重整，尋找下一個翻身契機。

第三，性別關係。馬祖的女人從打魚的年代、戰地到當代的發展也與金門女性有所不同。在漁業時期，男人出海打魚，女人維持家務是家中的兩性分工模式。對於一個海難容易發生、暫居性質強且宗族力量薄弱的社會來說，女人一直是維繫一個家庭存續的重要力量。雖然如此，漢人親屬父系的傾向加上女人沒有實質收入，地位仍十分低落。軍人來到，軍需經濟形成後，女人開始有了做小生意賺錢的機會。她們對家庭經濟的貢獻，甚至逐漸比從事漁業或在軍人政府底層工作的丈夫來得重要。與金門女性的遭遇不同（宋怡明，2016: 183），新的經濟實踐使得馬祖女人的角色在戰地時期凸顯出來，尤其是做生意的女人。她們走出家庭，組成女性團體。她們也參與公共事務，逐漸得到「父系之外的空間」。然而，解嚴後軍人撤軍，軍需經濟沒落後，新世代女性的角色也面臨新的挑戰。

最後，有關當代網路的發展。解嚴後，各樣資訊開放，新媒體技術也隨之進入。馬祖的地理特色使得新媒體在當地發揮極大的效用。地處國境極北，島嶼破碎分散且交通不便，使得過去馬祖島際聯絡向來不易。解嚴後，《馬祖資訊網》以地方為中心的經營方式，不但將資訊快速傳遞到各島，同時也在原本強調獨力作戰的島嶼之間建立起前所未有的情感連結；其重要的結果是網路科技生產了新的地方性。這樣的過程在以一個大島為核心且與臺灣往來便利的的金門島群就沒有出現。即使有類似的網站出現（例如，《早安金門》），但始終沒有達到類似的效果。種種傳統文化的再發明以及新媒體技術的使用，讓我們必須重新思考邊陲社會的特殊性：它更是一個充滿高度想像的空間，無法只以冷戰的框架來理解。「想像」提供我們一個新的角度，重新認識島嶼的特質。

馬祖的例子雖然獨特，事實上與臺灣的處境卻非常類似。尤其二者都身處強權的夾縫，每當政治經濟產生變化都必須快速回應、重新定位，並設法與世界創造新的連結。因此，當我們從想像的觀點切入，就可以看到二者如何不被地緣政治決定，以及面對艱難情境所做的嘗試與努力。馬祖的故事，就是臺灣的故事，也是世界上每一個角落的故事。

本書大綱

本書分為馬祖的歷史、想像的新技術以及島嶼的未來三個部分，探討馬祖從早期拓墾、軍事統治到二十一世紀今日的樣貌。第一部分關於島嶼的歷史：第一章介紹一九四九年前的馬祖。馬祖列島在中國的歷史上始終是國境邊陲，居民來來往往，大概要到清中葉以後才穩定下來。島民以打魚為生，魚貨銷往大陸沿岸換取生活品。因此，馬祖與大陸在生態、社會與文化上都是不可分割的整體。第二章探討軍人的到來如何全面改變島嶼生活世界。一九四九年後，蔣介石的軍隊來到馬祖，改變了這些島嶼的命運。由於兩岸的對峙，使得金門與馬祖成為戰爭的前線，切斷了島嶼原本與大陸密切的往來。從一九五六年開始，中華民國政府在馬祖實施「戰地政務」制度。長達三十六年的軍事統治致使馬祖長期對外封閉，但也形塑了島嶼共同體的想像。

第三章分析戰地政務時期經濟、教育與性別關係的改變。由於漁民在空間上相對自由的流動性，使他們成為國防軍事上最可能的通敵洩密者。國家對於漁業嚴格的監控導致馬祖原本賴以為生的漁業逐漸凋蔽，島民從一九七〇之後逐漸移往臺灣，到工廠工作。在馬祖當地，則因保送制度的實施，地方出現了返鄉服務的公教人員。留在馬祖的人也轉型為做軍人生意，軍需經濟在地方逐漸成形。這個轉變另外的重要意涵是戰地時期的女性開始有了賺錢的機會，成為家戶經濟重要的貢獻者，她們的地位因此有明顯的提升。第一部分的最後一章，第四章，討論戰地時期風行於馬祖的賭博。我將賭博放在島嶼的生態、文化與社會脈絡中來理解，說明賭博不僅是漁業時代重要的娛樂，也同時培養了漁民以小搏大的冒險精神。在戰地時期，賭博因軍事生活的壓抑與單調進一步發展為全民的日常，是戰地人們抒發生活苦悶的重要方式。

隨著臺灣民主化的風潮以及馬祖人的爭取，軍事統治在一九九二年結束。解嚴後，資訊大開，新媒體技術也引進馬祖。第二部分探討這些新技術如何帶來不同的想像。第五章分析在二〇〇一年成立的地方網站《馬祖資訊網》如何突破馬祖的地理格局，將在馬祖以及在臺灣與中國的馬祖人銜接成一個「網路新社群」。網路科技使得馬祖從最早的漁民暫歇之地，冷戰時期的軍事前線，轉變成今日以馬祖為主體，具有自身價值與意義的地方。第六章聚焦到個人。本章以《馬祖資訊網》上有名的網路連載《雷盟弟》為例，分析作者陳天順在十五歲因馬祖漁業衰頹跟著家人離開馬祖後，如何透過網路科技的及時性與連結性和網民共創戰地記憶；網路書寫因此成為主體化的過程。本章總結第一、二部分的歷史，提供本書最後探討島嶼未來想像的基礎。

第三部分討論解嚴後馬祖人為島嶼未來提出的一系列想像。第七章以三個出生於一九五〇至一九八〇年代之間，生命經驗橫跨軍管前後期的女性為例，探討當代馬祖女性的自我意識以及家庭意涵的改變。由於馬祖早期重男輕女，女人所接受的教育十分有限。她們不容易如同保送到臺灣的男性一樣，回到馬祖後能取得政府重要的職位而擁有社會資源。她們今日仍掙扎於傳統母親的角色與工作之間。然而，正是如此的遭遇與掙扎反而能夠提供重要的線索，幫助我們更深入思考當代馬祖社會面臨的挑戰。

第八章與第九章討論馬祖中生世代如何以各種宗教媒介形式——包括新的儀式、神話以及物質實踐——創造更大空間與人群互動。第八章從社造開始，探討馬祖在一九九二年解嚴軍事政府撤離後，面臨地方派系多角林立而難以統合的窘境。本章描述旅臺歸鄉議員曹以雄如何引進當時風行臺灣的「社區總體營造」，打造「閩東文化村」，進行社區重建與聚落保存。在這個過程中，中生代逐漸獲得了對地方更多的理解，他們最後與地方居民合力建廟，協商他們對聚落社群的想像。第九章分析馬祖人從二〇〇〇至二〇一〇年間進行如何以一系列的新宗教實踐——包括舉辦跨海進香、宣揚「媽祖在馬祖」神話，以及建造媽祖墳塚與巨神像——為島嶼在兩岸變動的關係中爭取新的地位。本章說明這些宗教發明是馬祖人試圖突破島嶼邊陲化困境的方式；他們透過神話與儀式將馬祖「再尺度化」，嘗試尋找馬祖在兩岸關係中新的位置。

最後第十章，我探討馬祖縣長推動美國商人所提出之「亞洲地中海」博弈計畫在當地引發的爭議。本章特別關注「後軍事世代」的出現；他們在馬祖去軍事化後出生、成長，由於沒有戰地的生活經驗，他們與上一代對馬祖的理解以及對未來的圖像也相當不同。馬祖的未來要如何能夠納入內部的不同觀點是島嶼人們接下來要面對的挑戰。本書的結論再次強調個人想像是社會想像的重要基礎。無論在縣長、議員還是後軍事世代的身上，我們都可以看到即使面對失敗，個人想像仍然潛藏活力，為島嶼帶來希望。

孤立於海上，馬祖在很多方面都不禁令我們想起人類學的經典研究：《西太平洋的航海者》。透過馬林諾斯基的筆觸，初步蘭島民的豐富想像與海上探險經驗深植於我們心中。我們已經熟悉太平洋上的初步蘭人，而掙扎在詭譎多變當代世界中的馬祖人，正等待著我們一探究竟。

1 初步蘭群島為英國人類學之父馬林諾斯基（Bronislaw Malinowski）的田野地點。他在一九一四至一九一八年間在該島上進行長時間的田野調查，出版了*Argonauts of the Western Pacific: An Account of Native Enterprise and Adventure in the Archipelagoes of Melanesian New Guinea*（1922），奠定了日後人類學民族誌田野工作的基礎。該書譯為《南海舡人：美拉尼西亞新幾內亞群島土著人之事業及冒險活動報告》（于嘉雲，1991），又譯為《西太平洋的航海者》（弓秀英，2017）。

2 參考鄭智仁（2003: 8）。

3 雖然也有反對這個趨勢的看法，請見Stankiewicz（2016）。

4 如：Gammeltoft（2014）、Gaonkar（2002）、Kelty（2005）、Marcus（1995）。

5 阿帕度萊指出傳統社會中的神話、儀式與藝術提供了過去人們想像的可能，但是它們多半隸屬於某一社會階層，或只在某一時刻或地方使用。但是想像在今日卻因大眾媒介的普及與遷移而成為一般日常生活的一部分，扮演協調個人與全球力量的重要角色。

6 學者討論想像所使用的詞彙很多，包括imagination、image、imaginary、picture、representation等等。其意涵通常沒有很清楚的界定，不但因人而異且需視脈絡而定。

7 例如在《想像的共同體》中，安德森告訴我們資本主義的力量如何使得想像成為可能。印刷術最初在中國發明，由於沒有資本主義的緣故，在那裡並沒有發生革命性的影響。民族主義的形成，簡言之，即是因為資本主義創造了可以用機器複製並由市場擴散的印刷語言。安德森指出資本主義與想像二者間密切連結，哈維（Harvey 1990）則是更直接探討資本主義與想像的因果關係。哈維將晚期資本主義與後現代想像的出現連結，描述資本的彈性積累壓縮了空間與時間的經驗，並媒介了後現代的思考與行動方式（1990: 201）。因此，後現代的文化形式事實上是資本主義，或者說新自由主義的結果。

8 這些觀點在近來南非與東非的人類學研究中表現得相當清楚。例如可馬洛夫夫婦（John and Jean Comaroff）以其對南非經濟變遷的敏銳觀察，說明該地充斥著僵屍工人（zombie workers）的傳言如何與盛行於當地的新自由主義不可分。新自由主義帶來了新的階級、跨地域的勞力以及將財務金融運作剝離於生產體系外（1999; 2000; 2002）。僵屍工人因此是一種想像：當地人透過僵屍的意象傳遞人們對世界充滿絕望、毀滅與恐懼的感受（Comaroff and Comaroff 2000: 316）。同樣的，魏斯（Weiss 2009）探討坦尚尼亞年輕男人的幻想如何落實、具象於都市裡普遍林立的新式理髮店（*kinyozi*）中。雖然理髮店在都市裡普遍存在，必須從坦尚尼亞近來的新自由主義改革來理解，但魏斯有力地指出都市理髮店是年輕人渴望未來的表達方式（36）。這些店家往往混合著傳統與現代要素，讓坦尚尼亞年輕人可以將真實與未來重組，並以新的方式在真實世界中行動。換言之，坦尚尼亞的新式理髮店是年輕人面對未來的中繼站；它們的存在為年輕人創造對未來的期待。因此，文化實踐並非只是邊陲世界的人們對世界秩序的臨摹，而是他們對世界經濟秩序的想像性重構。

9 如：〈迷霧〉、〈有霧踟躕〉（謝昭華，2008）；〈霧裡看花〉（雪泥，2010）。劉梅玉的系列著作：《向島嶼靠近》（2013）、《寫在霧裡》（2016）、《耶加雪菲的據點》（2018）、《劉梅玉截句：奔霧記》（2018）和《一人份的島》（2021）等作品幾乎都以霧為主題而書寫，探討人與霧的關係。

10 東莒的研究見曹以勳與林瑋嬪（2013）。

11 關於金門的各種專題研究非常多，無法一一列出，如宗族、建築與遷移（江柏煒，2009, 2011）、經濟與宗教（Chi 2009, 2015）面向，都有學者投入研究。

12 宋怡明的《前線島嶼：冷戰下的金門》（2016）英文版為*Cold War Island: Quemoy on the Front Line*（Szonyi 2008）。為了方便華文世界讀者的閱讀，本書引用以中文版為主。

13 Ling-I Chu and Jinn-Yuh Hsu（2021）以及何欣潔、李易安（2022）的研究，也從地緣政治的角度連結金門、馬祖與臺灣。

第一部
馬祖的歷史

第一章　外洋禁山

在北極星之北，東海之南
一座寂寞的小島寂寞著
在海峽的傷痕的前方
在鄉愁的東方

〈東引燈塔行〉

現存最古老的福州地方志《三山志》成書於南宋孝宗淳熙年間（一一七四—一一八九），書中對今日連江縣附近海域的島嶼有所描述，其中記載到「上下竿塘在海中」。[1] 上竿塘與下竿塘即為馬祖主要島嶼南竿與北竿的舊地名。清初《粵閩巡視紀略》說明了島嶼名字的由來：「竿塘……，以多茅竿，故名。」[2] 南竿鐵板大王宮的石碑，進一步記載了先人來到島嶼的足跡，石碑上刻著「林酉才喜捨中統鈔二十貫」。中統鈔發行於元世祖中統元年（一二六〇年），可以推測元朝年間就有漁民在南竿泊船，並建廟於此。

然而，為了防倭寇，明朝政府決定採堅壁清野的海防策略，在洪武二十年（一三八七年）盡徙沿海島民於內地，馬祖成為荒島。[3] 說書人的記憶幫我們留下此一大規模遷移事件的蛛絲馬跡。南竿山隴的「說書人」陳金妹說先人流傳著山隴一帶原先住著孫姓人氏，因此村名原為「孫隴」。後來因為海上倭寇為患，明朝朱元璋皇帝下令遷村，以一把火將全村燒光（劉家國，1996b）。

不過，朝廷雖明禁片板不許入海，到了明朝中期，沿海居民又開始前往馬祖列島從事採捕或定居。那時，南、北竿島上甚至已發展到十三個聚落。《八閩通志》（一四九〇年）記載：

上竿塘山，在大海中，峰巒屈曲，上有竹扈、湖尾等六澳。下竿塘山，突出海洋中，與上竿塘山並峙，山形峭拔，中有白沙、鏡塍等七澳……洪武二十年以防倭，故盡徙其民附城以居。[4]

然而，清朝初年，馬祖列島的居民再次被迫遷移。清廷為斷絕鄭成功抗清的勢力，發布《遷界令》。清順治十八年（一六六一年）要求福建、浙江與廣東近海居民各內移三十里：

南、北竿塘，縣東北大海中，距八十餘里，衝要海汛。南竿塘屬閩縣，北竿塘屬連江。北竿塘設煙墩瞭望，有……七澳，……。明初徙其民於內地，後弛禁，耕漁稠密。國初海氛未靖，復內徙。[5]

馬祖諸島在此時又再次成為空島（李仕德，2006: 75）。直到一六八三年（康熙二十二年）清朝平定臺灣明鄭政權後才逐漸開放海禁，允許沿海居民歸復田里。但是外洋島嶼仍禁止人民移居與搭寮採捕，南、北竿仍是「海外孤島」。[6] 大致要到乾隆以後，沿海居民才又陸續前往島上從事墾闢。漁民前往搭寮掛網，定居者漸眾（李仕德，2006: 131）。如此也再次引發官方的不安，如《福建省例》提到：

奸漁搭蓋寮屋，插樁掛網，在所不免。……並聞竟有在彼長年居住，聚集人眾，開園種山，不聽驅逐者。[7]

對於如此的發展趨勢，閩浙官員立場不盡然相同。有的（浙江布政使顧學潮，一七二一—?）憂心島民聚集外島成為匪徒，建議燒燬潛搭草寮。有的（閩浙總督覺羅伍拉納，一七三九—一七九五）則認為浙江、福建海島眾多，多有島民居住，若一概驅逐，將使其失業，甚至可能逼民為匪。因此他建議有編入保甲者應該免於驅逐；而在零星散處，或是封禁之地所搭的寮房，應將其燒燬，人口遞解原籍；至於漁戶駕船出洋暫搭寮房者，應派地方官員前往稽查，核發證明文書。[8]

對於長久以來東南沿海島嶼問題，官方最後採取開放的做法。一七九〇年乾隆的諭示指出：沿海人民居住海島，久已安居樂業，若突然要他們遷徙，可能會使濱海數十萬人民喪失舊業，值得同情。而且若地方官員辦理不善，滋擾人民，更可能讓他們漂流轉為海匪，如此也不是解決問題的好方法。因此他認為各省海島，除封禁已久者外，其餘島上居民就不再驅逐，而一些零星小戶，大部分是貧民，也不忍只驅趕他們使其希望落空。至於漁戶，他裁示：

漁戶出洋採捕，暫在海島搭寮棲止，更不便概行禁絕。且人戶既少，稽察無難，……自應聽其居住，毋庸焚燬。9

從此之後，至海島謀生暫住不再是非法行為，各島於是開始出現移民潮。

自清中葉到清末，連江、長樂等縣沿海居民逐漸有愈來愈多人移入馬祖。不過居民仍來來去去，往返於大陸與外島之間。過去臺灣學者的研究顯示廟宇的興建與聚落的形成和移民的定著有密切的關係（許嘉明，1973；施振民，1973）。南竿各村廟宇的興建年代，大部分在道光年間至清末（王花俤，2000）。因此，馬祖居民應該也是大約在這個時期才比較穩定下來。到了二十世紀初，許世英的《閩海巡記》就記載著南竿的鐵板村有三百多戶了。10

記載馬祖的歷史文獻不多，細節描述更為稀少。然而有限的記載卻一再呈現馬祖列島在歷史上長期作為外洋禁山的事實。由於位於東南外洋，無可避免地屢受政府的邊境政策影響，漁民在暫居、長住或廢棄離去之間擺盪。

海上航標

如前所示，馬祖列島長期作為外洋禁山，歷史記載相當有限。當出現於文獻時，另類的記載以標記島嶼作為海上行標，描述各島作為進入福州省城前之候潮與避風處為主。南、北竿與白犬位於閩江口，曾出現在古代不少的航海圖上，例如在〈鄭和航海圖〉中，我們就看到了東引與南、北竿的標示。[11]李仕德（2006: 46-47）的研究進一步指出：馬祖列島也是明清時期，由福州派往琉球冊封琉球王的封舟，及載運貢品回朝的貢船會經過的路線。因此馬祖列島是古代航海圖上重要的航標。清初《粵閩巡視紀略》（一六八四年）也記載：

> 竿塘兩山相連在海中……凡哨探淡水、雞籠、琉球、日本，俱從此放洋，認此收澳。倭寇至竿塘，亦必泊而取水焉。[12]

在歷史上，馬祖列島也是船隻駛入福州等候潮水或避風的港澳。馬祖作為候潮避風的角色在清末西方力量來到中國時，更為凸顯。一八四二年（道光二十二年）中國因鴉片戰爭失敗與英國簽訂《南京條約》。條約中明訂開放東南沿海五個港口通商。由於中國東南沿海島礁密布，為求航海安全，英國海軍在一八四三年派艦測繪中國東海岸的島嶼險礁，定位各島經緯度，並出版《中國海指南》（*The China Sea Directory*, Reed and King 1867）介紹各島的港口概況。[13]

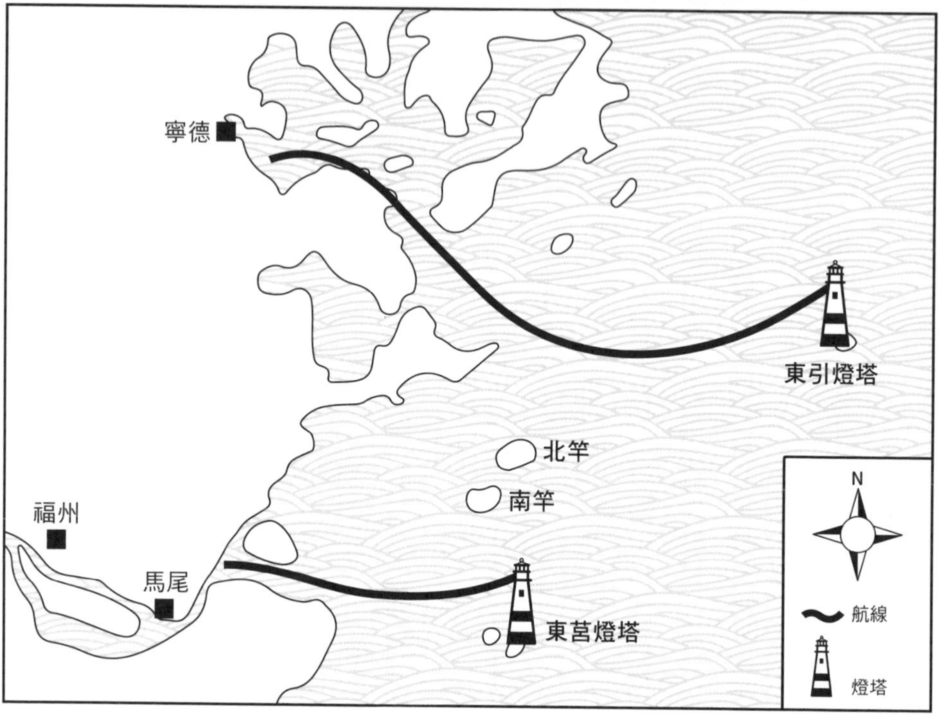

圖1.1　馬祖燈塔與航道
來源：重製自王花俤等人（2006: 61）

英國海軍在當時也另外對閩海航行做了不少介紹，包括今日的西莒（白犬）與南、北竿（李仕德，2006: 98）。英人柯林森（Collinson 1846: 231）說明船隻進入閩江前，若遇東北季風，可選在白犬島南方避風。英國軍艦華里斯號（H. M. S. Cornwallis）即曾在強烈東北季風時於白犬島洋面停留五天。當時那裡可取得少量淡水，也可找到引水人，在退潮時進入閩江。南竿島則有兩個港口分別可以在吹東北與西南季風時停泊，且這兩個海灣都可取得淡水。北竿的南方也可停泊，且島上有戎克船（junk）和小漁船來往閩江。

後來，為便於船隻辨認方向以避開險礁，當時任英國海關稅務司赫德（Robert Hart），於一八七二、一九〇四年分別在馬祖列島南北兩端興建兩座燈塔（楊仁江，

1995, 1996）。南方的東犬燈塔，位於東莒島北端，指引進出福州與馬尾的船隻，北方的東引燈塔，指引船隻進出三都澳（圖1.1）。

這個時期馬祖列島受到福州與三都澳開埠影響，島民開始接觸洋貨，甚至民居建築型式也開始流行西方洋樓造型。直至今日我們仍可在馬祖看到具有西方建築風格的房子——「番仔搭」（*huang ngiang nah*）。它可能即為當時建築師傅參考福建沿海外國洋行或別墅改良後發展出來的新式民居。[14]

海盜與土匪

前面提到位於國境邊陲的馬祖列島，其來往活動的人無可避免地受到政府的邊境政策影響，時而有漁民搭寮居住，時而被毀棄成為荒地。由於無官府治理，海盜土匪不斷竄起。歷史上，閩浙海島是海盜倭寇出沒之處，今日東莒島上仍留有明朝末年將領打敗日本人的碑記（一六一七年）。清中葉劫掠浙江、福建與臺灣的著名海盜蔡牽（一七六一—一八〇九）與馬祖列島更有密切關係。歷史上記載蔡牽屢屢藏匿於南、北竿塘一帶。福建巡撫李殿圖（一七三八—一八一二）的奏報提到官船匯集於竿塘圍剿，瞬時之間，「突有盜船三十餘隻從南竿塘駛出，兵船開放鎗砲，奮力追趕，……追至白犬外洋……。」[15]

蔡牽也會向島上漁戶收取「規錢文」（保護費），逼百姓提供淡水。他也有在北竿島上搭寮，四處蒐購米糧及製作篷索（繫船帆的繩子）所需的材料。[16] 至今仍有很多耆老能說出蔡牽在馬祖留下的足跡。例如，馬祖人稱蔡牽為「海皇帝」（*hai huna*）（劉家國，1996c），鐵板地名「打鐵爐」據說是他打製兵器的地方，原置於鐵板天后宮的土炮據說也是他所鑄造（王花俤等人，2016: 104）。甚至，傳說馬祖列島的四座媽祖廟（馬祖、津沙、鐵板及東引天后宮）都是他修建的（劉家國，1996c）。馬祖地名即來自島上的媽祖廟（楊雅心，2014: 143-144），由此可見，海盜對馬祖的確有深遠的影響。

不過島民與海盜的關係事實上可能更為複雜。過去關於中國東南海盜的研究已指出，海盜仰賴大陸沿岸或海島居民提供生存所需（Anthony 2003: 17; Murray 1987: 89）。從東引耆老陳瑞琛所述之「犁麥大王」的故事，我們也可略窺海島住民與海盜之間亦敵亦友的關係：

話說海盜船仍停泊在北澳港內時，蔡牽在船中突感心神不寧，坐臥難安，於是便站起來信步踱至船尾駕駛坪處。仰望天空，萬里無雲，強而有力的南風迎面吹襲著，一轉眼間，卻突見北澳嶺上有一個農夫牽著一頭大黃牛正在一塊土地上，把青青綠綠未出穗的麥子一畦一畦犁掉。蔡牽見此情景詫異不已，自言自語：「那有如此農夫，竟把青綠未出穗的麥犁掉，真是奇怪。」於是立即派人上山查看究竟，並囑盡速回報。

那數個嘍兵即刻划著小舢舨登岸，爬上北澳嶺後卻不曾看見那個農夫，也不見半株青麥，但卻遠遠望見馬祖方向的海面上，有數十艘龐大的帆影，當時並非漁汛季節，海上不應該有如此多的帆影，幾個嘍兵互望一眼，經驗告訴他們事情不妙了，數人立即奔回船上回稟蔡牽。蔡牽聞報後，心想八成是征剿的官船來了……因此立即下令所有匪船啟錨揚帆，順風而逃，避免了一場可能的大劫難。

由於蔡牽自稱「海皇帝」，為了感謝這位農夫的救命之恩，特別封之為「犁麥大王」，供奉在東引天后宮媽祖娘娘左方。（劉家國，1996d）

事實上，不僅在清朝，一直到二十世紀上半葉，馬祖的命運與海盜或土匪都密不可分。二十世紀初，中華民國建立，二十三年後（一九三四年）首次於北竿設置「竿西聯保辦公處」，管轄竿塘與西洋島。但是那時政局不穩，國民政府並無力管轄眾多之東南海上島嶼。一九三七年中日戰爭爆發後，日軍很快來到這些島嶼。日軍雖曾登陸馬祖，但並沒有實質占領。日本軍艦在洋面來去，主要還是在準備攻打中國東南內陸。國民政府則將軍隊部署於閩江口兩岸，保衛省城福州。在戰爭亂局中，中國東南海島，如馬祖，就落於三不管地帶，許多地方豪強紛紛崛起，下海為盜。日軍收買這些地方勢力，統稱為「福建和平救國軍」，與中國軍隊周旋。這些海盜或土匪雖聽命於日軍廈門興亞院，同時也與國民政府軍統局情報機構暗中來往，從兩邊得利。海盜之間更是互相傾軋、火拚，隨時希望併吞對方。他們至今在地方仍留下許多有關的傳說與建築，例如北竿島上的海盜屋（圖1.2）。

這棟建築是北竿當初有名的土匪陳忠平在一九四〇年間所建造。當初他勢力正興，向兩位

圖1.2　北竿海盜屋（作者攝）

族親強買了一塊土地後，興建洋樓，準備當作「官邸」：

據說他從大陸僱請了連江與福清兩組石匠，分成左右兩邊，趕工砌屋。芹壁耆老指出，海盜屋的門面是大陸運來的青白石打造，大門兩邊各用一塊完整的青白石砌成，光是搬動那塊石材就需動用十六名壯丁。屋內的木材則是從福州運來上等福杉，打造樓板與隔間。地板還挖掘了一條祕道，預留潛逃之用。……但就在一九四二年七月間，海盜屋只剩二樓樓板未鋪，即將完成之際，卻因〔他的長官〕林義和失勢被日軍誘殺，這座精心打造的豪華「官邸」，陳忠平連一天都沒住到，便展開逃亡生涯。（劉家國，2004a）。

我首次來到北竿時，也好奇地來到這座海盜屋拜訪，選擇住在附近民宿以想像當時的狀況。那晚，民宿主人就以流利的福州話唸出這首海盜屋主人自編，用以恫嚇鄉民的打油詩：

祖上鶴上，遷居北竿
芹壁上澳，道號半山
自幼出身，元盛購青
因為賭錢，輸去乾乾
沒法可得，搭落南竿
義和衛隊，封我做官
官做主任，調上北竿
名號犬犬，逢人都驚
拳頭腳踢，蜀槌到你心肝

唸到最後一句，「拳頭腳踢，蜀（一）槌到你心肝」時，民宿女主人突然伸出拳頭向我胸口迎面捶了過來！驚嚇之餘，我踉蹌倒退幾步，她笑著說：「這樣你瞭解當時人們的感受了吧？」

這首打油詩以很簡潔的方式交代了海盜陳忠平的出身與發跡過程。他的祖先來自福建長樂鶴上，落腳北竿芹壁聚落上方，他年輕時在橋仔「源生號」商店從事收購蝦皮與下雜魚生意（購青）。由於賭錢輸去所有，逃到南竿，投靠海盜頭子林義和。後來他被派到北竿，封為「北竿主任」，向來往的漁船與商船收取保護費。北竿人人都怕他，因為不順他的意，他就會暴力對待。

事實上，在二次世界戰爭期間，類似這樣的土匪或海盜非常多，有的強迫馬祖各島地方人士為其收租，如東引耆老陳瑞琛說：

> 民國三十年間，本人曾被和平救國軍強迫出任東湧保保長。……當時保長以下還有甲長，通常將眠床桌椅棉被等字眼寫在紙籤上放入竹筒或鐵罐內由各甲長抽出，依照抽中紙籤上標明物品，再向各戶長「徵收」。（劉家國、邱新福，2002[2001]: 475-476）

他們多半縱橫於閩海，如前面提到封陳忠平為官的林義和，就是以馬祖為基地，出入閩海的重要人物。

「誰的拳頭大，誰就拿去吃」

林義和在馬祖列島的竄起，充分展現這些島嶼在直到二十世紀前期仍為「化外之地」，由地方豪強、日軍與中國等多種力量在其中傾軋、合縱的錯綜複雜狀況。前面提到在一九三四年，首次有國家機構「竿西聯保辦公處」在馬祖列島設置，並派王宣猷到此擔任主任。但不到兩年時間，他即被長樂來的土匪吳依恪槍殺，並搶走槍枝。由於吳依恪之後常到南北竿勒索錢物，也洗劫地方人物林義和家，林於是趁吳出海打劫時，率眾將之擒拿送交大陸連江縣政府。因為擒賊有功，縣府封林義和為「探警」，負責海上緝私。

但是，不久後林義和又因下屬侵吞鴉片，成為縣府要犯，他選擇逃亡，四處隱匿。一日，南竿村舉辦酬神演戲，林義和趁著熱鬧之時闖入竿塘鄉公所，搶走槍枝。自此林義和正式下海為盜，專事劫掠。他向沿海漁民收保護費，以及往來船隻收稅費（張平官，2001；劉家國，2004b）。他也在馬祖設土膏店，公然販賣鴉片（林金炎，2006）。

前面提到日本人在二戰期間收編這些地方勢力為「福建和平救國軍」，林義和大約在一九三九年被收編，封為「第二集團軍第一路軍司令」。不過，他同時也與國民政府軍統局（情報局）往來，從兩方同時獲利。林義和勢力盛時在南竿四維村擁有兵工廠，亦招募私人武裝部隊，至今仍留下當時司令部遺址。後來因分贓不均的問題，與駐紮在白犬的軍團首領林震有衝突。林震引進南日島的張逸舟勢力，與日軍合謀，在一九四二年將林義和帶到海中溺斃（張平官，2001: 983）。張逸舟在打敗林義和後，於一九四三年重修南竿媽祖廟，並在廟前立下勝利的碑記。

接收林義和勢力後，張逸舟以南竿為總部，建立了他南至廈門、北到浙江交界的短暫「閩海王朝」（張馳，1984: 94）。張逸舟擅於與日本人往來，從中牟利：

日軍派遣的特務……到南竿塘，他都請吃請喝，甚至供應鴉片、嗎啡……所有停泊白犬島洋面的日艦艇上的日〔人〕，每到白犬島或南竿塘，他都以禮相待，使日寇對福建沿海無後顧之憂，停泊閩江口外海的日艦要水、要蔬菜或其他副食品等，張部總是有求必應，還經常搜羅內地情報，供給日寇，同時也利用……輪船偷運戰時禁止出口的物資，如糧食、桐油和木材等，載往廈門、上海……換取棉紗、布疋、蘇廣雜貨等物資，運回海島，轉運內地售賣，從中牟利。（林金炎，2007）

張逸舟也瞭解馬祖列島等東南沿海島嶼是由香港到上海必經之路，商船往來頻繁。戰時陸路常遭封鎖，海上非常有利可圖，因此他：

在南竿塘設立稅務局，在其他重要島嶼設立分局，收貨物稅、漁稅、牌照稅及其他各種捐稅……凡航行竿塘洋的船隻，向其稅務局領取護航證，在海上捕魚的漁船，就須繳漁稅。（同上）

等到一九四五年日軍敗退之後，張逸舟也很快改弦易轍，向國民政府靠攏，帶領手下搖身一變成為「福建先遣軍」，但他們被收編不久後，軍隊就解散了。

總之，我們可以說二十世紀初，馬祖是一個處於三不管地帶的「無政府社會」：土匪與海盜憑藉個人的武力與機敏，在日軍與中國戰爭的夾縫中生存、牟取利益。他們在外洋之島快速

圖1.3　環繞澳口向上延伸的牛角聚落（楊綏生攝，約於1986）

興起、戛然隕落、轉瞬即逝。馬祖人對此似乎習以為常，他們說：這是一個「誰的拳頭大，誰就拿去吃」（*die nëüng gungtaumo duai, die nëüng do siek*）的世界。

與大陸不可分的島嶼社會

從大陸沿海遷移至馬祖的人主要以打魚維生。為了捕魚之便，居民多選擇濱海的澳口作為基點，沿山而上修築家園（圖1.3）。

打魚為男人的工作，也是家計的來源。男人出海，整日在外，甚至有時需要幾天才回，家庭的運作完全落在女人身上。馬祖女人操持各樣家務，包括種甘薯、割柴草做燃料、飼養牲畜與照顧小孩等各樣工作。由於海島生活中，大海變化難測，海難隨時可能發生。如果丈夫出海不幸遇難，母親就必須一肩扛起維持家計的重擔。因此，不同於閩南傳統，馬祖人說：「妻子／奶娘是桶箍」（*Lauma / nuongne sei thoeyngkhu*），以圈住木桶、使木片不致散裂的桶箍，比喻母親圍住一家、使小孩不會流離失所的角色。[17]然而，孤兒寡母的艱辛非一般人能輕易承擔，因此馬祖的婚姻制度中，有男人「上門」（*suong muong*）的習俗。所謂上門是寡婦招親的制度，上門的男人有責任照顧前夫留下的孩子。寡婦招親使小孩得到好的照顧，不致淪為他人的「拖油瓶」，上門的男人也能因為照顧妻子的家庭而得到尊重；家得以延續。

至於家戶之間，大抵以原鄉的宗族或地緣關係，或多姓聯合的方式在聚落內各自聚集。以牛角村為例，聚落內有大澳、牛角陂、西邊山、南館與六間排幾個主要區塊。住在不同區塊裡的居民不但來自不同的原鄉，也各有崇祀的神明。不同區塊的家戶中供奉著不同神像，在節日時各自舉辦儀式。以當地最重要的節慶元宵節（*pe mang*）為例，各區塊在不同的日期慶祝，以致一個節日在牛角的不同地點舉辦了十一次之多！即使村落中唯一一座由澳口兩側共同合資建立的廟宇——崇祀島上相當普遍的浮屍信仰「陳大哥」（*ting noey o*）——不同區塊仍各自選擇在不同時間（端午與中秋），分別祭拜。換言之，牛角的居民雖聚居於澳口兩側，但聚落內早期始終碎裂成塊，缺乏一個以聚落為主的社群概念。

同樣的，聚落與聚落之間亦少有往來。島民捕魚後，多半將漁獲銷往大陸換取生活用品，島內聚落之間並無頻繁的交易活動；各聚落間，除了拜訪親人外，往來稀少，通往別村的路只有雜草叢生的羊腸小徑。因此造訪別的村在馬祖叫作「過山」（*kuo lang*），以彷彿要翻過一座山一般比喻交通之不便。不少馬祖人都提到：那時要到隔壁村，「搖櫓去更快！」

此時的馬祖各島居民主要與大陸原鄉連結，彼此之間是不可分割的整體。這個連結如上所述是與原鄉宗族的延續。事實上，島嶼甚至複製了大陸原鄉宗族內部的關係。例如牛角曹姓宗族早期只有四房與七房住在村內，八房被隔離在山的另一邊，也就是南竿島東方的黃官嶼附近。一直到八房所住的簡陋茅屋發生火災，曹姓四房與七房的人才讓八房遷入村中。如此的空間分配反映了馬祖曹姓宗族在大陸原鄉的關係：據說福建曹朱村的曹姓宗族原本只有七房，八房為長工的後代。他們被其他七房的人認為「血統不純」。來到牛角後，曹姓族人也同樣把他們隔離在聚落外。由此可見牛角早期的聚落空間如何地複製了原鄉的宗族關係。

島嶼除了與原鄉之間有直接的連結乃至複製，島嶼彼此之間也因原鄉所輻射出來的關係而產生橫向連繫。原鄉宗族散居到東南沿海各島後，親人之間仍有緊密的往來。舉例來說，牛角的曹姓遷移自長樂曹朱村七房，但七房的人不只搬到南竿，也有人搬到東莒福正村。早期，牛角曹姓有的還與東莒島的曹姓親人一起投資買船。一位牛角曹姓族人曾經告訴我：他的父母在即將往生交代遺言時，都還會特別叮嚀他們要多與東莒福正的親人往來。

與此類似的是，若是同一宗族的成員分布在島嶼內的不同聚落中，他們之間的關係也會非常密切。以目前南竿最大聚落山隴的兩個陳姓為例，雖然他們都來自大陸長樂，但一個是「文石」陳，另一個是「嶺南」陳。文石陳姓早先居住在長樂江田，後來移民到文石，部分人再移居南竿，現在成為山隴聚落中重要的宗族。嶺南陳姓在山隴村中人數相對較少。不過，若以整個南竿島來說就不盡然。嶺南陳除了山隴外，也移民到鐵板與梅石等村落。因此嶺南陳若結合山隴、鐵板與梅石等三個村莊的陳姓勢力，可勝過山隴文石陳，成為強勢家族。馬祖文史學者劉家國記載了一件發生在一九三〇年左右，山隴文石陳與嶺南陳之間的一件糾紛，說明它如何逐步牽連至南竿其他聚落，最後涉及原鄉福建長樂的過程。透過這個故事，我們可以理解當時馬祖列島與大陸原鄉為何是不可分割的整體：

山隴村文石陳的陳官寶與嶺南陳的陳正正二人發生衝突。陳官寶家族由於經營貨船，賺不少錢。他吃得肥肥胖胖，把陳正正揍了一頓。後來陳官寶有一次路經梅石，不幸落入嶺南陳手中，被他們擄往內地，準備送到嶺南動私刑。但押送陳官寶的一行人在長樂一處澳口被江田陳（文石陳祖居地）的人發現，經調解後，在途中獲釋。事後，江田陳為了替外島的家族助勢，甚至「開祠堂」（*khui sydoung*），並扛了十幾頂轎子前往嶺南，要求對方不得欺壓外島的文石陳氏，否則不惜與嶺南「拚村」（*piang tshoung*）。（劉家國，1996b）[18]

這個例子讓我們看到這個時期原鄉的家族如何與外島的親人連成一氣。雖然在地理上被海洋分開，二者的社會與文化卻緊密連結。馬祖話過去把去馬祖稱為「去外山」（*kho ngie lang*），回大陸叫作「回厝裡」（*tuong tshuo li*）。當時每逢重要節日，馬祖人幾乎都會盡量回家過節。牛角由於地理位置非常接近大陸，重要節日更有提早一天過節的習俗，好讓居民可以即時趕回老家過節。這個方式仍保留至今。只是，這個提早過節的習俗現在被外村人以牛角人「嘴很饞」

（*tshui ia ie*）——等不及要提早吃——笑稱。最後，有些島民會希望過世後能夠葬在原鄉，因此馬祖早期有「停厝」（*ting nuo*）的習俗：即死者親人在村外搭棚，將棺木暫時放在木架或石頭上，等船來到將棺木運回大陸安葬。

結語：無政府、暫居與破碎的島嶼

我在第一次造訪馬祖時，很驚訝地發現島上竟然一座祠堂也沒有。這個困惑一直到有一次拜訪了牛角的一棟老房子，聽了一位八十多歲老婆婆的解釋後才逐漸明白。圖1.4上方是她家的神龕，看起來非常簡單：他們只是在家中角落的牆壁挖一個洞，把祖先牌位或照片放進去而已。祖先牌位四周還堆滿雜物，沒有臺灣閩南人對家中神龕所賦予的神聖性。[19] 我很好奇她家為何以這麼簡單的方式擺放祖先牌位，她說早期的人並沒有久居的打算，因此在生活上盡量以簡便為主，保持彈性，隨時準備回到內地去。

的確，早期搬遷至馬祖的人常因漁汛而在原鄉與島嶼之間移動。由於沒有長期定居的打算，馬祖島內宗族成員的關係也沒有像原鄉一樣清楚、穩固。缺乏宗祠或宗族儀式更使得島內族人內聚力不強。例如，牛角曹姓族譜的編輯者曹常璧，就花了二十年以上的時間辛苦地在兩岸之間調查才完成《厚福曹朱曹姓族譜》（二〇一一年）。他告訴我，編輯過程中最常遇到的困難是人與人之間找不到連結，同房之間很多人不清楚彼此的關係。既然如此，我們也就不會訝

圖1.4　馬祖民家神龕（作者攝）。早期島上的人並沒有久居的打算。對於祖先牌位，也只是在牆上鑿一孔放入，在生活上盡量簡單，以保持彈性隨時回到內地去。

異為何在馬祖島上沒有祠堂的存在。此外，由於島嶼只是「外山」，馬祖人認為不需要在暫居地設立宗族祠堂。以前馬祖各村落也沒有舉行大型儀式或類似於臺灣閩南人往祖廟進香的儀式，因為隨時都可以回去。

因此，早期的馬祖並不是真正的「移民社會」，而是「暫居之處」；人們來來去去，社會處於變動狀態。在國家力量鞭長莫及、海島形同棄置的無府狀態下，「誰的拳頭大，誰就拿去吃。」對於此一時期的這片島嶼，我們可以說，「暫時且破碎」或許是最貼切的描述。

1 梁克家，《淳熙三山志》，收入《四庫全書珍本六集》（臺北：臺灣商務印書館，一九七六），卷二，頁七a。

2 杜臻，《粵閩巡視紀略》，收入《四庫全書珍本四集》（臺北：臺灣商務印書館，一九七三），卷五，頁五三b。

3 乾隆《福建通志》提到：「洪武二十年徙其民於縣治，二山遂墟。」見郝玉麟等監修，《福建通志》，收入《文津閣四庫全書》（北京：商務印書館，二〇〇六，中國國家圖書館藏本影印），卷三，頁二三a。

4 黃仲昭纂修，《八閩通志》，收入《北京圖書館古籍珍本叢刊》史部（北京：書目文獻，一九八八），卷四，頁二四a。

5 徐景熹修，魯曾煜等纂，《福州府志》（清乾隆十九年刊本），收入《中國方志叢書》（臺北：成文，一九六七），卷一三，頁二〇a-b。

6 郁永河，《裨海紀遊》，收入《臺灣文獻叢刊》第四四種（臺北：臺灣銀行，一九五九），頁四一。

7 臺灣銀行經濟研究室編，《福建省例》，收入《臺灣文獻叢刊》第一九九種（臺北：臺灣銀行，一九六四），頁七〇七。

8 《清實錄．高宗純皇帝實錄》（北京：中華書局，一九八六—一九八七），卷一三六三，乾隆五十五年九月二十七日甲辰條，頁二九二。

9 《清實錄．高宗純皇帝實錄》，卷一三六三，乾隆五十五年九月二十七日甲辰條，頁二九二。

10 許世英，〈閩海巡記〉，收入安徽省政協文史資料委員會、東至縣政協文史資料委員會編，《許世英》（北京：中國文史，一九八九），頁七七。

11 一般認為之「鄭和航海圖」，原名〈自寶船廠開船從龍江關出水直抵外國諸番圖〉，收入茅元儀輯，《武備志》收入《續修四庫全書》（上海：上海古籍，一九九五），卷二四〇，頁二b—二四a。相關研究見徐玉虎，〈鄭和下西洋航海圖考〉，《大陸雜誌》二五：一二（臺北，一九六二），頁一四—一八。

12 杜臻，《粵閩巡視紀略》，卷五，頁五三b—五四a。

13 晚清陳壽彭於一九〇一年將 *The China Sea Directory* 第三版（一八九四年）內有關中國從遼東半島至廣東沿海的部分翻譯、加注後，出版為《新譯中國江海險要圖誌》。

14 「番仔搭」風格的房子在中國東南沿海與島嶼都可看到，並非馬祖獨有。

15 閩浙總督玉德等,〈為拿獲在洋行劫首夥盜匪及接贓服役各犯審明分別辦理恭摺具奏事〉,收入《宮中檔嘉慶朝奏摺》(臺北:國立故宮博物院,一九九三),十二輯,嘉慶七年二月(下),頁七一四上。

16 「嘉慶十年間,蔡牽令該犯在外洋竿塘、芹角山內搭蓋寮房,……收取各漁戶澳規錢文。」、「吳性弟一犯,籍隸長樂,先後代盜買米四次,運往芹角賊寮。」、「鄭連、柯哲、朱定、曾遜、陳東五犯,訊係俱在芹角地方掛網,被蔡牽夥盜逼脅,代挑淡水一次。」分別見臺灣銀行經濟研究室編,《臺案彙錄辛集》收入《臺灣文獻叢刊》第二〇五種(臺北:臺灣銀行,一九六四),頁一九九、二二三、二二四。

17 相反的,在臺灣南部農村普遍認為父親才是一家的桶箍(Lin 2015;林瑋嬪,2020)。

18 引文經過修飾以求文字流暢。

19 當然,現在有些家庭已經不是如此,有的人家已設置「佛桌」供奉神明或祖先。但這明顯是受到臺灣的影響,佛桌也都是由臺灣購入,形式與臺式佛桌相同。

第二章　愛恨交織的前線戰地

我在詩的禁區周圍梭巡，分秒備戰
想竄入你實施海禁的疆域
和你的文字與意象，音韻與色彩
殊死遭遇戰

〈狙擊〉

一個黃昏，位於村子上方據點的連長在外頭徘徊，好像在等待著什麼。沒多久，他看到國興——一個從外地調來工作的人——走向雪美的房子。他將老早準備好的刺刀放進大衣裡，往村子走去。

雪美長得不錯，跟連長似有一段感情，但近來也跟國興特別說得上話。國興常常去她那裡聊天，說啊、笑啊，連長已經看到好幾次。那天應該是傍晚差不多五點左右，連長心裡應該早已有底。看著國興走進她家，他就帶著刺刀走到雪美住處，躲在屋子的轉角等待。

國興從雪美房子裡走出來，經過院子要轉到馬路上時，埋伏在角落的連長就衝出來，一刀向他刺了過去！一番掙扎後，國興負傷逃走，連長沒有追上去，而是先回頭走到雪美的房子裡，把驚慌的她一步步逼到屋子的角落，最後舉起刀……，雪美不支倒臥下來。連長隨後走出屋外，看國興逃往哪裡。他沒有四處找，只是站在雪美家往下望。他知道國興逃不掉。

國興被連長刺了一刀後，流著血拚命地逃。他先往下跑到澳口，尋找港口站哨士兵的庇護。「救命啊！救命啊！」他喊著。但是士兵沒有接到上級的命令，不知道他是誰，因此把他在哨口前擋下來。國興見士兵無意保護他，便回頭往村子另一邊跑。他穿過學校，往衛生所跑去。但是那時已經過了五點，軍中醫護人員早已下班離開。

於是，國興只好再轉頭往村公所求救。他一邊跑一邊喊救命，連長聽到他的聲音就由高處往下走，從防空洞附近繞過來，追上他，從後面刺了上去，最終國興倒臥在路旁的漁網上。之後，連長平靜地離開村子，頭也不回走回軍營。事發第二天，連長從據點被帶走。由於這件案子涉及兩條人命，震動了軍方高層。也因此，判決很快下來，告示在各村張貼。

處決那天，天色灰濛。一早連長雙手反綁，背上插著一支亡命牌，以軍用卡車帶往行刑地點。有些人目睹了處決過程，他們回憶說：

> 行刑地點前面那座山坡，一早就布滿了滿山的憲兵。個個帶著槍，很嚇人！
>
> 連長被從卡車上帶下來，跪在山的面前。
>
> 槍決前，他們餵他一些菜，他都不吃，但是酒倒是喝了。之後，他背上的那支亡命牌被抽了出來，丟在地上，要行刑了。

開槍的人一字排開，有六個人六枝槍對著他！其實只有一個人開槍，但是就是要做出陣勢！

那時一片寂靜無聲，大家都可以聽到彼此咚咚的心跳。

連長高喊了一聲：「中華民國萬歲！我沒有對不起中華民國！」

砰！砰！砰！砰！連續三槍！……連長竟然沒倒下來。他還沒有死！但是，上級早已下令，所以他們開了第四槍！

我聽到他嘆了一口氣，唉……生命就此結束。

我曾在不同地方聽過類似的傳聞，但也有許多人不知、不願或不敢提及這類故事。因此我以虛實交錯的方式書寫這樁軼聞，並非專指某特定事件或地點。然而，故事與人們態度的隱晦不明反而揭露了馬祖人對軍事統治愛恨糾結的複雜情感。我們需要從不同的角度重新認識軍事統治下的馬祖，並正視在這個制度中個人所切身遭逢、卻往往被視為理所當然的苦痛。因此，本章不僅探討軍事國家如何來到馬祖，以及如何統治、改變這個島群，也關注在一個過去幾乎從未被國家直接統治的地方，人們如何經驗軍事國家的存在。

戰地政務的設置

一九四九年蔣介石軍隊在國共戰爭中節節敗退，國民黨政府撤守臺灣，軍隊也退守到東南沿海一帶的島嶼，包括馬祖列島；一九五〇年在南竿設「馬祖行政公署」，轄馬祖列島及其北方西洋、浮鷹、四礵與岱山等島嶼。馬祖以北島群在一九五三年失守後，國民黨政府將福建省連江、長樂、羅源三縣的縣政府，分別設在南竿、西莒與東引島上，以示蔣介石仍統治福建，也就是仍統有中國領土。一九五六年島上開始實施戰地政務，三縣合併為「連江縣」，從此連江縣便成為馬祖列島的官方地名。

另一方面，國民黨政府也成立了「東海部隊」（馬祖人稱之為「海保部隊」），吸納福建沿海的漁民、海盜與軍人（如前述的張逸舟及昔日的「和平救國軍」）（東海史錄編撰委員會，1998: 97）。他們駐紮在閩江口的西莒，時不時發動游擊戰。由於當時國民黨政府幾乎沒有提供糧餉，這些軍隊仍如過去的海盜一般，靠打劫閩海船隻為生（266-268）。一九五〇年，韓戰爆發，為了牽制中共在韓戰戰場上的軍力，無法調度東南沿海部隊前往朝鮮半島作戰，美國於一九五一年在臺灣成立西方公司（Western Enterprises Inc.），專門在外島進行游擊戰與偵

圖2.1　西莒青帆港的東海部隊與他們從對岸搶回來的船
來源：Horace Bristol and Howard Sochurek 1953, *Life* 34(9): 18-19.

察敵情。西方公司屬於美國情報局，也在西莒設立了一個聯絡站，與國民黨的東海部隊合作，突擊大陸沿海（Holober 1999）。圖2.1即為當時美國《生活》（*Life*）雜誌記者布里斯托爾（Horace Bristol）和索丘雷克（Howard Sochurek）於一九五三年來到馬祖時，在西莒所拍的照片。這張彌足珍貴的影像留下了當時重要的一刻：游擊隊員可能不久前才把船從對岸搶回來，他們可能正在休息，但也不忘緊盯他們努力的成果。

韓戰結束後，東海部隊在一九五五年後編入國軍，西方公司也撤出西莒。但美國從一九五〇到一九七〇年間，仍派駐了一個顧問團在南竿，一直到中美建交才裁撤。[1]

國民黨在一連串東南海島的戰役連連失利後，手中僅存的島嶼剩下馬祖與金門。由於國共繼續對峙，蔣介石從一九五六年開始在馬祖與金門這兩個前線島群實施戰地政務制度。戰地政務是以軍管政，軍、政一元化的體制（國防部史政編譯局，1996: 1），由軍事指揮官進行一元領導，將政治、社會、民眾生活都納入軍事作戰體制內（109）。戰地政務原本實施於戰時對占領區與新收復地區的管理，目的在能夠掌握戰區之人力與物力以支援軍事作戰（8, 101）。由於一九五〇年代金門與馬祖處於臺灣、中國對峙的前哨，蔣介石決定先在這兩個地方進行「實驗」。

戰地政務的組織設主任委員一人，由馬祖司令官兼任，下設祕書長，由政戰部主任兼任。政務委員會由五至七位委員組成（執掌政務的決策與監督），下轄連江縣政府（負責規劃與執行）。由此可見戰地政務的設置是以軍事為前提推行民事行政（表2.1）。至於各村，軍方另有一套管理控制方式。每村的村長由戰地政務委員會選派地方鄉紳擔任，軍方另派副村長（又稱「指導員」）做監督與管控。軍方也深入到個人：人民被整編、武裝起來成為民防隊。男性十八至四十五歲，女性十六至三十五歲，都要參加每年兩次、一次四週的訓練（雖然後來訓練時間有逐次減少）。

戰地政務在金馬的推行，具體而言，是國家有計劃地在金門、馬祖兩地實施「管、教、養、衛」（管制、教育、經濟與民防）等措施。如此的做法，從國家的角度來看，近程而言可以屏障臺海安全。遠程來說，國家希望在軍方協助下，金門、馬祖的政治、經濟、文化與社會相關建設得以推展，人民生活得到改善，最終能夠成為中華民國的「三民主義模範縣」（190）。[2]

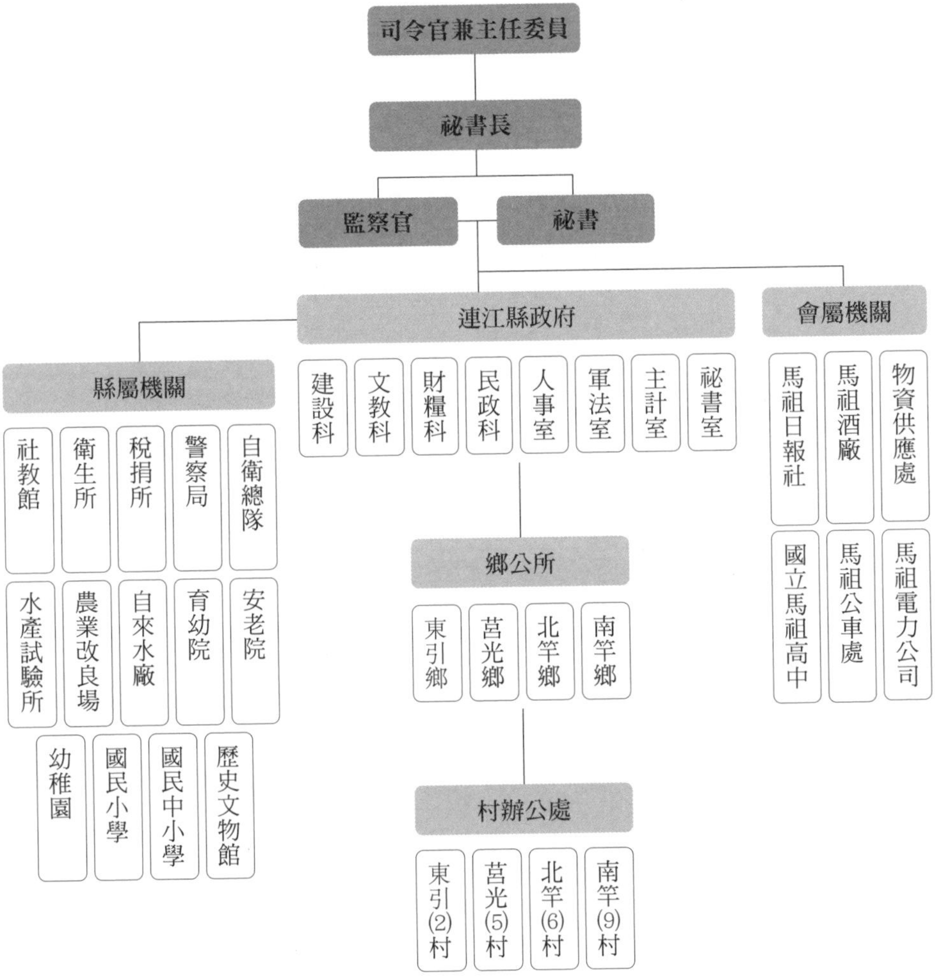

表2.1　馬祖戰地政務委員會組織系統表

來源：連江縣文獻委員會（1986: 192）

戰地政務，整體而言，是一套由軍事控制民政，掌管地方人力與物資的體系；它是一個「軍事現代化」的設計（Moon 2005；宋怡明，2016）。軍方以行政組織與民防隊將人民整編起來，作為支援戰事之用。另外，還設有「物資調節處」（一九五三年）、馬祖酒廠（一九五六年），以及發行馬祖貨幣（一九五五年），將島內民生物資的生產、消費與流通納入政府的管制中。此外，為了有效運用戰地的人力與物力以支援戰爭，軍方也逐步推動農林漁牧的現代化改造，並在各島建立發電廠、水庫、醫院，並廣設學校推廣基礎教育。最後，還發行《馬祖日報》（一九五七年）作為政令與意識形態的宣導。

在金門與馬祖施行如此特殊的軍事管理體制，必然有其歷史背景與目的。宋怡明的研究從冷戰地緣政治的角度，將金門與馬祖的存在對於美國、臺灣與中國的意義說明得相當清楚。對美國而言，一九五〇年韓戰爆發，美國總統杜魯門為阻止臺灣與中國發生戰事，下令將臺灣海峽中立化。一九五八年美國與臺灣簽訂《中美共同防禦條約》，一同防堵共產勢力擴散，但條約協防地點並不包括金馬。一九七九年中美建交，美國另以《臺灣關係法》取代。換言之，為了鞏固在東亞的冷戰防線，美國同意援助、保護撤退到臺灣的蔣介石政權，但對於金門與馬祖的態度始終曖昧，沒有清楚定位。

對蔣介石而言，金門與馬祖位於臺灣海峽西南方，扼制中國對外的重要交通門戶：廈門、福州與三都澳（國防部史政編譯局，1996: 193）。這些島嶼有其獨特的重要性。一方面，它們能夠讓前哨軍人進行情報蒐集與游擊作戰，為反攻大陸做準備；另一方面，由於接近中國，過去隸屬於福建省，它們的存在也可作為蔣介石仍統治「中國」（而非只有臺灣）的實證。而且，對蔣介石來說，金門、馬祖的存在反而能將美國拖住（宋怡明，2016: 58），確保它對臺灣的援助，因此他努力建構金馬為反共自由堡壘的意象，營造對抗全球共產主義的象徵。

對中國而言，毛澤東在早期的確有攻下金門與馬祖的想法。但是：

> 到了一九五八年，毛澤東已經認為攻占金門對中國有害無益。中華民國控制金馬，顯示兩岸政權都同意世上只有「一個中國」，而且中國有一天會再度統一。如果解放軍占領金門，這很可能是兩岸政權邁向「兩個中國」的第一步。因此毛澤東接受周恩來的建言，繼續「打而不登」與「斷而不死」的政策。（宋怡明，2016: 94）

於是，從一九五八開始到一九七九年美國與中國建交期間，中共以兩天一次的「單打雙不打」方式，讓金馬守軍有兩天一次的補給機會，同時藉此提醒臺灣與美國，臺灣與金馬都是中國的一部分（100）。

護佑臺海的島嶼共同體

戰地政務的施行對金馬地方社會究竟帶來什麼影響呢？如上所述，宋怡明的金門研究已從軍事化的角度（Lutz 2001, 2004），以及更廣泛的冷戰地緣政治，剖析了金門如何逐漸受到軍隊體制與尚武精神控制。他的研究呈現軍事化如何深入金門各層面；地方社會無論在勞力、物資與社會制度上，都逐步與軍事任務配合而產生變革。

然而，馬祖與金門社會性質有所差異，造成的影響也相當不同。我們必須回到馬祖的歷史才能理解這些影響及其社會意義。如前章所述，不同於金門，國家力量在一九四九年前很少擴及馬祖列島。在長久的歷史中，馬祖一直是帝國的外洋禁山。的確，一直到一九三四年國民政府才第一次來到此地設治，不過派來的官員不到兩年就被土匪槍殺。因此，相對於金門長遠的拓墾史，馬祖一直是一個無政府的社會，海盜、土匪、地方豪強與國際力量在此傾軋；如同地方的俗諺所述：「誰的拳頭大，誰就拿去吃。」馬祖各島內部在國軍來到之前，也少有連結，他們與大陸福建原鄉才是生活上不可分割的整體。島上的居住對來往的人們而言往往是暫時的，因為島嶼只是「外山」，真正的「家」在大陸。他們生活力求簡單，隨時準備回去。一年三節重要的儀式也在大陸進行。因此，島內聚落之間往來稀少，同一個聚落空間也區分為不同區塊，各自獨立，互動有限。戰地政務體制在這片國境邊陲島嶼的施行，無疑帶來前所未有的影響，無論是各樣軍事現代化計畫所觸及的社會層面，或是在身體與意識形態的個人控制。

不過，由於馬祖各島地理分散，從北到南綿延五十四公里。由於分布在廣大洋面上，島嶼間的連繫在戰爭中很可能隨時被切斷。因此，如何透過更多的設計使各島嶼不僅在人力、物力上，也能在精神上獨立存在更成為要務，萬一其他島嶼淪陷時仍足以獨力作戰。於是我們

圖2.2 豎立在馬祖交通要道上的「同島一命」標語（作者攝）

看到軍人來到後，快速地興建公路貫穿全島，並以軍用卡車作為公車連結各村，活絡島嶼中人們的來往。直到今日我們仍然可以看到馬祖環島公路的重要路口以及各對外港口仍矗立著醒目的精神標語，提醒民眾「同島一命，軍民一家」（圖2.2）。這對過去國家力量幾乎不存在，始終處於暫住、破碎狀態中的馬祖，意義特別不同。在現代建設、物資調配與訊息流通的穿針引線下，島嶼內部逐漸被連結起來成為共同體。軍方的積極建構，也使得「馬祖」此時成為重要的軍事存在：它是「反共跳板」，也是「臺海屏障」。保護臺海成為馬祖神聖的任務，至今仍是島民引以為傲的昔日榮光。

感激多於怨尤

大規模的鋪路、造林與興建學校，對於向來位於邊陲的馬祖島民而言，是過去未曾有過的經驗。大型的基礎建設無疑特別能讓人民感受到國家的力量（Harvey 2005; Harvey and Knox 2015）。[3] 何況馬祖各島過去只是人們暫居的邊緣之地，島上的各樣設施都非常簡單粗陋。其中，教育帶來的改變讓馬祖人感受尤為深刻：以前馬祖沒有學校，想要讀書要從福建長樂請先生來教書，中學以後就要到福州接受教育。成為前線戰地後，軍方不但在各村廣設學校，教師很多也由軍人轉任。當地的醫師回憶他小時候的老師來自大江南北：

> 江蘇來的……教英文、東北……教歷史、四川……教地理、臺南來的年輕義務教師則教化學……（謝昭華，2016: 190）

這些隨著軍人而來的教育、建設，在島嶼人們心中留下了不可磨滅的印象。例如，馬祖國小美術老師林錦鴻就曾以〈美軍與車掌小姐〉一圖描繪他的兒時經驗（圖2.3）。這張油畫合成了兩個影像：圖的上半部是一輛公車與車掌。他說：「那時的車掌都由年輕貌美的女性擔任，她們穿著制服，很有權威。」圖的下半來自一張駐防馬祖的美軍顧問團成員切蛋糕的照片，拍攝時他正在馬祖初中為學生上英文課；照片當時在馬祖廣為流傳。林錦鴻回憶說：「公車、車掌、

圖2.3 〈美軍與車掌小姐〉（林錦鴻繪，2007）

美軍、蛋糕，對那時的小孩來說真的很新奇。」

軍方所提供的教育也不只基礎教育。從小學、初中到高中外，表現優秀者還能保送到臺灣職校與大學就讀。除了建設與教育，「阿兵哥」消費在戰地時期活絡了地方經濟（我將在第三章進一步探討這些重要面向），軍人也給予民眾生活上的協助。因此，至今馬祖仍有不少人肯定、感激軍方對馬祖的貢獻。地方里長說：

> 如果沒有國民黨〔軍隊〕，沒有這些建設跟投入啊，我們今天還是一個漁村。馬祖很多人是這樣想的。（何欣潔、李易安，2022: 44）

的確，正是因為這些教育與建設的開展讓馬祖人提起戰地政務時，總是情感複雜。不同於軍人來到前已教育普及、相當富庶的金門人對軍方多有怨懟（何欣潔、李易安，76, 122），在馬祖更常聽到的是感激多於怨尤。[4]

例外中的例外

然而，成為前線戰地、將民政交由軍方指揮，事實上是宣告馬祖進入一種緊急狀態，或「例外狀態」（state of exception）。義大利哲學家阿岡本（Agamben 2010[2003]）曾說明「例外狀態」是民族國家的主權者以安全之名懸置原本憲法賦予的人權，另立一套法律與制度加強對個人的管制方式。國家以事態緊急為由，透過「某些人的犧牲」以「顧全大多數人的福祉」。[5] 中華民國從一九四九年進入戒嚴時期就是進入了緊急狀態，而在金門與馬祖實施戰地政務更使得這兩個地方成為「例外中的例外」（宋怡明，2016: 13）。在這裡，島民的犧牲被認為是保護國家必要付出的代價。

然而，在「保護臺海」的神聖使命與「軍方建設馬祖」這幅圖像的另一面，往往是一個個得不到憲法基本人權保障、犧牲自由、沒有聲音而政治失語的人們（陳俊宏，2021: 8）。人民在這段時期遭受的不平等對待，在馬祖民主化之後，已逐漸由馬祖人以直接或隱晦的方式逐步寫出（劉家國，1988, 1993, 2005；劉家國、胡依北，1995；劉宏文，2016, 2020, 2021）。[6] 前面提到的軼聞也是一個例子，揭露了我們原本難以得知的面向。在「軍隊帶給馬祖進步」的光明圖像之外，我們有必要進一步探索當時人們的遭遇。

馬祖人稱軍人為「*lang a liang*」，字意為「兩種聲音」，意思是跟馬祖人說不同話的人，也就是外地人。本章開頭故事中的兩個男人——軍中的連長以及由外地調來工作的員工國興——都是戰地政務體制帶進來的人。這個新的體制將過去不曾有過的機構與外人帶入馬祖人的生活世界中。每逢有人跟我講述類似的傳聞，都會提到國興負傷後，如何向港口哨守、衛生所與村公所求救。這個畫面如此鮮明，讓我們深刻感受到一個軍事政權如何透過各種機構的設置，來到一個原本國家不存在的地方。這些設置——無論是港口哨守或連長在追逐國興時繞過的防空洞——現在仍突兀地矗立在村落內，具現了軍事體制在地方生活中的無所不在。

故事也呈現這些服務於軍方的機構，往往是非常公式化的單位。當國興血流滿身跑到港口哨站尋求庇護時，士兵因為沒有接到上級的命令，就不敢伸出援手。國興只好倉皇地跑向另一個單位、也就是衛生所求助。然而，那裡的軍護人員也因朝九晚五的工作規律，早已下班離開。連長對聚落地形的熟悉，更讓我認為必須從當地生活世界來理解軍事統治在此地產生的影響。讓我們先從空間談起。

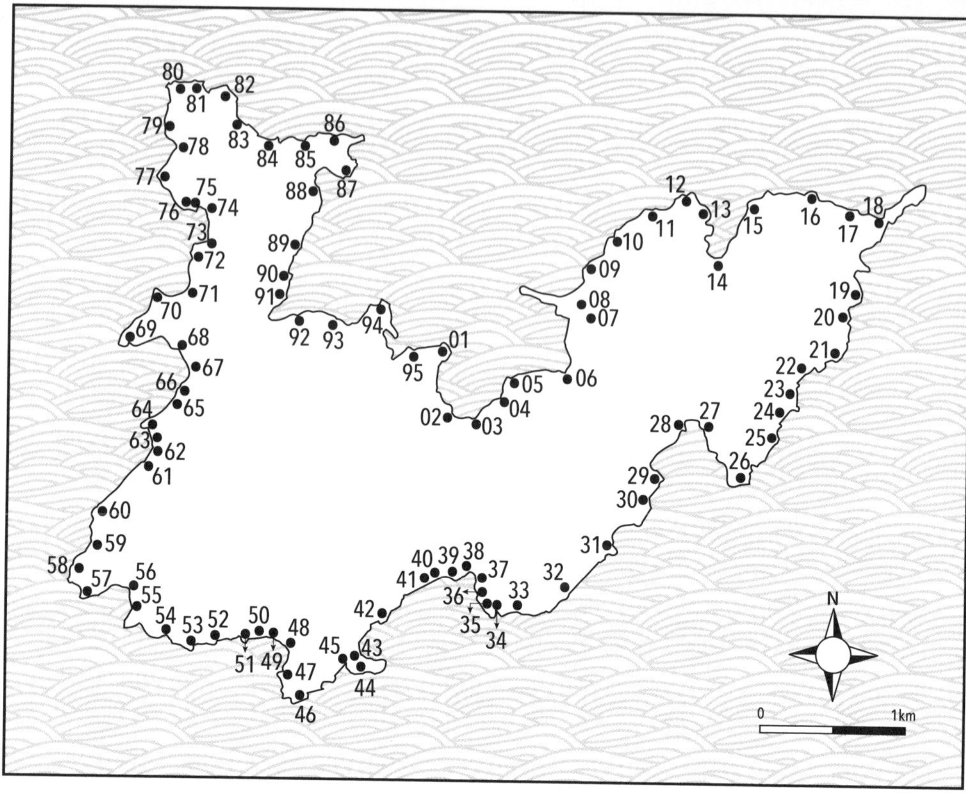

圖2.4　馬祖南竿島周邊的軍事據點

來源：重製自《96年度連江縣文化景觀普查計畫》(2007)；陳韻如(2010)。

封閉的空間

成為戰地前線，伴隨而來的是島嶼逐漸閉鎖。以前馬祖人可以自由來去，現在各島則是被密密麻麻的軍事據點環繞。以南竿為例，島嶼沿岸就有九十五座海防據點，人們如同生活在軍營一般（圖2.4）。

在每個澳口與沿岸又有層層的防禦部署。澳口布滿了軌條砦、瓊麻與玻璃刀山，澳口兩側岬角山壁則挖空成軍事碉堡。如此地將聚落澳口「要塞化」的方式（程世原，2010: 74），不但將島嶼封鎖為一獨立的空間，也將海隔離於當地人生活之外。過去習慣到海邊採集貝類與海菜的馬祖人，現在要到海邊採集螺貝要越過層層鐵絲網與雷區，冒著被軍人斥責催趕之險。長久下來，出生於戰地政務時期的馬祖人對海洋已感陌生。當地長大的醫生曾寫下他的成長經驗：

> 對我而言海一直是陌生的，即使每天一早出門便可望見海，但從小已經習慣對海岸線保持距離。陌生的原因不是沒見過它，而是無法親近。學校裡老師也一再耳提面命不准學生接近海岸，尤其有著鐵絲網圍住，標注「雷區危險」的區域，那是我們的禁區，是一片祕境，一如島上無數隱藏山區的大小軍營。（謝昭華，2016: 29）

事實上，無論居民的記憶或舊照片所示，早期島上的樹極為稀少，各山坡長滿了茅草（茅干多正是南竿地名的由來）。根據一九五六年的紀錄，那時「全島只有榕樹與雜樹二十餘株，舉目童山濯濯，黃沙瀰漫」（連江縣文獻委員會，1986: 471）。然而，茂密的林木能夠隱匿軍事營地，使得敵方的炮彈不易射中軍事目標；國軍的軍事活動若能隱沒在林木之後，更可祕密地進行。因此，為了軍事遮蔽的需要，從戰地政務時期開始就在馬祖不斷發動「綠化馬祖」運動、實施《造林獎懲辦法》，以大量造林（《馬祖日報》，1962.03.12）。軍方甚至曾經認為羊群有礙造林，發布「除羊」命令（《馬祖日報》，1961.03.24）。那時不但嚴禁放養山羊，報紙並公告若在可放養區域外發現羊隻，軍民皆可補殺（也見於李元宏，1998: 49；楊秉訓，2014: 271-272）。

劉宏文〈山羊〉一文所寫的回憶，就是在那個時空中，發生於一群馬祖小學生與一隻山羊之間的故事：

那些年島上總會看見幾隻山羊，巍巍顫顫地佇立在臨海的危堐。……有人說是馬祖推行植樹造林，禁牧之後被遺棄在荒郊野外，有人說是老士官偷偷飼養的……沒有人說得清來歷……我那時讀國小，每天都要與同伴走一段山路到鄰村上學。……有一天出了村口不久……突然看到左側山坡有一隻落單的山羊……一面啃草，一面若有似無地望著我們。有人扯著嗓子「咩咩」叫……牠也會抬頭回應。我們……幫山羊取了「白鬍鬚」的外號。那時，每天都在期望與「白鬍鬚」見面。膽大一點的還去搔「白鬍鬚」的鬍子，摸牠的肚子。……與白鬍鬚相互應答就成了上學途中最興奮的時光。有一天放學回家，感覺村子裡的氣氛有些詭異。大人們都神祕兮兮的，……很像在隱瞞什麼。隨後……我繞到金全伯的後門，赫然看見一頭毛已被拔光的山羊……赤條條地懸掛在門栓上……是「白鬍鬚」。在那個匱乏、肅殺的年代，尤其在貧瘠荒僻的外島小村，燉羊肉是多麼難得的享受。那個晚上，村子裡家家戶戶一片歡樂，多少都分得羊雜，羊腿。……我們家也分得一小份羊腿……我毫無食慾，一心只想著白鬍鬚怎麼會下山？牠是那麼信任我們以至於對村人失去了戒心，然後被村人發現，然後……（劉宏文，2016: 144-147）

山羊一隻隻消失，顯見馬祖在造林成果上非常突出。今日馬祖一片綠意，各島林地覆蓋率已達八成以上（楊秉訓，2014: 272）。然而，如此卻使得島嶼上高處的山林與低處的聚落截然二分；隱沒在山林高處中的軍營與暴露在澳口低處的聚落形成強烈對比。馬祖聚落的建立原本與漁業密不可分，居民因捕魚之故，房子多環繞澳口周圍興建，再由澳口往山壁兩側延展。山丘長滿了四處蔓生的雜草，是居民的「柴埕」（*tshia liang*），草經曝曬乾燥就是居民的燃料。現在的山壁經過綠化，多由樹木覆蓋，裡面隱藏著軍事據點、碉堡與營區。隱蔽在山林中的軍人只要往下一看，就能清晰地掌握村落的動態。

在這樣的空間結構中，傅柯（Foucault 1977）的「全視景」（panopticon）概念可以幫助我們瞭解其中的權力關係：居住在低處的馬祖居民看不到山上隱藏的軍人，但是隱藏在高處據點的軍人對聚落居民的生活卻一目瞭然，甚至對家戶之間人們的進出瞭如指掌。如果我們回到開頭所述傳聞的發生過程來看，連長只要從營區往下看，就能很清楚地掌握雪美與國興的動態，下山埋伏。國興被刺逃走後，連長對於聚落動線的熟悉讓他能推測國興的逃跑路線，不需費力追趕。他只要隱身在重要路口附近就能等待國興精疲力竭地來到。連長的凝視代表國家權力的全視景本質（the state's panoptical nature）；他是這個全視景權力的代理人，監視村落的每一個人，但卻不為村民所感知或看見。

如果傅柯提出的「全視景」概念能夠幫助我們理解軍事統治下島嶼的空間結構，那麼情殺軼聞中的處決情節無疑是一場國家儀式。葛茲（Geertz 1980: 123）說，國家從想像的空間擷取它的力量。從這個角度來看，我們才可理解國家為何必須公開處決。背著亡命牌的連長、刑場上滿山肅殺的憲兵以及六枝瞄準步槍，無疑是一場國家儀式。其目的在於展示、維護並確認軍事國家的秩序。只是，連長死前高呼口號、堅持自己沒有怠忽保衛國家職責，意外地揭露了讓這場悲劇發生背後的真實。

艱難的航行

島內的禁錮已經如此，我們也可猜想島嶼的跨越必然十分艱辛。的確，戰地時期有著嚴峻的出入境管制，申請程序是一段漫長的等待：

> 搭船要有證件，正式名稱叫作「中華民國臺灣金馬地區往返許可證」。先是到照相館拍大頭照、填申請書、找保證人、再送到村公所轉警察局，最後上呈指揮部。層層把關，節節管制。……接下來是漫長的等待……證件發下了，……船位各顯神通，時有時無，端看關係。（劉宏文，2016: 47）

繁瑣的手續外，搭乘軍事運補艦來往臺灣更是馬祖人共同的慘痛經驗。那時臺馬之間沒有提供一般民眾搭乘的船隻，馬祖人往返臺灣必須搭乘軍用補給艦或軍事人員運輸艦（圖2.5）。一

圖2.5　軍用補給艦（連江縣文化處提供）。戰地時期軍方用來補給駐軍所需，附帶提供馬祖居民來往臺灣的交通工具。

個東引長輩告訴我有一次到臺灣，補給艦在海上開了一個禮拜才到：也就是，船從東引出發後，先到行政中心南竿島，再回頭往北到北竿，然後開往東／西莒。等繞完馬祖所有的島後，再前往臺灣。

因此，能夠在十八個小時至一兩天內到達臺灣都算幸運了。時間冗長或許還可忍耐，如同海上難民的經驗才真正是折磨：

> 搭船當日，黎明即起……天濛濛亮，候船的人在沙灘前排排蹲下，靜靜等待登船的號令。憲兵來回穿梭，核對證件，斥令打散行李……翻查搜索，一片狼藉。終於等到放行的口令，眾人蜂擁奔向巨獸（船）的大嘴，在混合著水泥、沙塵、米糠、機油、腐敗水果的幽暗艙房（中）找到床位。更多的人分不到床位，只能捉摸衡量，尋個角落，鋪上草席或墊一片紙板。這方寸之地就是未來晃蕩十八個小時的領地。
>
> 夏天猶好，多數人上甲板……偶而一片浪花激起打在

> 臉上，不久眼臉手臂一層薄薄的海鹽，連風都是鹹的。……冬天海風凜冽，巨浪撲打甲板，大家都窩艙底，嘔吐聲此起彼落，孩童的哭聲淒厲，穢物漫漶。（劉宏文，2016: 47-49）

從臺灣回馬祖，同樣是一番折騰。歸鄉的馬祖人首先要到基隆「金馬賓館」登記，然後等待。大約下午時間，賓館若貼出「本日開航」標示，大家就歡喜準備搭船。若無張貼，只好明天再來等。金馬賓館是軍方在天候不佳以致船無法開航時，提供軍人住宿之處。一般百姓只能在自己落腳的地方與基隆之間來回奔波等待。

對馬祖的年輕人來說，口袋中本來就沒有多少錢了，若是來回幾次，錢就花光了。陳大明說有一次他等了七、八天，實在沒有錢了，晚上就跟他的夥伴們在金馬賓館附近找了一臺空貨車睡在裡面。一覺醒來，才發現貨車已經在開往臺灣南部的路上了。原來他們睡的是附近市場的菜車，車主晚上把空車停在附近，預備一早就趕往南部補貨。車主發現他們在車上後，把他們痛斥一頓，趕下車子。這群流落街頭的年輕人只好搔搔頭，自己想辦法回基隆。

從馬祖到臺灣的航程無疑是一個「閾限」(a liminal space)——迷離的中介空間——在體力與精神上對馬祖人而言都是考驗與過渡。人類學者透納（Victor Turner）曾告訴我們：

> 在閾限期間，人們每隔一段時間就會被提醒要重新思考他們的社會、宇宙以及背後一套支持他們存在的權力關係。閾限期間是一個「反思的階段」(a stage of reflection)。(Turner 1967: 105)

對於馬祖人而言，「閾限的反思」不只是在搭船的當下，而是延綿、深刻地銘刻在他們記憶中，成為後來他們改變馬祖的動力。本書第三部分討論的主角往往會以他們搭船的慘痛經驗說明為何他們必須挺身而出，改變馬祖。

結語：巨變中的島嶼

一九四九年國家突然來到馬祖，徹底改變了島嶼的命運。本章從空間的角度切入，分析軍事統治如何影響人們的生活。首先，我說明馬祖列島在成為前線戰地後，原本與大陸原鄉連成一體的關係被切斷。軍事政府以各島為中心進行大規模建設與推展現代化教育，並透過印刷媒體、發行貨幣與物流管制，將島內民生物資的流通與消費納入政府管制中。透過這些新的建制，「馬祖」成為想像的共同體，「反共堡壘」與「臺海屏障」成為新的社會想像與認同。

然而，當國家力量從千里之外剎時穿透到島上，聚落內隨之出現各式各樣的軍事機構與人們比鄰而居。聚落上方則掩藏著軍營，裡面有著無數隻眼睛；國家的凝視與監控在此時無所不在。即使要離開或進入島嶼，都得先經歷搭船的折磨。複雜的三角軼聞、失去山羊朋友的童年，以及對海洋接近卻陌生的感受，在在顯示國家的力量在此時如何滲入個人的身體、心理與情感，衝擊著每一個人。

成為戰地前線，是相當錯綜複雜的歷程，下一章我將從漁業與性別的角度繼續來談。

1 馬祖軍方在二〇一三年整修房舍，意外發現當時駐防美軍留下來的一幅壁畫。上面繪有美國各州風情，如德州牛仔、佛州海灘女郎與棕櫚樹，傳遞當初駐軍思鄉之情。東邊與西邊海上各有一個箭號，標示此去馬祖一萬三千與八千一百英里。

2 「管、教、養、衛」雖在《國軍外島地區戒嚴與戰地政務紀實》多次提到，但沒有清楚定義。宋怡明（2016: 43）、軍方（如金門陸軍上將、馬祖陸軍上將）與民眾都闡述過其內容（彭大年主編，2013: 218-222, 238-242, 248-250），基本上不離管制、教育、經濟與民防方向。

3 國家透過基礎建設來加強統治、促進經濟生產的研究非常多，不一而足，近年來人類學基礎設施的研究更細緻化了這個議題。

4 何欣潔、李易安的書（2022）有不少敘述觸及金門人對戰地政務的鬱結之情，如金門高齡七十九歲的婆婆王瓊玉回想過去的日子，會說：「以前是地獄！你們現在，就是天堂。」（95）烈嶼鄉長洪成發與澎湖縣長座談時，也會心有不甘地說：「就是因為戰地政務，金門觀光落後澎湖三十年。」（122）但馬祖有的老人家憶及過去海上盜匪猖獗（如第一章所述），反而認為軍人來後維護了治安。

5 參見林淑芬（2015）的詳細討論。

6 更多金門與馬祖在軍管時期因戒嚴而受害者的敘述見陳永富著，《戰地36：金馬戒嚴民主運動實錄》（2020）。

第三章 離開或留下？

我們往返出生與死亡之間
背負著夢想與愛的行囊
在希望與哭泣之間
在時間分秒競逐的間隙

〈冷戰記事〉

在前一章的故事中，雪美的先生從未現身。當我提起他時，人們的回答總是很含糊，例如：「他是打魚的。」「馬祖漁業不好，他搬去臺灣了。」打魚先生的沉默與黯然離去是否與漁業在馬祖軍管時期面臨的困境有關？

漁業凋零

馬祖從事漁業人口比例從戰地政務實施後不斷在下降（王金利，1999: 165-166），各漁村人口大量流失遷移至臺灣。遷臺的馬祖人，也多半是依賴漁業為生的村落，例如北竿的芹壁、橋仔，南竿的牛角、津沙與莒光的福正、田澳等（曹順官，1978）。的確，在國軍尚未來到之前，漁業是馬祖最重要的維生方式。國軍來了以後，漁民在海上流動的特性成為國防的威脅；亦即，漁民成為「內在的敵人」。因此，國家開始以一系列嚴格管制與監控方式將潛在的威脅降到最低（馬祖資訊網，2002.07.28）。首先，人民要從事漁撈必須先向村公所提出申請，而且需三人連保，並通過安全審核，才能獲得漁民證（《馬祖日報》，1961.06.09）。漁民要出海打魚，必須在前一天到村公所登記以及領牌。出海時向港口衛兵出示漁民證與牌子，通過檢查後衛兵才會將漁船的船槳（舢舨船）或引擎啟動板（機動船）交給漁民。每次出海的人員需三人以上，回來的人與出去的人要相同（陳治龍，2013: 80）。層層繁瑣的規定監督著漁民在海上的作業。

漁民出海捕魚後，軍方非常擔憂漁民是否與敵區漁民互動，洩漏軍機，因此設定撈捕範圍，不准越界。船隻除了有編號之外，每天還需懸掛軍方告知的旗色，便於軍方監測。若漁船作業中有超過防線、越界捕撈的嫌疑，回來就會被扣船不准出海一週，嚴重的話甚至要面對拷問、坐牢以及更久不能出海的處罰。漁船回港後，港口衛兵會檢查船內是否有違禁品，並收回船槳或引擎起動板。

不過，海洋如此大，軍方的監控還是會有百密一疏之處。例如，馬祖漁民還是知道哪裡可以躲過國軍的監控，與對岸漁民往來：

有〔的〕時候天氣很好，會碰到他們，我們會躲到看不見的地方聊天，但回來就不敢講話。……不然就會被關〔禁〕閉啊！（曹雅評，2017: 52）

他們與大陸漁民在一起，很像朋友一樣：不但能親切地聊天，還會互相開玩笑，彼此相互瞭解，沒有國民黨與共產黨之間的仇恨：

單打雙不打時打的是宣傳彈不是打人。……我們也有打過去。我們漁民〔之間〕沒有什麼，都很好，我們都好像很親熱這樣子遇到就隨便講啊，聊一聊，回來什麼都不能講。我們只是講平常的話，炮彈很多這種不能講。他們也是跟我們說家庭怎麼樣啊，生活怎麼樣，吃的怎麼樣。……但他們會說你們外面很嚴格。他們可以隨時出海，幾天回去都沒有關係，我們就一定要每天回來。他們還說你有辦法的話，我們把你帶出去玩幾天〔再〕回來。打〔仗〕都公家在打的，我們很好都很親熱的打招呼。（同上）

然而，對岸漁民的溫暖反而可能會帶給馬祖漁民麻煩：

阿兵哥就是怕我們接觸〔對岸漁民〕，但他們看不見啊！有一次，我出去的時候，花生拿一袋，我們就在船上吃，吃也要有時間啊！我們回來之〔前〕就通通倒掉！拿進來就犯法

> 了！他們拿一大袋給我們，我們說拿一點就好，他們不知道我們不能帶回去，叫我們放在船上慢慢吃。如果被查到就完蛋了！打魚好苦啊……（同上）

如此奇特的海上空間是漁民們能暫時逃離軍事掌控與對岸連接之處：這裡有自由、溫暖與分享。不過這樣的空間與時間卻總是隱蔽且短暫。一句「打魚好苦啊！」（*thoai ia siuai*）道出戰地時期漁民的心聲。

的確，只要漁民有與「匪船」接觸的嫌疑，軍方動輒就是查扣漁船好幾天。但是，不出海對漁民的生計影響甚大。在某次訪問中，鐵板村的一個村民悲傷地說：

> 我的哥哥當初就是被村幹事懷疑與對岸的船隻有接觸，因此被罰不准出海一個禮拜。他為了生活，幾天後偷偷從港口的另一端出海。這一出去，就再也沒有回來。

《馬祖日報》也記載著馬祖司令官要漁民到天后宮賭咒起誓不違規捕魚：

> 南竿鄉漁民出海作業不違規宣誓大會，昨天假馬祖港天后宮舉行，司令官兼主任委員會親臨監誓，參加宣誓的漁民，共有三百一十人。……在大會中，由漁會常務理事吳木肯代表宣誓，並且領導全體漁民宣讀代替賭咒的誓詞，內容如下：我向媽祖娘娘許願賭咒，出海

捕魚作業，遵守防區一切規定，不洩露軍事機密，不與匪船及任何人接觸，如有違背誓言（咒語）願意接受軍法處分與媽祖娘娘的懲罰，並且叫我出海捕不到魚，船翻人亡的報應。（《馬祖日報》，1974.03.28）

三百人會在神明面前一同詛咒自己若違規將「捕不到魚，船翻人亡」，應是在不得已的情況下所做的宣誓吧。

「打卡上下班」的漁民

種種規定中，限縮漁民出海捕魚時間對漁業的影響最大。國軍不准漁民夜間打魚。夏天漁民早上四點可以出海，晚上七點必須返港。冬季就再前後少半個小時：四點半到六點半。然而捕魚依魚類、潮汐與天候，航行所需時間不容易確定：

漁夫是跟魚群走的，魚是跟著潮汐走的，潮汐又是跟著月亮走的，大自然的韻律是活的，月亮和潮汐的時間每天都不一樣。但軍方的規定卻是死的，魚群又不是公務員，難道要牠們每天打卡準時上班嗎？（曹昇華，2010: 183）

因想著「魚群再等一下就會到來了……」而延遲返航，被扣船是漁民經常遭遇的問題。漁民說：

〔他〕規定你〔按〕時間回來，他（軍方）就是怕我們跑大陸去，今天晚上晚一個鐘頭回來，扣你一個禮拜不能去打魚。風浪他不管你啊，有時候我六點回來，但不能進〔澳口〕來，要等八點的時候才能進來。他們不懂潮水，他就會拷問你，你到哪裡怎麼樣……（曹雅評，2017: 55）

牛角村的老漁民也提到類似的情形，老村長說：

沒錯，常常無法按時回來。遇到這種情形我們就是把當天補到最大的魚送給港口的阿兵哥，拜託他們讓我們回去。

限制進出港口的時間對漁民作業更嚴重的影響是漁民收網的次數，尤其是馬祖地區盛產的蝦皮。曹雅評（2017）的研究相當詳細地說明了捕蝦皮如何與海洋的潮汐漲落密切相關。海面升到最高時稱為滿潮，海面下降至最低時稱為乾潮。由乾潮至滿潮的期間稱為漲潮，由滿潮至乾潮的期間稱為退潮，滿朝與乾潮之間海面的高度差別稱為潮差。馬祖地區海域由於潮差特別大，漁民往往以放置定置網的方式捕捉馬祖海域重要的漁獲：蝦皮。一日有兩次滿潮與乾潮，漁民需推算潮汐時間去收蝦皮。漁民解釋說：

〔我們在〕最高潮跟最低潮的時候去收。……最高潮的時候……會停一個半小時，最低潮也是……停一個小時。停的一個小時沒有潮水，比較好做事情。……固定網就是要搶這個海上平靜的一個小時，要在一個小時之內放好網跟收網。（曹雅評，2017: 57）

漁民說潮汐停止時網目會自然飄出海面，那時去收最好。那時如果沒有及時收網，蝦皮浮在海中，曬到太陽便會腐爛。但是戰地政務管制海上捕魚時間，漁民只能在白天出海。漁民收網次數由四次變為兩次，大大地壓縮了漁民海上作業時間。我在訪問鐵板相當資深的漁民陳其灶時，他也說，因時間非常有限，他們常常來不及將漁網整理妥當，潮水一大漁網就很容易刮破，造成他們更大的損失。

軍方只讓漁民白天在海上作業，不僅減少了兩次潮水的捕魚時機，而且還要面對對岸漁民把魚偷走的問題：

他們可以二十四小時在海上，我們卻天黑就要回來等到隔天去收網，常發現漁網連同魚貨全被偷走了。（曹昇華，2010: 184）

由於夜間無法出海，漁民也必須改變漁撈種類，投資於新漁具的採購。漁民曹啟捷說：

打撈帶魚必須夜間作業……夜間無法出海，漁民紛紛改打蝦皮，大家都需要投資在新漁具上面。因此，使一部分人為此重新舉債，舊債就一直沒有歸還。（《馬祖日報》，1964.10.29）

漁具的採購也是馬祖漁民面臨的另一個頭痛問題。昔日漁村製作漁具所需的材料，如製繩的竹皮與稻草、大竹與木頭，多由大陸購得。在漁汛期來臨前幾個月就必須開始製成漁具，包括漁繩、樁、窗與漁網等。漁季來到約兩個月前，將綁漁網的樁打入泥質的海床中。等到魚群來到時，再掛網捕撈（陳治龍，2013: 50-53, 85-86）（圖3.1）。

過去的船隻修護與漁具的補給仰賴中國大陸，現在由於切斷了與中國的往來而必須要仰賴臺灣。但是臺灣距馬祖遙遠，臺灣海峽海象惡劣多變，漁具的補給往往無法如期到達。早在一九五六年戰地政務剛開始實施時，接連兩年就經常發生缺乏臺馬運輸船隻，以致漁具無法及時運達的嚴重問題（林金炎，2013）。這也導致漁民欠下大筆貸款無法償還。根據《馬祖日報》報導，也可看到後來多年不斷發生類似問題：

本年度採購的蝦皮漁具……未能如期運達，延誤了本區漁民打樁掛網的時間，同時影響到今年

圖3.1　蝦皮定置網示意圖（陳治龍提供）。打在海底的「樁」、以線連接著漁網。當漲潮時，漁網方形的「窗」會撐開以捕捉魚群。

的蝦皮收益。（《馬祖日報》，1965.04.14）

連江縣的漁會負責人、漁民代表以及遠東公司的董事和經理，……就五十四年度的蝦皮漁具採購誤期，因而導致漁民們三百餘萬元的損失問題，集議商討……（《馬祖日報》，1965.05.21）

〔漁具〕主料難買，〔噸〕位過重，運輸困難，往往因到達誤期，導致漁民重大損失。（《馬祖日報》記者劉淳，1965.05.29）

本年度的蝦皮生產，比從前提早將近兩個月。……〔但是〕漁具到目前為止，運抵馬祖的數量尚未能達到總數的一半……（《馬祖日報》記者孫鍵政，1966.10.17）

今年影響蝦皮收成的另一個因素，就是大竹遲遲運到，影響漁民打樁下網的時間。（《馬祖日報》記者嚴正，1974.06.30）

不只生產工具缺乏，銷售也是一大問題。過去馬祖人捕魚可以很快運往福州地區銷售。軍管時期與大陸關係切斷後，與臺灣距離遙遠，運費人力成本提高，加上當時冷藏設備不足，漁獲只能賣給島上軍人或醃製魚乾銷售。即使漁獲豐收，市場仍然相當有限。於是，漁民向政府借貸，仰賴政府救濟的情形延續連年，翻開《馬祖日報》，漁民的貧苦在一九六〇至一九七〇年間是非常普遍的現象：

指揮官關懷漁民，將舉辦漁業貸款，貸予本區各貧苦漁民。（《馬祖日報》，1962.08.15）

連江縣政府遵照兼主任委員戰地指揮官的指示，春節前已決定貸款給貧苦漁民，每一張網貸款數字為五百元至一千元。（《馬祖日報》，1964.02.03）

司令官兼主任委員，關懷漁民生活，特地在春節前撥出食米十三萬四千五百市斤，貸予地區漁民，……該次的貸放是以每張蝦皮網一百市斤為原則，由各漁戶在蝦皮收成後無息償還。（《馬祖日報》，1966.01.18）

司令官關懷漁民生活，體恤漁民在蝦皮未收獲前之青黃不接的窘境，特批准貸予食米三萬六千五百七十公斤，以解決漁民在椿汎期的生活。（《馬祖日報》，1967.11.18）

蝦皮季節結束，總計約在七十萬斤……平均每張網僅五百斤，扣除漁具所得寥寥無幾，漁民生活已面臨困境。（《馬祖日報》記者成之，1968.07.01）

蝦皮兩年欠收，已使漁村已經瀕臨崩潰。（《馬祖日報》記者大方，1969.01.23）

漁具來源不穩、捕魚作業受到嚴格管制，以及銷售無門，使得馬祖漁村普遍貧窮，必須仰賴政府的救濟。那麼，漁人本身呢？面對如此困難的處境，他們的感受為何？牛角的一名工程商人告訴我：

> 我爸爸在我十歲就死了。但是我還記得我小時候半夜看到我父親坐在床邊抽菸，心情很苦悶。那時出海捕魚，限制很多。幾點要出去，幾點要回來，與潮水不合。看到那些阿兵哥有槍有子彈，他更是苦悶。

二〇〇八年我從馬祖返回臺北時，特地前往拜訪約一九二〇年出生（二〇一六年已過世）的官銓福先生。馬祖人說他有豐富捕魚經驗，且曾在一九六〇年左右擔任馬祖漁會理事長，應該可以告訴我很多漁業的事情。多年前已移居臺北的官先生聽到我要問他打魚的事，就很直接、坦白地回答我：「政府……都不懂啊！」我問他為什麼以前生活清苦，但馬祖人那時還是可以在島上生存下來？他說：

> 沒有政府，我們出海打魚很自由。……國軍還沒有來之前，牛角人打的魚，大陸連江有商船來收購，他們買比較好的魚。剩下的魚，村裡也有人收購，賣到大陸北方。那些小魚用鹽與明礬醃起來，鹹鹹的，苦苦的，但不會軟也不會壞。我們這裡吃不慣，但北方「山地人」

喜歡吃這種魚。他們住的地方有霧水，臉青青的，沒有這些鹹鹹苦苦的魚吃下去，人站不住。他們到福安，用一捆捆的木頭跟我們換〔魚〕。馬祖人用茅草與樹葉燒飯，一燒就沒有了，木頭比較耐用。

我好奇地問他鹽與明礬哪裡來的？他說：

北方來的，我們自己有船也可以去買，換東西回來。沒有米，也可以換地瓜。國軍一到，控制要早出晚歸，打什麼魚？魚晚上比較多！

官老先生所描述的是一個存在東南海島漁民與中國山區（原住民）之間更大的交換體系。這個體系在國軍到來後就斷絕了。島嶼居民無以為生，若有機會必然要離開了。

「一支扁擔挑所有家當到臺灣」

一九六〇年晚期開始，很多馬祖人就開始移往臺灣。根據統計，馬祖的人口在一九七〇年前後到達了最高峰，約一萬七千人。之後居民開始外移，到一九九〇年左右解除戰地政務前夕跌到谷底，只剩下五千五百人（邱新福、賀廣義，2014: 16-18）。二十年間馬祖有超過三分之二的人口移出。他們為何移出呢？一方面，此時臺灣工業化大量的勞力需求提供了馬祖人到臺灣工作機會；另一方面，漁業的沒落也讓他們感到在馬祖已經「沒生活」、「沒希望」了（*mo leinguah, mo hiuong*），於是他們開始往臺灣遷移，用「一支扁擔挑所有家當到臺灣」（*suoh ba piengtang tang suoh kaui kho teiuang*）。

但是事實上，馬祖人遷臺有不同的理由，馬祖雖沒有發生實際的戰爭，但戰爭的威脅卻始終徘徊不去。從一九五八到一九七九年長達二十一年的「單打雙不打」不但造成傷亡，且帶給人們心理很大的恐懼。現住在桃園八德的胡水官就受害甚深。他在一九六九年於馬祖電影院（官兵休假中心）被宣傳炮彈打中，不僅失去了左腿，在他身旁的幼子亦中彈身亡。[1] 他的長子胡宗暐因坐在他處，逃過一劫。胡宗暐說：

> 我父親受傷後，對小弟的不幸過世傷心欲絕。他被匪炮襲擊，不符合國防部因公受傷的撫卹條例，不但沒有任何補償金可領，還因為受傷成為殘疾，失去〔村幹事〕公職。他後來開小雜貨店謀生，又去學習攝影，兼營照相館，但一直處在炮彈襲擊的陰影中，每到單日都焦慮不已，聽到炮彈呼嘯而過的聲音，就緊張恐懼冒冷汗。民國六十七年，父親再也無法忍受這個沒日沒夜無盡的煎熬，領著我們全家渡海來臺。（劉家國、劉宏文，2017: 42）

與胡水官同村的張依玉是個蓋房子工人，也因炮彈的威脅，擔心家人安全。那時看到馬祖人一個個相繼離開，也就隨之搬遷至臺。

第二是漁業的蕭條。如前所述，漁業在戰地政務施行後日漸凋敝，漁民無以為生，因此紛紛遷臺。如本是馬祖漁民的陳漢光所說：

民國五十七年，我看捕魚生計困難，變賣所有船隻漁具、漁網得款三千元，其中二千元被欠債終至倒債，最後帶著僅有的一千元，踏上茫茫赴臺之路。（劉家國、劉宏文，2017: 44）

另一位嘗試過漁業現代化，向國家貸款購買現代雙拖漁船進行撈捕的漁夫陳德裕最終也遷臺，他說：

大概在民國七十二年左右，政府補助漁民貸款購買雙拖漁船，我……〔與〕十二位漁民，合夥買了兩艘漁船……進行海上雙拖，作業一年多，最後還是散夥。倒不是捕不到魚，而是供需與產銷的不平衡。漁獲好，賣不出去，價錢也賤；漁獲好，那時沒有冷凍設備，地區銷路有限，新鮮魚賣不到臺灣。（同上）

早在一九六〇年代中期隨著馬祖漁業的衰微，已經有居民陸續移往基隆，在臺灣北部重要的海港繼續從事漁業，也有一些人遷到臺北縣（今新北市），這些人的工作以攤販、勞工居多。

最主要的移居地是桃園八德（劉家國、劉宏文，2017: 74）。那麼，當時的桃園八德究竟是一個什麼地方？為何能容納如此多的移民？

桃園大湳：馬祖移民在臺灣的新家

首先，從桃園地區整體來看，桃園縣（今桃園市）是臺灣北部重要工業與製造業重鎮。這裡聚集了北臺灣重要的工業區，在臺灣工業化早期吸引了臺灣各地鄉村人口至此謀生（也見林瑋嬪，2020: 125-129）。之後，則有外籍勞工接著被引入，以致今日桃園火車站後站充斥東南亞商店，呈現一種多國混雜的商街景致（王志弘，2006）。其次，今日的桃園市八德區舊稱為「八塊厝」，一九四九年後改為八德鄉，早期是一個以農業為主的地方（廖志龍，2008: 105）。在一九七〇年代，臺灣工業化開始，政府在桃園地區廣設工業區（林麗櫻，2007: 112），八德鄉由於農地較多，許多工廠紛紛在此設立。到了一九七六年，八德的二級產業已經超越一級產業。一九八八年，從事二級產業已接近總人口的六〇%，其中以機械設備、電子零件製造與紡織業為三大產業（廖志龍，2008: 110-111）。如此蓬勃發展的工業發展帶來了更多就業機會，吸引眾多人口進駐。人口急遽增加的結果是：在一九九五年，八德由於人口增長快速，直接由「鄉」（跳過「鎮」），升格為「市」（圖3.2）。

桃園八德地區工廠林立所提供的工作機會讓馬祖人接連來到這個地方工作。他們有的透過

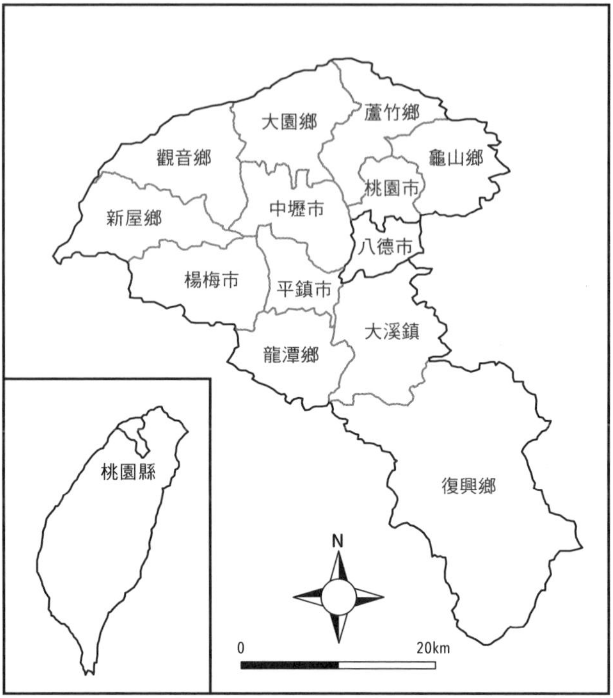

圖3.2　桃園八德市（1995）

親人，有的透過鄰居或朋友的引薦，在紡織、製衣、鋼鐵、塑膠與餐具各式各樣的工廠中工作。其中，聯福製衣廠的老闆是福州人，馬祖人聽到福州話覺得親切，所以在那裡工作的人特別多。

然而，馬祖人與臺灣人不同的語言與生活習慣，卻使得他們在桃園定居的過程一開始並不是那麼順利。以福州方言為母語的馬祖人講起國語往往帶有濃厚腔調。對於通行於臺灣的閩南語，既不太會聽也不會講，與臺灣主流閩南族群格格不入。再者，長年在山谷間居住使得馬祖人講起自己的家鄉話時，音量特別大。大嗓門又無法與本地人溝通，導致桃園在地人覺得馬祖人非常囂張，因而產生不少衝突。一九七〇年代初就來到聯福製衣廠工作的李瑞祥告訴我：

> 那時桃園八德的小混混看我們很不順眼，常常把酒瓶丟進工廠來，也曾經拿著棍子、西瓜刀衝進工廠來找馬祖人打架。工廠只好請桃園在地的人當保鏢坐在門口。馬祖人上下班也通常一起走，生活上盡量在一起。

因此，馬祖人逐漸在離工廠不遠的八德大湳地區集結起來。今日那裡有一條街就叫作「馬祖街」，街上有不少馬祖人開的傳統雜貨店，鄰近的大湳市場更有馬祖人開的店，販賣各式各樣的家鄉食品。

雖然如此，對於遷臺後的生活，馬祖人一般而言是滿意的。例如，早期遷臺的劉美珠說：

> 那時在聯福公司上班的馬祖人很多。每天工作時間很長，從早上八點到晚上九點，幾乎每天都這樣。初來臺灣，馬祖人其實很感謝聯福公司提供工作機會。我媽媽就說，在聯福公司上班剪線頭，每天有冷氣吹，坐著工作，有時還可以聊天，比起在馬祖颳風下雨，夏天太陽毒辣，冬天北風刺骨，還要跟別人家搶水，挑水……，聯福輕鬆多了。最主要的，只要正常上班工作（就可），多加班，每個月可以領到一萬元出頭，如果一家三口在工廠上班，每個月就有三、四萬元的收入。這樣每個月可存二萬多元，二年下來存的錢可以買一棟平房。（劉家國、劉宏文，2017: 83）

除了規律的薪水進帳外，他們發現臺灣的米不是戰備米，比馬祖的米好吃。雞鴨肉類也比馬祖新鮮便宜。加上明亮的電燈、嶄新的電器與堅固的水泥、磁磚等建材，在在讓他們覺得移民到臺灣生活無論就物質上還是精神上而言，都得到很大的提升（同上）。

不過，他們仍思念馬祖。他們將家鄉的神明陸續分靈到大湳，建立龍山寺（一九七〇年）與閩臺宮（一九七四年）。每年舉行馬祖傳統元宵節慶典，並在一九八〇年成立馬祖同鄉會，與家鄉保持連繫。二〇一九年新龍山寺（一座與馬祖牛角廟幾乎一模一樣的廟宇）落成（圖3.3）。馬祖移民帶著對家鄉的記憶與情感在桃園八德這塊土地上落地生根。

保送制度、公教階層與「同學」的情感

在漁業沒落，漁人外移之時，馬祖出現了新的社會階層——公教人員。一九四九年以前，馬祖列島的教育以私塾教學為主。老師由大陸延聘，教的是傳統經文。那時的馬祖人普遍窮苦，只有家境較佳的孩童才能學習讀書寫字，其中經濟較佳者會繼續到大陸讀書（陳儀宇，1999）。以牛角為例，鄉紳陳聯珠就是因為去大陸讀過書，會講國語，在戰地政務時期成為軍隊與百姓的橋梁，後來出任馬祖商會理事長（李詩云等人，2014）。

軍人來到馬祖以後，發現馬祖文盲甚多，於是以「一村一校」為理想，在馬祖列島廣設初級學校（林金炎，2013b）。那時馬祖沒有中學，學生小學畢業後，擇優送至同樣是戰地的金門

圖3.3　桃園八德龍山寺（作者攝）。移民在桃園八德複製了一座與馬祖牛角廟幾乎一模一樣的廟宇（見圖8.7）。不同於牛角的廟依山傍水，八德的廟隨著馬祖移民坐落在現代都市地景中。

中學就讀。一九五六年戰地政務實施後，一九五七年即設立馬祖中學，以提升島嶼的教育水準。不過如此也立即面臨師資不足與畢業生的升學問題。那時島上的老師非常有限，多半由大陸來的軍人擔任。中生代的馬祖人提起過去的老師常常打趣地說：「以前的老師都是軍人，有的教國文也教英文。」為了解決升學與師資問題，開始有「保送制度」的設置。

保送制度是以免試入學且毋須繳交學費的方式協助馬祖學生前往臺灣就讀。一九六〇年第一屆馬祖中學有四十八人畢業，其中就有二十人保送至臺灣師範專科學校，以及農業、水產、商業與護理學校就讀（《馬祖日報》，1960.06.25）。他們完成學業後需返鄉擔任國小教師或在縣政府機構中工作（至少兩年）。一九六八年設立馬祖高中後，更推出了一系列保送高中畢業生至臺灣的大學就讀的政策，另也有保送馬祖國小教師至臺灣師範大學就讀的辦法，以提高地方教師素質（官秀如，2008）。

整體而言，保送制度逐步地培養出一批馬祖中生代菁英，取代了過去憑靠家族力量或接受大陸教育為主的鄉紳。他們對馬祖的發展，特別是在解除戰地政務前後，影響甚深，本書第三部分將會繼續探討這個議題。不過，在軍管時期我們已先看到教育普及與提升對馬祖帶來深遠的影響。過去馬祖小孩自小投入家庭生產活動，男孩幫助家人處理漁獲，女孩協助家務，生長過程不易與其他村落的人互動。學校的設立讓孩童自小能夠打破家庭與村落界限，認識更多馬祖地區同年齡的人。第二章提及的陳大明就常常提到他快樂的小學時光，他說他從小家裡很窮，村人多半瞧不起他家，很少與他們往來。但是他在小學裡，跟同學一起吃，一起玩，沒有貧富之別。而且，馬祖島嶼離臺灣遙遠，同年級的人幾乎從小學、初中到高中都是同學。教育讓彼此長時間相處，自小培養出濃厚的情感，長大了更是相互協助提攜。這個世代的馬祖人常說：

親戚不如同學親（*tshingneih kumo tungouh tshing*）。

教育讓「同學」在馬祖的社會關係中成為一個獨特且重要的類別。如果同學後來又一起在臺灣讀書、工作乃至返鄉服務，長期互動下來情感更是深厚。他們經常聚會，在生活中扮演互相支持的角色。在馬祖地方公職選舉中，尤其能夠看到同學的重要性：站在候選人身旁、為他賣力拉選票的往往是他國小或中學同學；跨島的縣長或立委選舉更仰賴同學的帶領與引介。

島上基礎教育的完備與保送制度的實施的確對地方產生長遠的影響力。保送生回來馬祖後，可以擔任老師或到縣政府各級單位工作。讀農校或海事學校可以到農會漁會或農改場，讀商科的可以在縣政府會計室服務。地方逐漸出現了一個新的階層——「公教人員」。而且，在戰地政務體制中，公職與教職之間可以「比敘」，也就是，只要戰地政務祕書長同意，教職人員可根據其職等轉任相當職級之公務人員。如此靈活的流動給予返鄉服務的年輕人更大的歷練可能。反之如果他們留在臺灣，不但工作彈性有限，而且也容易因與臺灣主流閩南族群隔隔不入而被排擠。回到馬祖若有機會，反而更可以施展個人能力。因此，馬祖解嚴後的歷任縣長無一不具有保送的資歷。他們返馬之後，在不同單位中歷練出優秀的能力。今日馬祖各級公教單位的領導人也多半有保送至臺的經歷。以前縣長劉立群為例，他國中畢業後被保送至屏東農專，念完後返鄉在農業改良場工作。由於工作能力傑出，先被升為股長，然後當了農改場場長。緊接著被延攬至縣政府，擔任建設科長（局長），最後選上縣長。

此外，一些受過基礎教育的馬祖人，也開始有機會到縣政府機構中工作。他們一開始往往位於單位底層，從事行政庶務。雖薪資微薄，但收入穩定。他們之後還可以透過為戰地公務人員設計的「詮定考試」制度取得公務人員資格，慢慢向上爬升。

有「本事」的老闆娘

前面提到一九七〇年後，很多人搬去臺灣，但是有些人還是在馬祖留下來。我問他們為何留下，他們說：

> 當時臺灣沒有親人，沒有錢可以搬去。在馬祖可以種菜、做小生意。

的確，那時馬祖有很多人在臺灣舉目無親，根本走不了。他們種菜、賣菜、賣魚或到海邊採螺貝賣給地方的軍人。馬祖俗諺以「一把秤養一家人」（*suok ba ceing yong suok cuo nëüng*）來描述這種阿兵哥生意如何維持一家人的生計。另外，因軍人需求而出現的阿兵哥生意，如小吃店、冰店、雜貨店、撞球間、理髮廳、洗衣店、澡堂、修改軍服等小生意也在馬祖興起。本節要討論的是這樣的經濟型態對馬祖社會造成的影響，特別是女性在此過程中產生的改變。

這類型的生意大多數是由妻子負責（圖3.4）。一個曾做小吃生意的媽媽說：

> 那時上有老，下有小，先生上班一個月只賺七、八百元，根本不夠生活。

圖3.4　在市場販售從海邊採集之螺貝的女人（蘇盛雄攝，1986）

不僅是底層員工的妻子，即使丈夫有機會在公家單位擔任要職，太太在街上開店做阿兵哥生意還是常態。如老縣長曹常順在介壽國中當校長時，太太在山隴開文具店與西藥房。我在做田野調查時，時常光顧的山隴菜市場旁早餐店就是縣議會議長太太開的。更不用說早期那些先生是漁民的太太了。一位自己種菜、每天挑菜到山隴市場賣的牛角女人說：

> 我先生當時在打魚，常常賠錢。什麼可以種，可以賣，我都做，這家庭才有辦法維持。

傳統的馬祖是一個漁村社會，男人出海打魚，女人在家種地瓜、養牲畜、到山上撿柴，做各式各樣雜務。由於男人出海打魚，經常幾天不回來（特別是到大陸去的時候），而且，以前打魚容易發生海難，因此在漁村中妻子或母親往往要扛起照顧全家的責任。馬祖話說：「妻子是桶箍。」（*lauma sei tëün ku*）——亦即，妻子是把家圍在一起的人，母親是維繫家庭完整的重要力量。

不過，女人在漁村社會中地位低落也是不爭的事實。馬祖女人過去的工作一向以家庭為主。女人不上船，因此她們無法像男人一樣打魚，到外面賺錢。牛角的耆老告訴我賺錢是男人的事，例如早期夫婦吵架，先生趁機罵太太不會賺錢會說：

> 女人尿即使變成油，還要男人擔去賣！（*zü nëüng niu na bieng lau iu, duo toung muo nëün dang ko ma*）

如此傳統的兩性關係在戰地時期軍需消費市場出現後，發生明顯的改變。漁民劉木金說：

> 男人很少去市場賣，阿兵哥喜歡跟女人買東西，做生意。女人可以挑東西去軍營賣。如果是男的挑去，阿兵哥馬上攔下來。女人去就不會，女人一叫，阿兵哥反而都跑出來買。

於是，我們看到在軍需經濟中，女人可以一早去市場賣菜、賣魚，平時還可以挑水果去軍營叫賣，或受僱於店家，甚至自己開店做生意。因此在戰地時期，女人比以前更忙碌，她們不但要照顧家庭也要做生意。她們與軍人互動，成為家裡收入的重要來源。

年輕的女性更是協助家人獲取軍方物資的管道。馬祖人常說，到臺灣的船票座位不容易拿到，如果家裡有年輕女孩，去拿就有。劉宏文（2016）的散文〈擔潘水〉也寫著他幼時玩伴的姐姐如何因長得標緻而得到軍官的喜愛。那時馬祖各家都有養豬，大家都很希望能夠得到軍中的餿水養胖家裡的豬。漂亮的姐姐不但幫家裡得到餿水，全家也都沾光有饅頭有肉可以吃。最後她只好半推半就地嫁給了與她父親年紀相仿的軍官。的確，年輕或美麗的女人在戰地容易成為軍人情感的寄託或情慾的對象。女人往往也是戰爭狀態中最容易遭受性別暴力者（Das 2008; Kelly 2000; Sanford, Stefatos and Salvi eds. 2016）。因此，對於前一章的雪美，當地人也少有批評；他們反而同情、憐憫她身處漁家，面對收入拮据時的無奈。

然而，馬祖女性在戰地時期無疑有了新的發展：也就是，女人得到了參與市場經濟的機會；「老闆娘」是戰地時期非常突出的女性認同。例如，軍中有一首歌叫〈我的家在大陸上〉，描述一九四九年跟隨國民黨政府遷臺的老兵心中對大陸的懷念與不捨。歌詞開頭原本是在歌頌大陸雄偉山河：

> 我的家在大陸上，高山高，流水長，一年四季不一樣。

在馬祖，軍人將它改編為：

老闆娘我跟妳講，我的心在撞球場，一天看不到就心癢癢。

「老闆娘與她的生意」成為軍人詠唱與寄情與對象，先於對祖國的懷想。

另一方面，走出家庭的女人在此時也開始組成經濟聯盟。如馬祖山隴市場，有「十三金釵」的出現。雖然十三金釵並不是最早的市場團體，更早還有「十四兄妹」的存在。但是一直到十三金釵姊妹團出現後，她們旺盛的活力才取得社會更大的關注，姊妹團也在馬祖其他地方流行起來。

十三金釵的成員由市場內賣菜、魚、乾貨、冷凍食品，以及市場外開早餐店、麵包店與雜貨店的媽媽組成。最早成立時有十三人，逐步增加到十四，最後有十五人。這群女人從年輕時就一起在市場工作，尤其其中幾個主要成員年紀相仿，可以說是一起長大，陸續結婚，成為妻子。由於互動多，感情愈來愈好，逐漸凝聚成一個群體。我問她們何時義結金蘭，她們說：「我們很早就在一起了。大概是在三四十年前的某次廟會，辦了兩張酒席，正式成為姊妹。」[2]

她們平時在菜市場，每天都見面聊天，彼此的家庭有婚喪喜慶時一定去幫忙。她們經濟比較好以後，一起學跳舞、唱卡拉ＯＫ、打牌，現在年紀大了就結伴去旅遊。當地人說：

> 過去女人唱歌跳舞，就會被批評是「很騷」(*ia hüo ia ciang*)，但是十五金釵她們學跳舞、唱歌。

教過她們跳舞的老師也指出：

> 十五金釵學唱歌、跳舞，但她們在廟會熱鬧需要幫忙時也會來煮菜、打鼓板、抬神明夫人的轎子。其他時間也會一起出來協助整理社區環境。她們常常「跑前面」(*zau tau leing*)。[3]

廟方發現她們在地方上的影響力，甚至給予她們其中帶頭的人榮譽職。這個職位不需隨男性廟委定期改選。馬祖司令官也注意到她們的重要性，曾經正式請她們吃飯，逢年過節都會招呼她們。

當她們談起自己的工作時，總是神采飛揚。例如，例如十五金釵中的「班長」(領導)很驕傲地說：「男人做一件事，女人做很多事。」當我問她們為什麼女人要這麼辛苦時，十五金釵中很有活力的二姊回答：

> 女人的工作很像是她的「事業」，也是她的依靠與責任。先生有時賺得少，要靠太太幫忙。馬祖有句話說：「大石砌牆，小石塞。」(*du i luoh lieh cuo, sa suoh dai*)……你要去看馬祖

的老房子才會理解這句話的意思。這裡的石頭長得都是奇形怪狀、不工整。因此建房子時不能只靠大石頭，要小石頭塞進去房子才能平穩、不會翻倒；小石頭很重要！

金釵姐以小石頭來比喻女人看來雖小，但卻負有維持一個家庭能夠平穩運作的重要性，可見她對自己的信心。不過，女人要擔負這麼多工作相當不容易。因此，馬祖的女人喜歡人家稱讚她「有本事」(*ia buong nëü*)，也就是稱許她能幹、靈巧、有能力。稱讚一個妻子或母親有本事，就是讚揚她會持家，懂得指揮、分配工作，讓家中有盈餘。的確，馬祖媽媽幾乎個個精打細算，也擅於更換生意迎合軍人需求。她們做生意賺的錢拿去跟會，有餘裕就為她們的小孩在臺灣、甚至在福州買房置產。她們成為家計重要的來源，地位愈來愈重要。

在山隴十五金釵的影響下，馬祖各地也紛紛有女人團體組織起來，不但馬港小吃街有「十二姊妹」出現，牛角也同樣有「十二姊妹」團體組成。牛角媽媽們一起跳舞、打鼓板外、也會參與聚落事務。我曾與她們同到澳口淨灘，看著她們幫忙整理海漂垃圾。

二〇〇九年我在山隴遇到一位花藝店的老闆娘：曹曉芬。她與很多馬祖女孩一樣，小學畢業就到山隴的書局當店員，後來嫁入山隴的人家。那時她的婆家開餐館又養雞，她要幫忙，每天非常忙碌。後來阿兵哥生意愈來愈不好做，於是她在一九七六年離開馬祖到桃園成衣工廠工作。不料她的先生罹患重病，她一方面照顧先生，另一方面做小生意維持家計。她的先生過世後，她才有機會去學她喜歡的花藝，但不幸的是，她的兒子後來也生重病，她自己則在長年辛勞後罹患癌症。最後，在馬祖娘家的支持下，她返鄉養病。從馬祖到臺灣，再從臺灣回到馬祖後，她告訴我她的觀察：

十幾年前回來山隴後，發現這裡的女人變了！她們跳舞、唱歌、打牌，比臺灣的女人更活潑！

回到馬祖對她的病情相當有幫助。身體較好後，在親友的鼓舞下，她開始經營花店，也開班教授花藝課程。媒體報導她，說她「返鄉為自己而活」（劉家國，2004c）。今日在馬祖，我們仍時常可以看到活力十足做觀光客餐廳生意的老闆娘，早上在市場吆喝聚集。也有接受高中、大學以上教育的媽媽們組成的藝文活動團體，活躍在馬祖社會中。

結語：不同的機會與天空

戰地時期馬祖漁業遭受莫大衝擊，在臺灣工業化開始需要大量勞力時，許多在馬祖已「沒生活」的人，舉家遷徙到臺灣北部或桃園工業區謀求新的生活。留在島上的人多半改變生計形式，以提供軍人物資與服務為生。另外，保送制度的實施以及返鄉服務的義務，也使得馬祖出現了公教人員階層，逐漸培養出一批馬祖本地的（男性）菁英。他們對後來馬祖的發展產生深遠的影響。

女人在戰地時期的遭遇也與過去大為不同。漁業社會中男人出海捕魚，是家中經濟主要貢獻者，女人相對之下社會地位低且不容易得到教育的機會。然而軍需經濟的出現卻提供了她們另一個可能。阿兵哥生意，如宋怡明（2016: 175-191）所說的，是戰地軍事化的一部分：女性的勞力在金門同樣被動員起來提供軍人物資與服務。然而，馬祖的女人在軍事化過程中的發展卻有異於金門女性之處。一方面，馬祖女人跟金門女人一樣，在認同的角色上並沒有顛覆父權的概念：十五金釵們仍以母親的角色為榮。她們既沒有取代她們的先生成為家戶的家長，也沒有進入地方廟宇與男人競逐廟委。但是另一方面，她們的老闆娘角色以及在阿兵哥生意上的活躍，卻為她們開創了父權之外的另類可能。正如十五金釵可以打破馬祖對女人「跳舞是騷貨」的傳統看法，她們串連之後所產生的力量，也使得父系社會的耆老或軍事國家的司令官為她們開闢了另一個空間——她們在廟中有獨立的「榮譽職」，不需與男性廟委競爭。

馬祖女性的發展取向，因此更接近晚近臺灣或中國的「女老闆」（woman entrepreneur）。葛希芝（Gates 1996, 1999）發現無論在臺灣或中國，經營小生意（petty capitalism）是讓女人能夠得到較多自主性與社會力量的方式。史國良（Simon 2004）也指出在臺灣，女老闆們普遍認為她們的生意帶給她們更多自由的空間。她們不但能夠對家庭的收入有貢獻，還能跨越家庭建立新的社會關係。整體而言，馬祖的女性在戰地時期有了與過去不同的面貌。

1 電影院位於當初的梅石官兵休假中心。

2 若照我做訪問的時間（二〇一二年）來推算，他們正式結拜的時間約在一九八〇年左右。

3 鼓板是福州地區節慶時演奏的打擊樂。

第四章 與國家賭一賭

我是沒有領土的國王，你們是忠心的臣子，頭戴著
金絲，身穿花花衣，當命運中悲與喜的
兩軍交戰，我在紙上沙盤推演，置放一個形容詞

〈蝴蝶〉

在很多地方，賭博被視為道德淪喪的表徵。持續的賭博會導致沉溺，甚至引發社會問題。本章從馬祖的例子來反思這些論點。我將賭博放在島嶼的生態、文化與社會脈絡中來理解，說明賭博如何一方面是漁民的閒暇消遣，另一方面也鑲嵌於海洋世界之中，培養漁民以小搏大、勇於冒險的精神。及至戰地時期，賭博逐漸蔓延到各行各業中，即使國家百般嚴禁也難以杜絕。本章探討戰地時期的賭博，說明它如何成為一種逃離軍事統治與調劑單調生活的方式。因此，我們很難只是從文化隱喻（Geertz 1973）的角度來理解賭博的存在；戰地時期的賭博，更正確來說，是一個情感與抵抗的空間：它不但宣洩了人們在軍管時期的壓抑與苦悶，也創造了抵抗的可能與想像。[1] 我們將看到處於「例外狀態」（Agamben 2010[2003]）的人們並非無計可施；賭博是馬祖島民逃離國家控制，在縫隙中嘲諷與戲謔軍事統治的重要方式。

打魚與賭博

賭博長久以來是漢人社會生活的一部分（Watson 1975; Basu 1991），馬祖也不例外。一九四九年以前，馬祖漁村的男人有喝酒、賭博的習慣。無論在耗力的海上魚撈工作後，或在陸上等候潮水時，喝酒賭博都可作為調劑解悶之用，因此是當地男人主要的娛樂。賭博，不同於女人從事的家務工作，是一種集體性活動。在喝酒賭博中，男子交換了漁業知識或社會動態，展現了男子的社交能力。男人不喝不賭表示沒錢沒本事，因此馬祖有句俗諺：

> 不嫖不賭，祖上無光（*me phiu me tu, ta louh kung tsu*）。

不過，打魚與賭博之間事實上有更多互為表裡的關係。我訪問過的馬祖人，特別是東引對漁民生活有深入觀察的資深船長，都會提到打魚本身就是一種賭。漁民與農人在陸上種田不同，他們在海上要面對種種不可預測的因素，如海流、風向、氣候等等，瞬息萬變。所以，至今馬祖人在無法對別人承諾時，仍經常會說：

> 山裡能夠允你一隻豬，海裡無法允你一條魚（*sang ne u naing ing ni suoh lau ty，hai le mo naing ing ni suoh lau ngy*）。

當地人以打魚的不確定性比喻事情的未知，不敢隨意應許。

面對不可測的海洋，漁民不但應變能力要強，也必須果斷。更重要的，不能因為可能遇到危險就失去冒險的勇氣。蘊含極大運氣成分以及拚搏精神的賭博，因此也是一種養成漁民在海洋中敢拚敢賭的方法；賭博與與打魚相輔相成、互為表裡。

如果我們把農業放進來比較，圖像就會更清楚了。從事農耕要有土地，靠農民耐心長期耕種才會有收穫。由於少有「橫財」，守成才是農業社會累積致富的方式。對漁業社會的人們來說，情況就大不相同。魚在海裡自己會成長，不用栽培。能否抓得到魚不僅要靠技巧，也要靠運氣。機會來了，敢冒險「大撈一筆」的人才有得到「橫財」的可能。我在東引訪問漁人時，一位有名的船老大就跟我說：

魚被我找到、碰到就是我的。

漁民就是準備工具，跟海龍王要。

早期生活在邊陲荒島的馬祖人，生計完全仰賴海上。若沒有冒險一搏的勇氣，生活更難以突破。因此，馬祖話說：

寧願生敗家子，不願生傻子（*e tsai iong pei ngiang, me tsai iong ngoung ngiang*）。

初聽到這句話我感到很困惑，為什麼會寧願生「敗家子」呢？一個東引人告訴我：

「敗家子」表示這個人很靈活，賭輸了可以去當土匪。你看陳忠平的打油詩（見第一章），不是說他在北竿賭輸了逃到南竿，結果林義和還派他回北竿當「主任」嗎？

換言之，在打魚的社會中敗家子雖然賭博敗光家產，但是敢賭表示敢冒險、腦筋靈活，機會來了還是有翻身的可能。相反的，漁村的傻子只能吃掉家產，一籌莫展。透過賭博，我們看到農民與漁夫面對世界的方式有著基本的差異。

不過，馬祖人也很清楚過於沉迷賭博會毀掉家庭。因此，他們也強調：

嫖嫖賭賭，自己衡量（*phiu phiu tu tu, tsy a tho tsu*）。

意思是要嫖要賭，先想一下自己有多少能耐。換言之，賭博可以，但自己要有所節制。總之，賭博不僅是漁民重要的休閒娛樂與社交活動，其中蘊含的以小搏大拚搏精神，更與漁村男子面對海洋所必須具備的冒險性格相輔相成。

「賭乃萬惡之首」

也許是基於儒家禮教的傳統或對聚眾滋事的擔憂，戰地政務政府一開始就對賭博深痛惡絕。翻開早期的《馬祖日報》，幾乎年年都在報導抓賭成效與禁賭宣令。軍方甚至早在一九五九年就宣布：

> 公務（人員）賭博者撤職，永不錄用。有軍職人員，依軍法嚴辦。（《馬祖日報》，1959.02.01）

戰地政務委員會為了使賭博行為在馬祖徹底根絕，也不斷召集官員開會討論「如何根絕賭博」（《馬祖日報》，1965.08.13, 1972.10.09）。一九六九年頒布《全面禁賭實施規定》，其中指出公教人員賭博者不但個人將被撤職，其單位首長也要受連坐處罰，記大過一次。一般民眾若被發現，商人勒令停業，漁民則禁止出海一週至一個月。其他參與者則視情節輕重罰勞役、拘留或罰款。報紙上更常見直接公布賭徒的姓名或統計賭徒的職業種類，例如，一九七二年《馬祖日報》刊載警察局查獲：

> 參加聚賭人員共五十六名，其中包括公務人員二名、工商民眾二十六名、漁農民十五名、遊民三名、婦女十人。（《馬祖日報》，1972.10.07）

警察局更是幾乎年年公開焚燬賭具，馬祖司令官也親自到現場監督焚燬過程，以示當局對此事的看重（《馬祖日報》，1970.07.04）。[2]

官方的態度呈現國家對於無法控制地方人們聚賭的嚴重焦慮。然而，即使費了這麼大的心思，官方禁賭效果仍非常有限（《馬祖日報》，1965.08.13；嚴正，1970.07.04）。例如，《馬祖日報》寫道：

> 縣警察局昨天下午二時三十分在山隴港口，會同有關單位官員，焚燬了一批賭具……儘管有關單位嚴加取締……但道高一尺，魔高一丈，嗜賭如命的人依然我行我素，似乎無視於法令。（嚴正，1979.04.19）

於是官方只好一步步制定更嚴苛的法令。如查禁與賭博有關的書籍，並開始對用來賭博的物品（麻將、牌九、骰子、四色牌）進行進口與銷售管制：

> 第一、進口管制：……凡進口之賭具，除一律沒收充公外，將當事人單位、姓名登記呈報核辦。第二、銷售管制：由連江縣政府勒令防區所有商店不准買賣賭具，現有賭具一律查封報備。（《馬祖日報》，1970.08.02）。

官方不斷頒布新規定，處分也愈來愈嚴厲。最後，所有在政府單位工作的人，包括所有正式職員、技工、工友與雇員在任何地方一經查獲有賭博行為，便都予以解僱（《馬祖日報》，1982.01.20）。後來甚至宣布：民眾若提供軍人賭博被查獲三次後，將驅逐出境，永不能再遷入（《馬祖日報》，1983.10.18）。一九八七年三月三日報紙大力譴責賭博之害，寫道：「賭乃萬惡之首。」

然而，在官方與地方不斷纏鬥之後，賭博事實上也成為某種官民之間共享的「文化親密」（cultural intimacy）（Herzfeld 1997）。也就是，官方雖百般禁止賭博，卻也時常以之作為比喻。例如，馬祖司令官接見臺灣來的記者時，說了一個故事：

> 孔子旅行，短了旅費，於是就與釋迦牟尼、耶穌、穆罕默德打麻將，想藉此籌措一筆盤纏。可是孔子的運氣不好，一連輸了好幾牌。於是，有一次運氣來了，孔子摸到一手的好牌，碰了東西南北風之後，就等著聽紅中了。可是孔子時運不濟，聽了幾圈，紅中不來，剛一打出紅中，就摸著了紅中，於是這一牌又輸了。孔子很喪氣。子路就說：「曰南北，曰西東，此四方，應乎中。夫子既打出了中，當然要輸！」司令官把故事說到這裡，就做個結論道：此中，就指的中華民國這是一張王牌，打不得的。中國在世界上地位的重要，由此可知。
>
> （李月鳳，1965）

故事中的孔子運氣一直不佳，贏不了錢。後來好不容易手氣變好了，湊足了東西南北「四對」，手裡又有「紅中」，只要再等另一個紅中來湊雙就可贏了。沒想到孔子沉不住氣，做錯了決定，糊塗地放棄了紅中，失去了胡牌的機會。司令官以「紅中」比喻「中華民國」，可見麻將已成為馬祖官方與民間共享的知識與溝通的媒介。

賭博成為戰地全民日常

雖然政府大力禁止，賭博在軍事統治時期卻逐漸擴張，不但與各行各業人們的生活更為緊密連結，也發展出更豐富的意涵。《馬祖日報》從一九五七年創報以來到一九九二年解除戰地政務這段期間，報上屢屢刊載查緝賭博、燒賭具以及戒賭禁令等新聞，正呈現賭博在馬祖盛行的狀況。而且，賭博在這個時期已不再只是漁民之間的休閒娛樂了。

公教人員

「抓得愈緊，賭得愈凶」，馬祖人說。以前只有漁民賭，現在不只是漁民了，戰地政務時期出現的公教人員也加入了戰局。《馬祖日報》上對公務人員的三令五申說明了公務單位與公務人員積極參與的情形。馬祖酒廠、物資處與馬祖日報社等公務單位都有人被抓，相繼上報。不過，即使官方一再嚇阻，並以嚴厲的撤職方式處罰，仍無法遏止他們的投入。一位任職馬祖

圖4.1　物資處舊址（作者攝）

電力公司的大哥描述那時的景象：

「當時我們辦公室的麻將桌從不收起來。[3] 中午十二點一休息，大家立刻衝過去搶位置，有的甚至飯都不吃。」

「為什麼他們如此瘋狂？」我追問。

「我也不知道……好像這樣日子才可以度過（他搔搔頭說）。」

大哥的支吾傳達了辦公室人們對於賭博某種無法言說的情感與渴望（inexpressible affect and desire）；中午的麻將時光調解了公務機關例行性步調的單調與枯燥。

我們可以從物資處進一步來瞭解戰地政務時期公務員與賭博的關係。物資處是戰地政務時期特別單位，管控島內物資的流通。其處長、副處長與各科科長都由軍方派任，馬祖人擔任下屬辦事人員。因此，物資處有半軍方單位的性質：每天工作人員要先升旗、做完早操後才開始上班。物資處留下來的辦公室舊址至今還可以看到旗竿聳立在正中央（圖4.1）

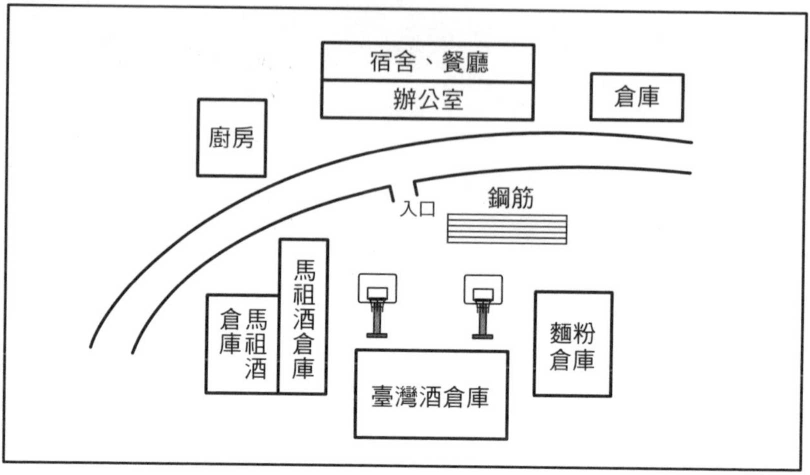

圖4.2　物資處空間分布圖

物資處負責調節島內重要物資。除了米由軍方直接管理之外，人民所需的民生用品，如麵粉、糖、各式酒類，以及建築材料如鋼筋、水泥等，都必須向物資處採買。整個物資處可說是一座大型倉庫（圖4.2）。

物資處的工作幾乎是一天二十四小時不停歇。除了一般上班工作時間外，倉庫要有人看守。臺灣若有補給艦來，必須要有人馬上去港口支援，協助進貨。因此，工作人員要輪流值夜，睡在那裡。一個禮拜至少一次，事實上常常更多。物資處有自己的廚房，為工作人員準備三餐。員工直接睡在辦公室樓上（見圖4.2）。我們可以從物資處人員的作息時間表一窺他們的冗長辦公室生活（見表4.1）。

在物資處工作的人早上七點半前就要到，大家吃完早餐後，接著升旗、做早操，開始一天工作直到下午。下班吃完晚餐後，有的人可以回家，但不少人還要繼續留守。在這樣冗長的工作時間中，長官為了調劑員工的生活，特別設有下午三十分鐘左右的休息

時間	作息
7:30 AM	早餐
8:00 AM	升旗、做早操
8:30-12:00 PM	工作
12:00-1:30 PM	中餐、休息
1:30-3:30 PM	工作
3:30-4:00 PM	戶外活動
5:30 PM	晚餐
6:00 PM	下班或繼續工作值夜

表4.1 物資處人員的辦公生活節奏

時間，要員工到廣場上去運動，打籃球（見圖4.2廣場中的兩個籃球框）。

不過，在這樣單調沉悶的生活節奏中，暗中也點綴著各式各樣的賭博方式。如中午休息時間有的時候會小賭一下撲克牌或象棋。下午三點半休息時間賭籃球。晚上時間多一點，大家就可以一起打麻將。物資處後方的防空洞是工作人員的天堂，他們牽了電線到那裡，安裝照明設施以度過漫漫長夜。通宵打牌後，隔日常常電線就被剪了——長官不高興在警告他們了！他們隔天可能就會乖一點早點回去睡。另外，相當有趣的是他們如何翻轉長官們眼中的正當娛樂「打籃球」成為「賭籃球」。

如圖4.3所示，罰球圈有九個位置。大家下場後，球拍一拍，使個眼色，就會開始賭了。通常是四個人一起玩，有時是每人一次投十個球，得分最多的人贏。更經常的方式是每個人輪流投球，球沒進就留在原位。若有進就可從位置一往二、三……順序移位，

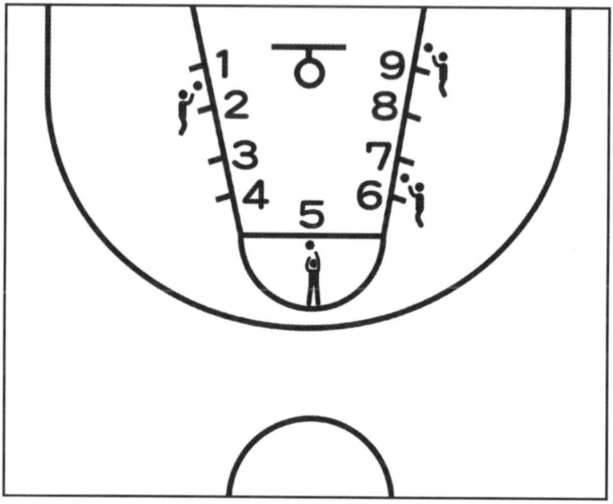

圖4.3　賭籃球

先到位置九的人贏，其他視所在位置賠一百、兩百與三百。物資處單調的生活顏色就被這些各式各樣不同的賭博方式擦亮了。

賭到墳墓去！

有時政府抓得很凶，辦公室或工作的地方也都沒辦法賭了，怎麼辦呢？人們就躲到荒廢的豬欄或往荒郊野外去賭。例如，牛角村落山上的墳地就是當時人們聚賭的地方。墓園有平坦的土地方便人們聚集，擺開陣勢。據說那裡只要公務人員中午休息時間十二點一到就很熱鬧。他們會來擲骰子，一直賭到一點半要上班了才結束。山上位置隱蔽，不容易被發現。賭徒也會安排人站哨，若有警察或憲兵聞風而來，可立即竄入林間，四散逃逸。

警察其實自己也會賭。為了要瞭解民眾

賭博的情形，我訪問了戰地政務時期幾位曾擔任警察的人。其中一個在一九五〇至一九六〇年間擔任警察的長者回憶起他的同事，說他人很不錯，但被免職了，因為打麻將時被抓到。他也說他自己在山隴老街巡查時看人打牌時，被長官發現，記過一次；看來就連警察自身也很難抗拒打牌的誘惑。

好不容易我才終於在牛角遇到一位看起來很正派的阿伯說他從來不賭。但他接著說，他在一九七〇年左右擔任警察期間，有一次有人通報牛角山丘上有人在賭博。他過去抓，沒想到竟然看到他媽媽也夾雜在人群中，是「賭徒」之一。母親看到兒子來抓，連忙逃跑，在驚慌中踉蹌跌倒。那時還年輕的阿伯趕快過去扶她起來，尷尬地說：「慢慢走就好。」

不過，事實上大部分賭徒都擅於逃跑，常讓年輕時當警察的阿伯抓不到。後來又有一次接獲檢舉說福澳有聚賭情形。他這次特別帶了不少人，兵分二路：一些從前門進去，他自己則繞行到後門，希望以全面包抄的方式一舉拿下所有賭徒。很幸運的，這次他成功了！但是一腳踹開門後，迎面而來竟是自己的兩個舅舅！阿伯說他覺得再這樣下去，親人都快被他抓光了，於是申請調離警察部門，轉到戶政去了。

桌底下・坑道中

不只是公務人員，一般民眾有機會也賭。特別是在民防隊訓練期間，大家更是愛賭。他們神色自若地說：

軍官在講臺上口沫橫飛教導如何保養槍枝，防禦匪諜，我們坐在下面就在桌底下發牌，打「十三張」。

軍事演習更是賭博的好時機。特別是島上那些彎彎曲曲、綿延數里的坑道，簡直就是民防隊員賭博的天堂！因為長官看不見，也查不到。馬祖人說：

十分、二十分鐘都可以賭。時間短就發兩張牌比大小，時間多一點就發四張比對子。賭博本來就很有彈性（笑）。

教職人員也不例外。有的老師就躲在圖書館角落賭。大家事先約好，只要聽到有人腳步聲接近，就立即用布把麻將子蓋起來，趴在桌上假裝讀書讀累了在打盹兒。位於學校偏遠角落的貯藏室當然也是不錯的地點，人跡罕至、雜物障眼。

女人與骰子

女人在戰地時期做阿兵哥生意有收入了，也會賭一把。特別是那些開店做阿兵哥生意的，以及到海邊採螺貝在市場賣的女人。她們有了收入後，即使在忙碌的工作中，仍會抽空賭一下。擲骰子通常是她們的最愛，因為擲骰子速度快，一把下去就立見輸贏，不會影響到她們的生活節奏。她們擲起骰子來，肢體語言非常多。特別是當莊家分數低，有機會可以贏的時刻。她們會先對著骰子喃喃自語，或是放在臉頰上，邊搓邊說：「猴子洗臉有錢賺。」（*kau se mieng ou tsieng theing*）然後吹氣、放在胸口上揉。等到要擲了，就會激動叫著：「四五六！四五六！」希望骰子能落在高點；莊家此時相對會喊：「一二三！一二三！」希望落在低點，來個不輸不贏，氣氛十分熱烈。她們知道萬一被抓，要罰掃街道、清水溝，甚至要挑糞，但仍暗中為之，樂此不疲。小賭一下後，她們就會趕快回去工作或回家煮飯，照顧老小。擲骰子與她們的步調配合得宜，成為生活的一部分。

「他們抓不到！」

「但是政府不是抓得很凶，一直燒賭具嗎？沒有賭具怎麼賭？」我問。前面提到那位年輕時做過警察的阿伯回答：

漁民有的把棋子藏在魚簍下面，有的與魚混在一起帶回來！漁民那麼多，我們怎麼查得完？

其他馬祖人也七嘴八舌地說：

拿到麻將的辦法很多。我們去臺灣參加活動，每個人分配幾個麻將子帶回來。到馬祖後就可湊成一副。

竹子裡面也可以藏啊！把竹節打通，就可以放很多運回來。馬祖沒有瓦斯，要從臺灣進口。有人就把瓦斯桶鋸成兩半，把麻將、棋子、撲克牌都放進去，再焊接起來。油漆塗一塗，跟其他的桶子混在一起後就看不出來了。

「他們抓不到！」經常是這些敘述的結論。各式各樣與賭具有關的物質實踐成為馬祖人勇於冒險、挑戰國家的方式。他們以此想像自己能夠創造各種蔓延根莖狀的空間（Deleuze and Guattari 1987），逃匿軍方嚴格的查緝。

打黃魚與比牌九

戰地時期，賭博有了另一種儀式性的發展，特別是東引的黃魚季期間。黃魚是中國沿海重要的魚種，漁場分布在南方外海。黃魚有結群洄游的習性，東引正位於黃魚洄游生殖的路徑上，因此是重要的漁場。每年春天四至六月黃魚從東南外海進入東引附近，是打黃魚主要的季節（陳治龍，2013: 102）。

東引很早就有捕黃魚傳統，當地耆老說以前春天漁汛來臨時大陸沿海的漁民都會前來捕魚，賣到大陸。兩岸隔絕後，東引人捕來新鮮的黃魚只能賣給軍人，軍人無法消耗時只能做魚乾，非常可惜。大概在一九六〇年代晚期，開始有臺灣來的冷凍船在東引收購黃魚。馬祖漁會於是與臺灣魚商簽立保證收購合約，也就是不管捕獲的黃魚有多少，得標的船公司都必須以保證價格全數收購。因此，黃魚捕獲若豐，對漁民就是一筆不小的財富。更不用說那時魚商是以現金交易，能夠補到黃魚等於立即發了一筆橫財。因此從一九六八年起，每年馬祖各島的漁民都會結隊前往東引捕撈。出發前要先接受思想訓練三天，瞭解「共匪暴行」後，才可以準備啟航。漁船出港時，官員會到碼頭送行，燃放鞭炮預祝滿載而歸。

黃魚在大水時會上浮到接近海面處，比較容易捕捉。農曆初一和十五兩次大水，就是漁民滿心期待捉到黃魚的時候。黃魚在繁殖期間，鰾會震動，發出「咯咯」的聲音以吸引異性的注意，尤其在魚群密集時會發出如水沸聲或松濤般的叫聲（劉家國，2002）。以前沒有魚探器，漁民經常以聲音估測魚群的大小。地方有句俗諺：「東引黃瓜乞嘴害」（*toeyng ing uong hua khoeyh tshui hai*），就是形容黃魚因為自己發出聲音才會被漁民抓到，以此來調侃多話的人。

然而海中黃魚鳴叫聲四起，不代表每艘漁船都可以滿載而歸。東引一位非常有經驗的船長解釋說：

> 船開到有聲音的地方，熄火聽……
> 魚是在中間？外圍？還是還有一段距離？不是正中間就再找。

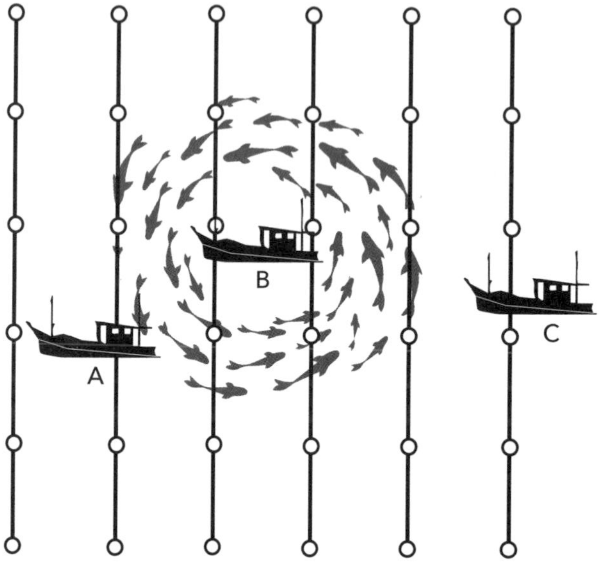

圖4.4　漁船下網補黃魚示意圖

船長聽聲辨位的功力要好之外，還有天氣與潮水等其他無法預期的因素。所以即使是最有經驗的老船長，也不保證都能抓到。大家同時出發，甚至在鄰近的海面下網，結果也是有的漁船滿載而歸，有的漁船打到的魚，則還不夠一船人的生活開銷。為何如此？東引另一位非常有名的船長說，黃魚聚集叫聲很大的時候，很多船都會來。但是魚群究竟在哪一個位置，在漁業技術有限的時代，很不容易確認，能否抓到只能「靠運氣」（也見陳其敏，2009；嚴正，1977）。他大致畫了一幅圖說明（圖4.4）：圖中的B最幸運，漁網剛好下在中間，可以滿載而歸。A稍偏左一點，但還是可以抓到一些。C太偏右，就不太有希望了。

因此，東引人說能夠抓到黃魚時，就是「發了」，「大家興奮得不得了，跟賭贏沒兩樣。」而且，打到黃魚時，「魚會浮到水面，就像大冰塊浮在水面一樣，人都可以站在上面。」（陳其敏，2009）。[4] 對於這樣的大豐收，南竿漁民也描述：

運氣好的時候，下網一次可以補到兩萬斤，連船都沒辦法載，只好把網砍斷，把魚放生！臺灣過來的包商一艘船最多只能載二百噸，多出來的沒辦法載，過磅以後，通通倒回海裡去！（陳治龍，2013: 104）

前面提到的東引資深船長還提到他有一次開雙拖漁船捕黃魚，結果一次抓到四十噸。他說：「我花了一天的時間才把魚全部吊上來，可見有多少！」看見魚那麼多，他決定直接把船開到基隆港賣，那一次就賺了四百萬！他笑笑地回憶說：

船長：船員那夜跑去「喝花酒」慶祝！那時坐檯小姐的價格是一人一百元（一九八〇年前後）。你知道他們一出手給她多少錢嗎？

作者：多少？

船長：一萬！

知道漁民捕獲黃魚在臺灣的瘋狂慶祝方式，我們就不會訝異他們在東引下船後會大開賭局了。或許是再賭一次運氣，或者看看能不能再有同樣的奇蹟，抓到黃魚的漁民賭起來真是豪氣萬千！他們大手筆押注，無論勝負都面無表情，真正目的可能更在展示而非輸贏。

我好奇地問：「那些沒抓到的呢？他們賭嗎？」不少漁民回答：

沒抓到的也賭啊，看看能不能贏過來。

最壞就這樣了，借錢來拚，拚了就有希望。

今天輸兩萬，說不定明天就賺五、六萬回來。

在黃魚大豐收時，漁民喜歡打牌九（當地人稱為「比牌九」，*pi pe ou*）。比牌九原本多半在島上最大的節慶——元宵節——時分進行，由此可見黃魚季的儀式性特色。打牌九時，莊家發給每人發四張牌，賭客排列組合為兩組與莊家比大小。打牌九是單純比大小，發牌少，速度快，而且雖然限制四人玩，但其他旁觀的人也可押注，因此黃魚季時賭起牌九，桌邊人潮往往擠得水泄不通。聽東引人說至少會圍三圈：第一圈是實際上場打牌的人，第二圈是押注者，第三圈是圍觀的人，非常熱鬧。再加上賭注沒有上限，輸贏很大，氣氛更為熱烈。

我們可以說東引黃魚季打牌九是一種儀式性的活動。正由於儀式性，軍方也睜一隻眼閉一隻眼，不太取締。但是漁民一賭下來，有時把一整季的辛苦都輸光了。所以那個時候流行一句話：「黃魚發也哭，沒發也哭」（*uong ua huah ya thi, mo huah ya thie*），意指抓不到黃魚的人心裡難過，抓到黃魚的人也是在一夜之間把賺來的錢在賭桌上散盡。的確，漁季結束時，許多漁民把賺來的錢也差不多輸光了（陳其敏，2009）。牛角人曹順志就告訴我，小時候爸爸去東引打黃魚通常要兩個多月，但每次都是口袋空空回來。我問他既然沒有收入爸爸為什麼還要去打，他理直氣壯地回答說：

打魚人，怎能不去！

我猜他的意思應該是指整個打魚與賭博的過程才是漁人本色的展現吧。東引的黃魚在一九八五年之後，因魚源枯竭而走入歷史，然而至今長輩們對那段打黃魚與比牌九的記憶仍歷歷在目，念念不忘。

結語：冒險、抒發與逃離

過去人類學的賭博研究大部分將賭博視為社會生活的文化隱喻（Geertz 1973）、對國家的象徵抵抗（Papataxiarchis 1999），或是理解自身、面對不確定未來的方式（Da Col and Humphrey 2012; Davis 2006; Malaby 2003; Pickles 2014, 2019）。賭博在華人世界更是受到相當的關注，尤其是麻將。學者（Basu 1991）說明麻將遊戲所蘊含的運氣、技巧與競爭，如何可以與其他社會層面類比：例如，在海外華人社會，麻將與商業冒險往往有高度的相似性，麻將的詞彙也常被直接用來諷刺臺灣通俗政治頻頻上演的浮濫劇碼（Festa 2006）。林舟等人（Basco et al. 2006）則認為二十一世紀賭博在中國鄉間的流行與資本主義發展的高度不確定性有關。不同的賭博形式蘊藏著不同世代、城鄉以及地方與國家的話語（Steinmüller 2011）。

本章的分析不同於前述學者，更著力於探討賭博與漁民生活的相互嵌合，說明漁民對世界的理解如何迥異於農村的人們。之後，我更帶入了歷史的面向，探討賭博遊戲的時代變遷。我論述賭博在馬祖如何從漁業時代男人的閒暇消遣，發展成軍事統治時期全民的日常。在戰地政務時期，賭博不再局限於特定的時間、空間或人群（Basu 1991），而廣泛分布在各類社會階層之中，如司令官、公務人員與基層人們，而且不分性別皆已加入。從幾乎公開的捕魚後慶祝活動到民防訓練的桌下空間，從儀式到日常。整體而言，賭博成為「一種生活方式」(a way of life)（Watson 1975: 168）：不同形式的賭博分別與不同的馬祖人生活結合。時間較長的麻將讓基層公務員在戰地政務時期排解枯燥乏味的例行公務，速度快的骰子遊戲讓做阿兵哥生意的女人調劑了她們忙碌的生活節奏之餘，又能配合家庭生活。刺激、賭注大的牌九則模仿且重現了夾雜冒險與運氣成分的黃魚捕撈。各式各樣的賭博回應著不同人們的戰地生活步調。

在軍管末期，《馬祖日報》上關於百姓賭博被抓的記載明顯減少。馬祖人說：「政府抓得愈緊，我們賭得愈凶。政府不抓了。沒刺激感，賭的人就愈來愈少了。」的確，我們可以說賭博在戰地政務時期之所以成為生活日常，除了它能與其他社會範疇的活動相互配合外，更重要的是，它是一個情緒的出口：人們在其中可以抒發他們在軍事管制中的抑鬱與苦悶，有意識或無意識地嘲諷與戲謔國家。因此，國家愈是脅迫，賭風愈為興盛。戰地時期的賭博無疑轉換為一個抵抗的空間：如果說過去漁業時代的馬祖人與海洋賭，那麼現在他們則與國家賭；馬祖人以賭博逃離軍事生活的禁錮。

在本書的第三部分，我會繼續探討馬祖人「與之一搏」的賭徒性格，如何在解嚴後面對逐漸邊陲化的艱難處境時，再度被激發出來。不過，在戰地時期，馬祖人終究還是不斷被逼到島嶼的角落——坑道、墳墓或豬欄——在夾縫中喘息。這樣的生活，我們不難想像，馬祖人距離挺身反抗軍事統治的臨界點不會太遠了。

1　有關抵抗研究的經典是斯科特（Scott 1985）的《弱者的武器》。奧特納（Ortner 1995）曾討論過使用抵抗概念的相關問題，但抵抗議題近年來有新的發展，與情感（affect）連結是其中的一個重要方向（Alexandrakis 2016; Laszczkowski 2018）。

2　《馬祖日報》記載官方監督焚燬賭具還有一九六六、一九七二、一九七三、一九七五、一九七六、一九七八、一九七九等年。

3　麻將桌為方桌，可折疊。不打牌時，通常折疊起來以不占空間。

4　魚浮在水面是魚鰾充氣之故，感謝臺大海洋研究所蕭仁傑教授提供關於黃魚的知識。

第二部 想像的技術

第五章 線上馬祖

當早春的陽光緩緩巡移木麻黃枝枒
揭開禁錮著我們軀體與思想的夜幕
展開色彩斑爛的雙翅呵，和著
喜悅地磨擦翅膀的小蟋蟀

〈如歌的行板〉

一九九〇年代，臺灣民主運動風起雲湧，馬祖知識分子亦受到相當大的啟發與鼓舞。如同臺灣的反對運動，馬祖異議分子也以創辦民間刊物、走上街頭爭取民主與參加選舉（Rigger 1999: 113）表達對軍事統治的不滿。然而馬祖的反對運動並沒有停留在選舉層次，異議分子在解嚴後繼續往前走，於二十一世紀初將網路媒體引入馬祖，最後發展出超越政治層面的影響。本章探討這些新媒介技術如何促發出與軍管時期不同的馬祖意象。我從一個重要地方社群網站《馬祖資訊網》著手，分析人們在其中如何突破島嶼綿密的社會網絡，發展出新的網路自我。在這個網路群體中，一種環繞著馬祖的親密與情感逐漸萌生、聚集，最後轉化成社會行動。網路科技在二十一世紀初將馬祖從過去國境邊陲島嶼與軍事戰地前線，轉變為具有自身價值與意義的地方。

馬祖的民主運動

第三章提到馬祖人因保送制度的實施而有機會到臺灣讀書。不少人在此時接受到臺灣民主思想，後來投入馬祖反軍管抗爭。曹原彰是其中的先驅者。他在保送至臺灣師範大學就讀期間受到民主思想的啟發，理解馬祖人因實施戰地政務而遭遇種種不公的對待（曹原彰，2012）。一九八三年他募款創立《馬祖之光》月刊，開始批評戰地政務制度，提出縣長民選、開放觀光、解除入出境管制與廢除軍管等重大改革訴求。由於劉家國經常投稿到《馬祖之光》，曹原彰便邀請他擔任《馬祖之光》的主編，兩人開始合作透過刊物宣揚民主理念。

劉家國是東引人，因一位來自臺東、在東引工作的老師介紹，小學畢業保送到臺灣讀書時，選擇到臺東中學就讀。他說他的臺灣經驗始於暈車的滋味：「從東引到臺灣坐船在海浪中顛簸了十幾個小時都沒事，一到臺灣上了火車就暈了。」後來他考上東吳大學歷史系，畢業後回到家鄉服務。原本在中學教書，後來嗅到阿兵哥生意的商機，開始將他在臺灣看到的流行趨勢引入東引，當起生意人。一九七九年經營「海角咖啡屋」，生意相當好。兩年後，再將風行於臺北的卡拉OK引進東引，賺了更多錢。於是，劉家國決定擴張事業的版圖，到馬祖的主要島嶼——南竿——開店。一九八三年他在南竿開了一家卡拉OK店，名為「歡樂島」，非常轟動。這家店給當時還處於軍管統治下的純樸馬祖帶來很大的震撼，從民間、阿兵哥到高階軍官都有人沉迷在卡拉OK店的歌唱搖擺世界中（林淑萍，2013）。很快的，一年中類似的店在南竿冒出了五、六家。馬祖軍方認為此風不可長，開始盯上了他。訪談時他提到，縣政府（當時受到軍方控制的單位）突然增加他們的營業稅，從原本每個月二千元一下提高十多倍到二萬五千元，讓他們生意根本做不下去。劉家國聯合其他老闆與縣政府協調，縣政府勉強同意調降到五千元。即使如此，卡拉OK的生意還是很好，於是軍方就派憲兵到他們的店門口站崗，讓阿兵哥不敢來，他的生意就垮掉了。劉家國說：

> 發生了這件事後，我才突然發現馬祖有「戰地政務」這個制度，那時才知道有這個名稱存在。以前我只覺得搭船很不平等，民防自衛隊練習對我們很不方便，但這件事是我後來出來反抗軍方的導火線。

卡拉OK店生意垮了以後，劉家國回到東引經營雜貨店一陣子，之後就到臺灣加入《馬祖之光》的編輯。在曹原彰的帶領下，《馬祖之光》已開始批評馬祖時事，但因那時的出版經費有部分來自馬祖縣政府的支持，言論仍相當保留。劉家國加入後，他們開始獨立募款，脫離政府的掌控，積極追求馬祖的民主與言論自由。那時，劉家國也從當時已相當資深的曹原彰身上，學到寫文章、邀稿、採訪、編輯、募款等經營雜誌的技巧，奠定了後來獨立經營刊物的能力（劉家國，2006）。

像卡拉OK店這樣遭受軍方打壓的例子在馬祖並非特例。長久以來，馬祖的居民一直生活在軍事政府的嚴格管制中。除了來往臺灣受到嚴厲的出入境管制以及每日九點以後的宵禁之外，馬祖人在生活中也長期遭受各種控制打壓。而且，馬祖軍方經常以阿兵哥生意來威脅人們。許多馬祖人都提到，只要他們不聽軍方的話，上頭的人就以不讓阿兵哥去他們的店裡消費來脅迫。這些壓迫對於去臺灣讀書或工作，吸收到自由思想的年輕人而言，感受更為強烈。他們說：

我們從臺灣回來，只要頭髮留長一點或穿臺灣流行的喇叭褲，就會被警察警告是「破壞善良風俗」。

我們只要與軍人打架，不分青紅皂白就是抓去關〔禁〕閉三天以上。

馬祖後來有摩托車了，但是規定很多。連騎摩托車穿拖鞋，也要罰三百元。

不令人意外，這股積壓已久的民怨在臺灣一九八七年解嚴，金馬地區卻因特殊理由而繼續戒嚴時，隨即爆發開來。東引與馬祖年輕人紛紛出來連署，要求解除戰地政務（劉家國，1988）。在臺灣，曹原彰也率領劉家國等馬祖青年走上街頭，爭取民主。他們與金門人結合，約三百多人，到臺北發起「八二三金馬大遊行」。他們向立法院陳情，爭取終止戰地政務、電話直撥、解除入出境管制、改善交通、歸還軍方占用民地、開放觀光、縣長民選、成立縣議會等。政府那時做了一些回應，如開放選舉、設立縣議會，劉家國也在那時選上了縣政諮詢代表（曹原彰選上立法委員）。但在一九九一年李登輝總統宣布終止動員戡亂時期時，國防部卻於同日

圖5.1　金馬五〇七反戒嚴在立法院群賢樓大門口（劉家國提供，攝於1991）

發布《金馬臨時戒嚴令》，在金門馬祖實施二度戒嚴。劉家國當時在軍方高度施壓下，仍與兩位代表前往臺灣，串連金門縣政諮詢代表以及金馬旅臺學生和鄉親，舉行「五〇七反戒嚴」抗議活動（圖5.1）。[1] 從五月七日起，連續在立法院群賢樓大門靜坐、夜宿十一天。直到國防部同意解除金馬二度戒嚴，才撤離立法院。當年十一月七日，國防部公告金馬解除戒嚴，同時終止戰地政務。金馬從這一天開始才真正結束軍管，實施民主。

從《馬祖之光》到《馬祖通訊》

一九九二年戰地政務廢除後，曹原彰認為階段性任務已經完成，決定停辦《馬祖之光》，投入選舉。但是，在參與這些反對運動後，劉家國深刻意識到媒體在監督政府與影響社會的重要性。他認為戰地政務雖然終止，馬祖的重要媒體《馬祖日報》仍然牢牢控制在縣政府手中，並無監督制衡政府的功能。因此，他接著創辦《馬祖通訊》，進行「後戰地政務時代」的社會改革（林淑萍，2013）。由於擔心被官方箝制以致無法自由發表意見，他決定不向官方募款，完全仰賴認同者的捐款。他也體會到自己不擅於討好選民，決定不再選舉，全心投入編輯《馬祖通訊》的工作。

也因為如此，《馬祖通訊》在馬祖始終有其獨特地位，被廣泛閱讀。一位馬祖人打趣地說：

> 大家都在期待兩週一次的《馬祖通訊》，有人會拿《馬祖日報》包油條很正常，但你如果拿《馬祖通訊》包東西，是會被別人罵的！（林淑萍 2016: 104）

而且，很多馬祖人都說：「《馬祖通訊》，我都是一個一個字讀的。」每一次出刊，很快就會被一搶而空（圖5.2）：

圖5.2　在福澳碼頭等候搭船前往臺灣的旅客搶看剛出版的《馬祖通訊》（劉家國提供，攝於1993）

> 每次出刊總會有下面的這幅景象：一群人搶著拿《馬祖通訊》，一群人搶著讀《馬祖通訊》，然後一群人一起議論紛紛地討論《馬祖通訊》上的話題。……《馬祖通訊》就這樣一份一份地被認真地閱讀，話題一項一項地被認真地討論，主題的多元化，涵蓋了政治專題、地方輿論、人物報導、藝文風氣等等。〔將近〕十四年，《馬祖通訊》將新聞、將人文送到馬祖鄉親的手裡，造成許多的社政與社會風氣的變革。（林淑萍，2016: 106）

《馬祖通訊》在馬祖前後發行了十四年，到了二〇〇六年因財務問題而必須熄燈時（劉家國，2006b），劉家國早先幾年另創的《馬祖資訊網》，已做得相當有聲有色了。

《馬祖資訊網》的誕生

《馬祖資訊網》（以下稱「馬資網」）的誕生與劉家國時常批評政府有關。一九九七年左右，馬祖教育局架設BBS站，當時要在BBS註冊使用必須是教育人員。一般人，如劉家國，只能以「guest」身分進入使用。後來，因為他在那裡發表了批評縣政府的言論，教育局網管人員便不准他使用BBS。被政府拒絕後，他另尋其他管道。由於起初對網站運作仍不熟悉，他借用了當地中華電信員工架設的「哈哈猴」網站空間，成立「馬祖開講」討論區。逐漸熟悉網路使用後，在一九九九年一月就開設《東引深度之旅》旅遊網站。兩年後，馬資網正式在二〇〇一年五月二十日建站。劉家國說：「第一次上網人數超過五百人次，我們還高興地慶祝了一番。」到了二〇〇四年十一月九日，上站瀏覽人次總數已達一百萬，二〇〇九年八月更已達五百萬。在那時的一次訪談中，我問他：「現在瀏覽人次有多少呢？」他回答：「沒在算了，我們對自己已經相當有信心了！」

的確，那時馬資網的成長已經進入「高原期」——上站瀏覽的人數和人次緩慢增加。二〇一二年一月，每天約四千到八千人次瀏覽，二〇一六年四月每日已有一萬人次，且全世界已有超過一百個國家以上的人瀏覽過馬資網。即使後來相繼有其他類似網站的設立，如《馬祖雲臺瞭望網》以及《馬祖之聲》，其受歡迎的程度始終無法超越馬資網。例如，當地人寫道：

查飛機要不要飛，我近七十歲的媽媽說上馬資網查；我問弟弟說：「最近馬祖有什麼大事沒？」他說：「你不會自己上馬資網查喔！」；姊姊抱怨回馬祖飛機票太貴，爸爸說：「上馬資網說一說」；學生說：「老師，聽妳的助理說妳最近寫了一篇報導前立委曹原彰的文章，寫得很好，老師可以email給我們看看嗎！」我說：「請上馬資網看！」（林淑萍，2013）

從以上老中青三代的對話我們可知馬資網在當地普及的情形。這也是因為劉家國長期從事反對運動，從印刷媒體時期就打下了基礎。接下來我將從網站的頁面經營與網民的參與，探討網路時代的馬資網如何超越早期印刷媒體，從專注在政治面向轉變為生活媒體的過程。

網路馬祖

馬資網的版面由站方購買網路論壇程式而來，排列順序歷年來經過多次調整，至今仍持續有更動。本文分析的介面與網站內容配合我的田野調查，大部分資料來自二〇一〇年十一月到二〇一二年十月這兩年間。那時正好也是馬資網使用率的高峰，智慧型手機與今日流行的各種應用軟體（如臉書）還不普遍之時，相當能看出馬資網的時代意義。馬資網首頁配置，可分為中心、上方、兩側與下方四部分（圖5.3）。每個區塊都有各自的特色與定位，以滿足網民多元

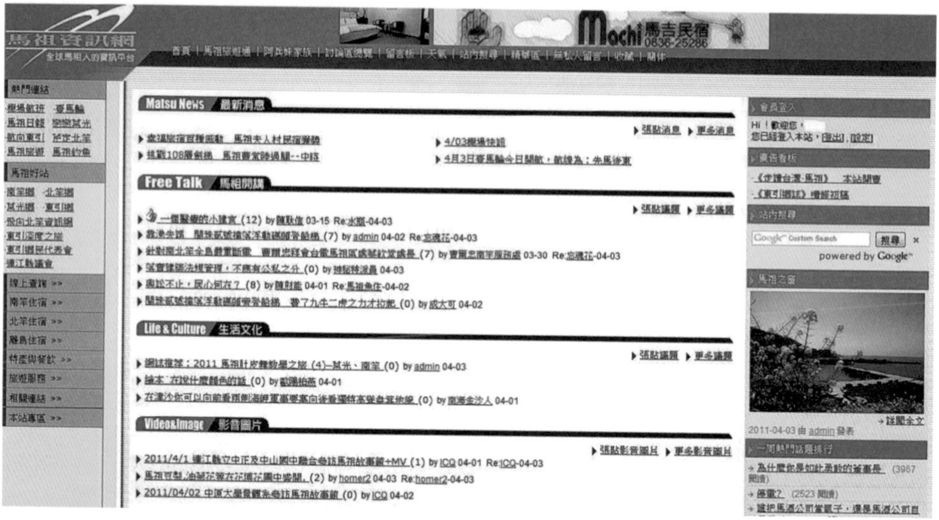

圖5.3　馬資網首頁

化的需求。仔細分析馬資網，我們可以看到馬祖人如何同時在網路中生活。

中心部分

中心是馬資網中最熱鬧的區塊，這裡有天天更新的「最新消息」、民意匯聚的「馬祖開講」和馬祖人生活息息相關的「生活文化」以及「影音圖片」等。它們是整個網站中最吸引人的地方。例如，在「最新消息」中，刊載著站長與副站長每日從臺灣各大媒體搜索來的有關馬祖的消息。如此天天更新的訊息不但讓民眾因為網站的及時性而產生期待，同時也讓他們感到馬資網是一個非常活躍的網站。透過讀取網站資訊，人們可以即時掌握馬祖地區的脈動，獲知關於馬祖的一手消息。

不同於「最新消息」，「馬祖開講」的訊息則由網民自行張貼。內容五花八門，很容易吸引人們的目光。張貼的訊息大致可分成政治與民生議題兩類。政治議題大多為網民發洩對公部門的不滿，例如，批評政府單位反應慢半拍的〈馬祖政府機關效率真是棒！真正棒！〉（CTC 2011）。民生問題如：〈台電負責任的承諾在哪裡？〉（世園，2011）。網民將攸關民眾生活的大小問題放上網路，傳達心中不平之鳴。其他人也可以「回覆」，表達自己的意見。此外，「馬祖開講」的設計本來就是以能夠吸引網民參與為出發點。因此，其條目排列以文章回應的時間先後排列，愈新的排在愈上方的位置。但是，若有一議題得到眾多人的回應，它也可能向上躍升成為重要條目。例如，當網友欣賞某篇文章時，可以使用網站上的「掌聲鼓勵」功能表達對此篇文章的支持。當「掌聲鼓勵」超過十五次時，網站系統會在文章標題前主動加上大拇指（）標誌，代表這個議題得到較多人的關注。同時，只要出現時，該文便可向上躍升為「馬祖開講」的第一個條目。透過這個方式，「馬祖開講」不斷激發讀者主動參與。

往下移動，就來到較為人文、以情感抒發為訴求的「生活文化」。網友會在此區發表生活大小事，如：〈曾走過的小路～給介中75級前後期同學〉（摩羯客，2011）。站長在這一區塊中，也常有意放入一些關於馬祖人文或自然景觀的文章。例如，他曾放上當地人寫的一首詩〈秋日過馬祖南竿牛角巷道偶見〉（admin 2011a），或告訴大家：〈臺灣本島四十年來第一次發現的紅喉潛鳥，東引現蹤〉（admin 2011c）。如此結合生活、地方與文化的方式，一方面使這一部分不會淪為日常生活的流水帳，另一方面也避免了刻意經營「文化」的突兀。

接下來是「影音圖片」。網友在這裡可以觀賞各式各樣活動的影音紀錄。它們多半與馬祖人的生命禮儀有關，如〈LAG很久的孫孝豪與王靜怡婚禮照片〉(admin 2011b)，提供沒有或無法參加婚禮的網友觀看婚禮的精采片段。同樣的，悼念亡者也在這裡進行。如〈我的父親曹典樟〉(瑞雲，2011)一文，網友曹瑞雲在此闡述她對父親的思念，並在文末放上訃聞。下面有陳清枝、楊綏生、小小草與藍朗青天等人的留言悼念。此外，學校也會將學生活動的影像分享在這裡。如二〇一〇年十二月，坂里國小辦了不少活動，學校便在這裡張貼了許多活動照片，提供大家觀看。[2]家長透過網路，就可以看到自己孩子在學校參與活動的情況，使得馬資網成為家長和校方之間的「無形聯絡簿」。整體而言，「影音圖片」讓網友可以在網路世界中參與彼此的生命儀禮與重要活動，它將分散在臺灣，甚至世界各地的馬祖人連結成為一個現代網路新社群。

再往下走，來到了「活動訊息」與「社區公告」。在這裡我們會看到馬資網上相當獨特的現象。也就是，除了一般網友、商店與民間社團會在這裡發言外，各級政府單位、軍方與媒體等也會在這裡註冊，做政策宣導與即時回答人民問題。在馬資網上註冊的政府單位多得驚人！從縣級最大的「連江縣政府」、其下屬局處單位，乃至國家級的法院、軍方單位(以「政綜科長」登記)都有登記專屬帳號(圖5.4)。它幾乎已成為政府各級單位的布告欄。甚至，連前述提及隸屬於連江縣政府的媒體《馬祖日報》，也於二〇〇五年八月二十二日在馬資網上註冊，以即時更正報紙資訊錯誤。無疑的，馬資網已鑲嵌在馬祖的日常生活中，是我們理解當代馬祖社會不可或缺的寶庫。

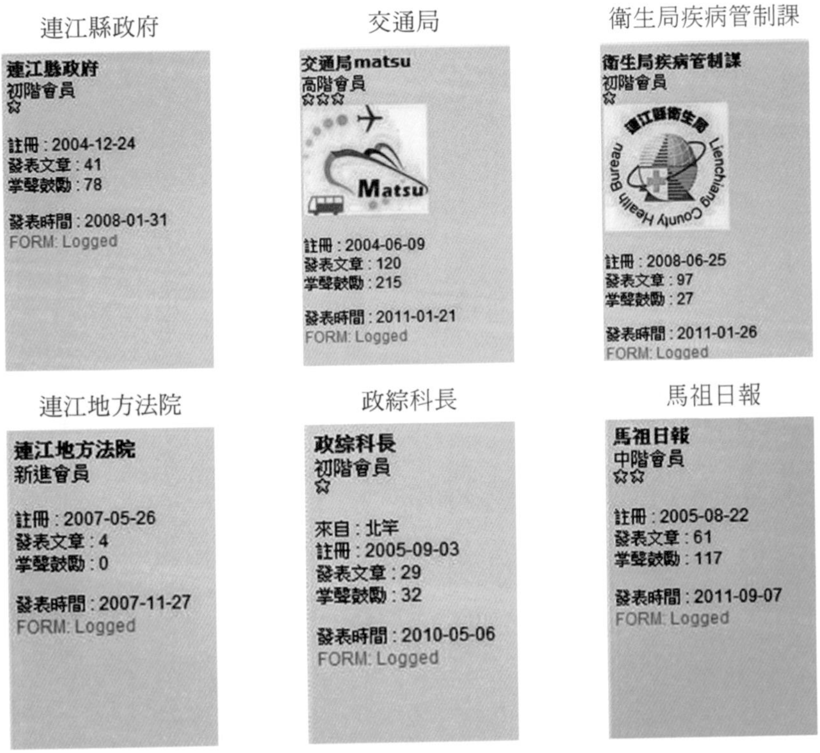

圖5.4　馬祖各級公家單位在馬祖資訊網擁有專屬帳號

最後，在「商業廣告」部分，則是聚集了許多的賣家，販賣不同的商品。從網路購物寄到馬祖大多要另外加運費，而馬資網就是一個尋找合購夥伴分攤運費的方便平臺。若數量達到一定程度，還有優惠。馬資網因此成為馬祖人民生活上的好幫手。

首頁上方

馬祖資訊網首頁上方有馬祖旅遊通、阿兵妹家族、討論區總覽、留言板、天氣、站內搜尋、精華區、私人留言、收藏和簡體等選項。其中比較特別的是提供旅遊資訊的「馬祖旅遊通」以及軍人女友組成的「阿兵妹家族」，我們將從這兩方面來談。

點擊「馬祖旅遊通」會連接到其專屬的網站，網頁中對於旅遊資訊的整理頗為完善，提供了有意來訪者到馬祖旅遊需要的食衣住行資訊。在「旅遊通」的右側，可以看到「旅遊情報」和「本站推荐」的部落格。「旅遊情報」多為站長張貼的相關旅遊新聞，讓拜訪此網頁的網民知道馬祖此時此刻哪裡最值得遊覽，以及有什麼活動正在舉辦。最下方「本站推荐」則有一些部落格的分享和討論區的連結，讓網友可以看到其他人來馬祖玩後寫下的心得。在現今網路發達的時代，許多人在旅遊之前往往會透過網站對該地先進行瞭解。「馬祖旅遊通」即提供了這樣的平臺，讓旅人在到訪之前就對馬祖有充足的資訊。

「阿兵妹家族」，由一群男友都在馬祖當兵的女孩組成，她們戲稱自己為「阿兵妹」。由於馬祖過去是前線戰地，很多臺灣役男來到此地當兵。不過馬祖地處偏遠，是役男最不願意抽到的「金馬獎」。交通極為不便是主要原因：遙遠的距離不但阻隔了親人探訪，更可能斷送了年輕人剛萌芽的愛情。「阿兵妹家族」就是因應可能的兵變所產生的討論區。「阿兵妹家族」的首頁區分成「酷消息」、「討論區」、「心情故事」和「貼圖區」，網站中的文章多半是阿兵妹的心情故事或是詢問如何前往馬祖見男朋友的事情。在「阿兵妹家族」的「貼圖區」中有許多阿兵妹分享和阿兵哥男朋友的合照。不管是一起玩樂或是修成正果，在這裡張貼照片往往都會得到很大的回應。主要是「阿兵妹家族」的網友結構群年齡和經驗都比較類似，因此，在這裡她們總是互相加油打氣，氣氛相當溫馨。

首頁兩側

首頁左側多半和旅遊資訊有關，如飛機與與臺馬輪航班，隨時提供馬祖人飛機起降與船隻開航與否的資訊。這些訊息對於仰賴海空與臺灣、中國連結的島民有無可言喻的重要性，馬資網因此將自己與將馬祖人牢牢地綁在一起。再往下看，有馬祖各島的資訊。這樣的功能不僅服務居住在馬祖當地的人民，也讓即將前來馬祖的人可以在這裡找到相關旅遊訊息。若旅客覺得這些訊息仍不夠完整，還可利用在頁面上方馬祖旅遊通的連結整合自己所需要的旅程。

首頁的右側則顯示了馬資網對文化的重視：站長將一些文化的相關消息置於右側，分別放在「廣告看板」、「本站推荐」和「網誌推荐」等分類下，讓民眾可以一目瞭然。「本站推荐」中，張貼了從二〇〇五年開始至今的「夏淑華、雷盟弟作品集」，點閱人數現在依舊居高不下（在第六章會有深入討論）。另外還有〈馬祖通訊之馬祖文史系列報導〉，刊載站長自一九九六到二〇〇四年在《馬祖通訊》刊登的馬祖文史調查研究。最下方的「網誌推荐」則羅列各個關心馬祖文化的網誌。它們從不同角度切入，書寫馬祖點滴。

版面演變與轉型

由於對馬祖前途的關心，馬資網一開始的設計以政治議題的討論為主，網站上只有「馬祖開講」一個討論區。不過由於站長本身大學主修歷史的教育背景，以及對地方文史的長期關懷，不久便增設了「藝文討論區」（後改名為今日所見之「生活文化」）。接下來又加入「阿兵妹討論區」與「最新消息」，每日定時搜尋兩岸三地媒體關於馬祖的訊息，補充主流媒體對於馬祖關心的不足。在良好的經營下，馬資網的使用率逐漸增加，因此政府機關與社會團體也開始在馬資網張貼公告，告知民眾相關服務資訊。於是馬資網又增設了「社區公告」，方便民眾查詢。後因商業單位也聞風而來在馬資網投放廣告，再增設「商業廣告」，以與「社區公告」有所分別。自從臉書在臺灣普遍使用後，從二〇一二年十二月起，馬資網也與臉書連結。網友若覺得此新聞值得分享，亦可透過文章下方的臉書按鍵轉載，讓他人從其他管道得知消息。

馬資網隨著時代持續增添新的服務，一些舊功能必然也會隨著時間的更迭而淘汰。例如由於軍方不斷裁軍，以致以軍人女友為主的「阿兵妹家族」使用率漸趨衰減，終至消失。臉書的普遍也使得人們愈來愈傾向在個人頁面上發表己見，不願意公開在馬資網接受匿名者的批評，導致「馬祖開講」熱度大幅降低。面對這個「自媒體」的時代，劉家國意識到馬資網的經營模式必須轉型。二〇一七年，馬資網做了大幅度改版，從過去的批判型媒體轉變為服務型網站，並設計手機版方便網民使用。網站的經營朝向提供馬祖各類型即時訊息發展，逐漸將馬資網轉變為工具型媒體。例如，二〇一六年開始的港口直播以及二〇一七年的機場直播，都是為了提供更多服務型的資訊。

馬資網的版面發展呈現馬資網如何深入馬祖人的生活紋理之中。二十一世紀初的馬祖人不僅在地方社會，也在網路世界中生活。

網路自我

馬祖資訊網的設計屬於Web 2.0，隨時可讀可寫。因此，在這個網站中使用者本身扮演重要的角色：資訊由每個人貢獻，形形色色的各種人共同組成網路資訊的來源。但是，網站管理者在資訊的流通上仍扮演某種仲裁者的角色。馬資網提供「檢舉」按鍵，當網路上出現過於偏激的描述時，人們可以向站長說明理由請求刪除。站長說：「發文若涉及人身攻擊、謾罵與散播謠言時，都是我們刪除的對象。」[3] 不過，大部分馬祖人更常使用的方式是直接打電話給站長，請其刪除偏頗或可能造成危害的資訊。我在馬祖做田野時，有人將同學會活動的照片放在網站的「活動訊息」中，後來有一女子打電話給站長，請他刪除其中一張她與男同學搭肩的照片。她說那張照片若不刪除恐會帶給她婚姻難題，因此站長當下就立即刪去照片了。可見盡力滿足網民的需求是馬資網站穩腳步的重要基礎之一，對站長而言，成功的網路社群更「在於它能經營主題，建立風格和規範，（才）能持續地吸引積極參與者」（翟本瑞，2000: 236）。

任何人都可閱讀馬資網上的資訊，但是必須登記為會員才能開始在網站上發言。會員分成五個層級：新進會員、初階會員（張貼文章二十篇以上）、中階會員（張貼文章一百篇以上）、高階會員（張貼文章二百五十篇以上）和資深會員（張貼文章四百篇以上）。前文中我提到「馬祖開講」中有「掌聲鼓勵」與「推荐」的功能。「掌聲鼓勵」累積到十五個螢幕就會出現大拇指「推荐」（）圖樣，以呈現該篇文章的討論熱烈程度。當出現了這個圖案時，代表該文閱讀人數到達一定的門檻，回覆也較為踴躍。此外，「掌聲鼓勵」還可累積到會員的積分中，進而加速從初階會員升級到中階與高階會員的速度。[4] 無疑的，資深會員在網路上的發言往往具有更大的影響力。值得注意的是，網路會員級別依個人的努力和多數網民的共識而來，與傳統地緣血緣社會關係所仰賴的身分與年紀很不一樣。

這些鼓勵機制與網民級別的設計目的，主要用意在鼓勵網友互動以提升網路的使用率，但也因此能迅速匯集眾人意見，積沙成塔而改變事件的結局。馬資網對地方影響之大早在二〇〇七年我的田野工作早期就已非常明顯。一個當地公務員那時就說：

> 馬祖的公務員跟臺灣不一樣，我們早上起床第一件事情是打開馬資網，看看有沒有發生什麼重要的事情要趕快處理。

在實體社會中，馬祖人在島嶼社會生活中身分明確，行為也因此受到社會習俗的約制。然而，在馬資網中不需真名，只要有一個電子信箱便可以申請帳號。當身分識別被模糊化之後，每一個人不但可以自由地表現他們在現實生活中無法表露的自我（Turkle 1997[1995]），也能夠在幽暗處直接進行公共參與。公共與私密空間的界線不但愈來愈含混，傳統道德標準與參照框架也淡化了。這些較少受到社會化規訓的網友因此更有膽量表現他們私密的、誇張的與情緒化的自我。從馬資網的網友取名方式也可見其一二。例如有人叫作「包袱通通脫掉」、「小李他媽的……飛刀」，甚至還有人乾脆叫作「當議員賺億元」，以嘲諷、戲謔與批評政府官僚的腐敗。匿名提供網友一個新的空間表達自我，馬資網中常看到辛辣與無厘頭的網路詞彙拼貼。網友以一種更激情的方式發表己見，他們不吝於挑戰言論尺度，打破傳統權威話語霸權。

馬資網與地方社會

馬資網網民在網站內的發言以政治議題的參與最為活躍。這無疑與《馬祖日報》長期受政府監控有關。由於戰地背景，馬祖日報社向來為軍方下屬單位，受軍方控制。解除戰地政務後，《馬祖日報》移交給縣政府管轄，社長由縣長派任。其作為官方單位缺乏中立的角色，常被當地人戲謔稱為「馬屁報」。馬資網的出現因此提供一個平臺，挑戰政府與媒體二合一的體制。特別是在馬資網的「馬祖開講」中，網民在裡面對政策提出各式各樣犀利的批評，監督政府種種作為。馬資網成為一個如哈伯瑪斯所說的「公共領域」(public sphere)(Habermas 1989[1962])。

我們可以舉發生在「馬祖開講」中一個相當微不足道、卻與常民生活緊密相關的日曆事件為例，來看網民的批評如何影響政府。二〇一〇年縣政府為慶祝建國百年，特別規劃製作別出心裁的二〇一一年日曆。為了給民眾耳目一新的視覺感受，縣政府特別挑選「很在地」的圖片，主題包括戰地風貌、自然生態與歷史文化等。希望藉由三六五張琳瑯滿目的圖像，勾勒出馬祖豐富多元的樣貌。這批印量共七千五百本的建國百年紀念日曆，發送至各家戶手中之後，一位網民在馬資網上po了一文〈這樣的日曆，你敢掛嗎？〉：

今天收到由馬祖轉送來的連江縣政府送給馬祖鄉親每家一本日曆，當下……迫不及待地趕快打開來瞧瞧裡面的風景，誰知看到的卻是馬（祖）酒（廠）的產品廣告，……心想刊登酒類廣告不是要加印警語嗎？為什麼政府機關可以不用？（LOLO 2011）

隔日，網友常樂回應：「公務員對法令的輕忽、不夠慎重，確實會讓好的政策失敗收場。」另一位網友濟弱扶傾接著說：「此事件發生迄今為何遲遲不見主管機關連江縣政府出面明確說明或致歉……顯見該政府危機處理能力不足。」結果，三日後縣長火速親自主持會議，立即裁懲印製單位十萬元以消網民怒氣。

不僅政府單位，馬資網所監督的對象也包括地方人民團體。例如，天后宮委員選舉就是一樁相當具有代表性的事件。天后宮是馬祖地區一間地位舉足輕重的廟宇（詳見第九章討論）。二〇一〇年十二月十二日，網友忠哥上網指出天后宮廟委會選舉事件有許多問題，引發眾多網友關注，很快得到大拇指推薦符號（圖5.5）。

接著另一位網友馬山揭露更多細節，例如有些人未到現場投票，天后宮辦事人員竟然將選票送到他們家裡去。許多的社友根本不知道要投票，票還被代領了。在文末，他呼籲主事者出

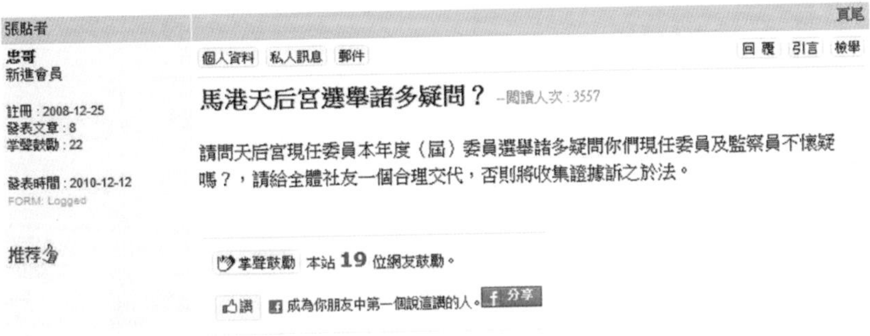

圖5.5 網友對天后宮選舉的質疑

來說清楚講明白。而網友Hannibal. B則以臺灣廟宇不好的風氣來影射現在天后宮的現況，他認為臺灣的廟宇多半被政治力量和地方派系收編。他希望馬祖的廟宇不要同流合汙，要做地方精神信仰與活力的榜樣。隔天，十二月十三日，網友「小李他媽的……飛刀」舉發更多問題，如天后宮委員送衣服、做公關、「賺娘娘的錢」等。他覺得廟委會改選瑕疵太多，希望選出的委員能到天后娘娘面前卜杯，以示他們真正是神明所認為合意的人選。

到了十二月十四日，網友梁山頂也發文〈馬港天后宮委員選舉是否合情、理、法？〉提出強烈譴責。在不堪網路一連串批評下，廟委會主委於十二月十六日在網路上宣布辭去馬祖境天后宮主委職務（曾林官，2010）。從上述例子，我們看到彼此陌生的網民如何一個接一個把事件的負責人逼出來。從首篇批評文章在十二月十二日出現，到主委於十二月十六日辭職，只有短短五天。也就是網民只用很短的時間就匯集各方意見，讓馬祖最大廟宇的主委下臺。顯見馬資網已深入地方政治，撼動實體社會。

網路親密性與地方認同

不過，令人再次感到震撼的是當初以匿名發文批評天后宮主委的網民Eric，竟然在一個月後以真名「馮全忠」發文，向已經下臺的天后宮主委曾林官道歉，他提到他不應該：

只憑個人臆測就發表……負面批評，且未向當事人求證，致造成曾前主委等人及其家人的傷害，使其又受外界誤解等困擾。（馮全忠，2011）

驚訝之餘，我問馮全忠為何會這麼做。他說他事後覺得這樣的批評「太直接」，而且他的道歉「對社區是正面的」（當時馮是馬港社區發展協會總幹事）。不過他也無奈地表示：

我以前以Eric之名幫我表姊在馬資網上po租房子的訊息，留下手機號碼。有心人士一查就知道Eric是我了。他去找我的長官……我的長官建議道歉可能對我比較好。

馮全忠公開道歉，顯示他的網路行為被傳統地方網絡發現。的確，在馬祖這樣的小島上，實體與虛擬世界相當不容易保持距離。[5] 但是究其根源，這跟馮全忠當初在馬資網的商業情報區留下自己的手機號碼有很大關係。這樣的行為在臺灣網站上非常少見。在一般拍賣網站上，

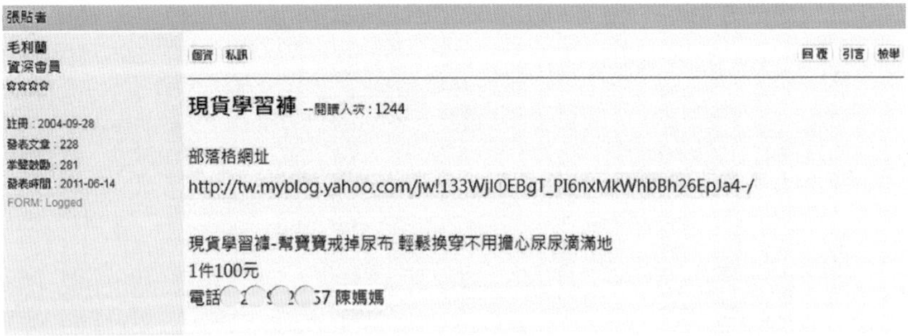

圖5.6　賣家在馬資網上的廣告都直接留下電話號碼

買賣雙方都會等到結標，留有交易紀錄後，才會給予個人資料，以保障互不相識的買賣雙方。然而在馬祖，在馬資網上留下手機號碼卻是常態：很多商業廣告末端都會直接附上聯絡方式，在未確定交易對象前就將私人資訊公布，如圖5.6。

地方上的人對這樣的做法視為理所當然，面對我的疑問，很多人反而回答：「這很正常啊，會用馬資網的人應該都與馬祖這個地方有關吧！」換言之，他們相信馬資網的使用者必然與馬祖這個地方有某種關連；在網站上直接留下電話號碼成為島嶼人們互相表達「信任」與「親密」的方式。於網路上流露的公共親密性（Herzfeld 1996）更進一步肯認並形塑了馬祖的地方認同。

馬祖‧臺灣‧中國的瞬時跨地連結

馬資網的發展對馬祖另一個重要的影響在於它突破了島嶼的孤立，帶來了跨地瞬時連結。在戰地政務時期，國家竭力打造馬祖各島能夠獨力作戰的能力；「同島一命」成為馬祖戰地時期國家致力塑造的地方意象。馬祖解除戰地政務對外開放後，馬祖與外界開始有更多的連結。馬資網的出現更打破各島各自獨立的景況，將馬祖、臺灣與中國在網路中串連起來。

以二〇〇八年一月二十日晚上八點四十分南竿山隴發生的火災為例，當時人在臺灣的馬資網副站長先得到消息，馬上於八點五十分發布火災訊息。之後，每隔三十分鐘就在網站上更新火災實況，一直到十二時火災受到控制後才停止。期間，臺灣網友不斷上網詢問救災情形，如：「請問現在救災情形如何，請告知。」（中和阿芳，2008）接著，站長發現馬祖縣長、副縣長等重要官員當時都在中國訪問，未對山隴大火表達任何關切，馬上就在網路上批評地方父母官放生馬祖，只是一味討好中國官員（admin 2008）。一連串的批評聲浪使得這些官員決定隔日馬上從中國趕回。這起事件清楚地呈現了馬資網在那時如何跨越島嶼的疆界，創造了馬祖、臺灣與中國的同時性。

不僅如此，事件發生後網友們也在馬資網上提供不同性質的資訊，希望能重建該事件的真相。如有人po上一幅幅大火後殘破的相片，呈現災難後的狼藉（邊城畫室，2008），也有網友以文字翔實記載當時親眼目睹的火災過程（艾德，2008）。馬祖為臺灣最邊陲的島嶼，島嶼小人口少，臺灣的媒體很少關注該地新聞。在尚未有智慧型手機與社群軟體得以快速傳遞訊息的年代，網友在馬資網上發布的訊息便如同SNG車一樣，幫助馬祖人拼湊當下重要事件的發生過程。如果「同時性」(simultaneity）是形塑一個想像共同體的基礎（Anderson 1991[1983]: 37; Taylor 2004: 157），那麼今日的馬祖共同體已經橫跨臺灣與中國，在網際網路世界中重組。

網路社會運動

網民不但在網路上集結、商討，也在實體世界中促發具體行動。馬祖人在二〇一一年發動的「八二三上凱道」土地運動即為一例。

馬祖的土地問題非常嚴重，主要是因為戰地政務時期政府沒有成立地政機構辦理土地登記導致。[6] 軍方在軍管時期徵用民眾土地興建營舍或構築防禦工事，根本毋須經過人民同意；或是只以「反攻大陸後歸還」的口頭約定敷衍，從此沒有下文（劉宏文，2016: 22；劉家國，1994）。[7] 一直遲至一九七二年，連江縣政府設立民政科兼掌地政事務，才辦理第一次土地登記。不過那時也只登記了聚落內的土地，約馬祖所有土地的十分之一。解除戰地政務後，政府遲至一九九三年才成立地政事務所，辦理所有的土地測量與登記。然而非常不幸的是，該次測量錯誤百出，引發大量民怨。

此外，依照法律規定，人們要登記為某塊土地的所有人，必須提出在第一次土地登記前（一九七二年）已「占有」這塊土地的證據。所謂「占有」，是指要有「耕作」的事實。然而早期馬祖人使用土地的方式並非只是用來耕作，例如各家都擁有的「柴埕」（*tshia liang*），是任由草類自然生長的土地，有需要時才前往割取作為燃料之用。這些土地往往被官方視為「無耕作之實」，無法歸還給馬祖人。至於那些馬祖人用來曬蝦皮的土地，官方更認為當地人在該土地上「無耕作勞力之付出」，因此也不歸還給當地人。這些「無主」的土地因人民無法領回，過一陣子後往往變成「國有」，等同被國家合理侵占！土地問題是軍事統治遺留下來的巨大沉痾，長期困擾地方，難以解決。

民眾要不回土地，往往在馬資網痛陳官方強占惡行，引起很多迴響（林瑋嬪、王惇蕙，2012: 127-133）。由於這個問題是馬祖人心中共同的痛，近年來更成為政治人物參選所必須面對的議題。例如，二〇〇六年縣長競選人吳軾子（2006）在落選之後，發表〈解決土地問題只在主政者的是否「用心」〉，提醒公部門必須用心解決此事。二〇〇九年無黨籍縣長參選人陳財能，同樣以土地問題的處理為主要訴求。

二〇一一年四月二十二日，網友王長明在馬資網上張貼了一則訊息：〈今年八月二十三日走上臺灣街頭，爭取早該還給馬祖人民應有的權益〉（2011a）。文章中用慷慨激昂的語調說明了馬祖人面臨的土地問題，並以二十多年前馬祖人在八月二十三日走上臺灣街頭抗爭的經驗，向當地人呼籲必須再次走出來爭取自身權益。該文在馬資網上引發一連串後續討論，進而催生出馬祖人走上凱達格蘭大道的二〇一一年「八二三土地遊行」（圖5.7）。

上述提到的網友王長明當時為馬祖北竿鄉坂里村的村長，在馬祖軍管時期曾遭受軍方不公平的對待。一九八七年臺澎解嚴，但國家卻執意在金馬持續進行軍事管制時，他與金門人士協力於同年八月二十三日在臺灣發動第一次金馬人民上街頭抗爭。一九九八年他回到馬祖定居，二〇〇六年當選村長，對於解決馬祖土地問題一直不遺餘力。由於王長明與一位來自臺灣，以黨外身分多次參與馬祖選舉的候選人——陳財能[8]——對土地有共同的關心，二者逐漸有更多

圖5.7　馬祖人八二三土地遊行（王惇蕙攝，2011）

的接觸。同時，百姓在依循體制規定提出訴求但被駁回的情況下，陸續有不少人轉向王長明與陳財能等具有黨外色彩的政治人物尋求協助。在二〇一〇年九月七日陳財能到縣議會陳情時，王長明也前往支持。就在當天，「還我祖先土地自救會」成立，公推王長明為自救會會長，並且訂下了二〇一一年三月一日的期限。倘若政府不在期限前趕緊立法，自救會就會發動連署罷免縣長和全體縣議員。

接下來，馬資網更進一步成為王長明作為溝通與處理土地問題的平臺。他經常透過網站公布最新的土地處理狀況，讓人們知道爭回馬祖土地的重要性。二〇一〇年後，他啟動了一系列更積極的做法。例如，他在網路上公布了土地的連署書與表格，並在下方不時更新連署人數與狀況，馬資網逐漸成為土地問題匯聚的中心。到了十月四日，土地連署已達六八七人（陳財能，2010）。[9]

在網路的醞釀加溫與主事者的積極籌畫下，遊行活動逐漸成形。遊行的舉行需要一些設計，以凝聚人群。以八月二十三日作為遊行之日無疑是一個極佳的選擇。八二三炮戰造就臺海今日局勢，無論對馬祖人或臺灣人都具有特殊的歷史意義。此外，集會也需要一些新的口號與陣仗以表達遊行的主題，才能吸引更多的人參與。王長明（2011b）在馬資網上放了二十個口號，請大家選擇。陳財能（2011a）則建議遊行需要有陣仗，於是寫了〈一塊布的力量！〉。這篇文章在整個八二三活動中是最受網民熱烈討論的一篇，截至二〇一一年八月十四日閱讀人次已達六六四一。陳財能建議每個有土地問題的鄉親將地號、位置及民防隊編號寫在一塊八乘以二十三公分的布上方，並按照戶、鄰、村、鄉、島的分類，以十人為一單位將布縫接成一面大旗。目的為以八二三為號召，將布視為土地的象徵，以凝聚馬祖人團結一致向政府討回公道的意志。

這次土地運動是在網路中醞釀、發酵，最後付諸實踐的重要案例。馬資網在這次遊行中扮演重要的角色：它讓世界各地的人都有機會瞭解馬祖土地問題的動向，並且提供深受土地問題困擾的馬祖人一個抒發的管道。它讓國家的強占、僵化的官僚與民代的無能暴露在馬祖人的面前。八二三當天的遊行隊伍中，也時而會聽到參與者提到「馬資網」，相當特別。遊行中網民相認，不少人也以在馬資網所發表過的言論介紹自己。可見馬資網集結人群、協商意見並促發實體社會行動的重要性。

發現馬祖

以上的描述讓我們理解今日的馬祖早已不是漁民暫歇的島嶼，或國家打造的軍事戰地。馬資網上多樣的媒介更呈現著今日馬祖人如何以不同的角度書寫、想像與發現新馬祖。

馬資網網頁右下方有一系列當地的藝文工作者的網誌，探討馬祖的語言、風俗、信仰、文化與地景。他們的作品讓我們看到「今日馬祖」如何重新被認識。著重在討論馬祖傳統宗教與民俗文化的有小學老師賀廣義與國中校長王花俤的部落格。前者以辨析文字、考據傳統民間習俗為主，後者則以平易近人的方式與大眾對話。[10] 當地教員對馬資網議題的積極參與情形也呈現在另一個網誌「酷校長的部落格」上。

酷校長王建華的部落格也書寫馬祖的文化風俗，但是他與其他文化人最大的不同是，他特別用心於描繪馬祖的自然。在他部落格首頁左側有「飛羽瞬間」、「夏日飛羽」與「生態筆記」等主題選項，點選之後可以看到他對生態的細膩觀察與感受。「飛羽瞬間」為他觀察鳥類之文。例如，他在〈一塊小水池　無限生命力〉寫道：

> 這兩天　梅雨鋒面過境　積水不退
> 我在車上記錄水池上的鳥種（車拍比較不會驚嚇鳥兒）
> 有小白鷺　黃頭鷺　黃鶺鴒　棕背伯勞　白腹秧雞　針尾鷸（？）彩鷸　水雉……

接著他告訴網民們可以如何欣賞這些馬祖的鳥：

> 五點半接完從西莒練球學生返校　我再回頭觀察
> 以為過境了的彩鷸　在白腹秧雞干擾下
> 又現身了　若您要賞鳥　不要超過　水泥地喔
> 靜靜地等　就會看到驚喜了！（王建華，2010a）

他在「生態筆記」中也放置了鳥類以外的文章：如在〈讓孩子學著做更多——開腹蛤〉（2010b）一文，他提到和孩子去挖蛤蜊的經驗；〈錯過這幾天　就要等明年！〉（2011）則張貼了富士櫻的照片，並告知大家可在哪裡欣賞。我們看到他如何致力於讓大眾「看見馬祖」，感受該地的獨一無二。

馬資網上也有年輕人愛看的部落格，如「鋒之谷趴趴走（曹以鋒）」。曹以鋒不是校長或老師，他屬於年輕一代，喜歡用自己的方式來表達自己的想法。在他的部落格中，大多以照片為主，文字為輔。他所拍攝的照片都很生活化，如〈鱸魚的季節　家家戶戶都會看到〉（曹以鋒，2011）一文，在短短兩句話後就放上他所拍攝的長串照片。照片雖然不能像文字那般能傳遞大量有深度的訊息，但用相機記錄下生活中所看到的、感覺到的一切，往往可以帶來更直接的視覺衝擊，有其不同的效果。

總之，我們看到馬資網上的知識分子以各種書寫與媒介分享他們所知道的馬祖：王花俤與賀廣義以文字為主的網誌，向年長者或他們的學生介紹馬祖的歷史與文化、王建華提供馬祖生態資訊、曹以鋒以照片吸引年輕的粉絲。他們都積極想要告訴網民們可以如何更認識這塊土地，看見並發現新馬祖。

結語：一個有自身價值的地方

過去一些研究告訴我們：地方資訊網是否能在地方社會產生重要影響，與該地的處境非常相關。新開發的都市郊區，隨著新移民與新科技設備的引入，往往與地方社群網站結合較為密切（Hampton and Wellman 2003; Postill 2011）。馬祖列島位於中華民國最偏遠的北疆，多山地形加上島嶼分散，使得馬祖人無論在島際之間，或與外界溝通都非常困難。因此，網路提供的連結對於馬祖而言就顯得相當重要。此外，馬祖獨特的軍事戰地背景導致官方一直獨占《馬祖日報》。地方異議分子在長期耕耘印刷媒體，如《馬祖之光》與《馬祖通訊》之後，已累積相當能量。當網路技術在二十世紀末出現時，地方異議分子不但成功吸納了原有的讀者，並以新媒體更強大地結合文字、音樂與影像的力量，吸引更多人加入，在二十一世紀對地方產生比以前更全面的作用。

整體而言，馬資網改變了馬祖人獲取資訊的管道，建立起新的訊息平臺。後來更打造出全新的溝通系統，改變了人們的交流方式以及既有的社會節奏。馬資網在馬祖的普遍性使得它與實體社會緊密連結。在當代的馬祖，網民與居住在當地的人共同建構馬祖的真實，實體與虛擬世界之間不但無法清楚區分且相互穿透。馬資網已成為當代馬祖生活的一部分。

不過，馬資網的出現對於狹小的島嶼而言，更重要的意義可能在於它提供了島民一條跳脫傳統社會網絡的途徑。馬資網的興起使馬祖人得以在網路上擁有一個新生命，從一張沒有紀錄的白紙開始。個人隱藏在帳號的符碼中，對有興趣的議題發表意見。在網路世界裡，網民同樣可以從出生、長大到成熟，逐漸累積影響力。因此，我們可以說馬資網的普及，讓馬祖人從禁錮的軍事權威與傳統社會關係中解放出來，成為新的自我。這些新的自我，即使未能完全擺脫傳統社會關係，也已突破馬祖的地理格局，隨時可以透過網路串連馬祖、臺灣乃至中國。他們成為跨越臺海時空之新的存在，甚至能夠促發社會運動，為馬祖人爭取權益。

進一步說，馬資網的出現不僅創造出新的個人，更創造出另一種形式的社群與地方性：它能瞬間連結馬祖、臺灣與中國三個地理空間，成為另一個時空。在這個橫跨馬祖—臺灣—中國的網路社群中，馬祖是中心。因此，馬資網的例子很能促進我們思考網路媒介如何帶來不同的想像，創造「新的地方」(Boellstorff 2008; Miller and Horst 2012)。如果安德森在《想像的共同體》中告訴我們印刷資本主義如何使得地方社會成為同質性與空洞性的時空單位，那麼馬資網的例子則相反地呈現了網路如何可以使得一個地方成為離散人群的心靈所屬與情感依歸。當然，這樣的現象可能不僅發生在馬資網，而是移民社群網站皆有的特色（Basu 2007; Mitra 1997）。

換言之，在當代，網路科技已成為生產「地方性」（locality）的全新要素。全球馬祖人在網路中描繪與想像新的馬祖，藉由馬資網與馬祖建立起前所未有的緊密情感連結。經過網路的媒介，馬祖今日已經從原初的邊陲島嶼、冷戰時期的「反共前線」，轉變為具有自身價值的地方。

1 由於壓力過大，劉家國也自此罹患了精神官能症。

2 坂里國小（2010a, 2010b）。

3 此為根據馬資網的內容政策，參見https://www.matsu.idv.tw/topicdetail.php?f=6&t=47254。

4 一個掌聲鼓勵獲得一分。當所張貼的文章或圖片達到下列累積積分時，就可優先升級：積分三十升級初階會員、積分九十升級中階會員、積分一百八十升級高階會員、積分三百六十升級資深會員（admin 2005）。

5 有關網路虛擬空間的討論，見Boellstorff（2008, 2012）；Castells（1996）；Miller（2000）；Miller and Horst（2012）。

6 根據現任官員的說法，這是因為馬祖島可耕地非常稀少之故。

7 見劉宏文（2016: 22）散文〈防空洞〉中，副村長徵用百姓地瓜田建防空洞，以及莒光鄉民楊嬌金的例子（劉家國，1994）。

8 陳財能，臺灣雲林人，未到馬祖之前一直在民進黨相關的單位工作，與馬祖過去素無血緣或地緣的關連。二〇〇四年七至九月間，他在民進黨中央黨部負責民進黨偏遠、艱困選區（如金門、馬祖、花蓮、臺東與澎湖）的選務工作。二〇〇四年八月二十六日，他第一次到馬祖輔選，自此與馬祖結下不解之緣。二〇〇八年四月二十四日，他將戶籍遷至馬祖北竿，開始準備馬祖縣長競選工作。二〇〇九年九月二十一日退出民進黨，此後以無黨籍身分參與馬祖地方選舉。

9 後來連署的總人數是一四〇二人。這對於常住人口約五、六千人的馬祖比例相當高。

10 如在〈回應「上彩暝」應為「上節暝」之我見〉中，王花俤（2011）回應了當時馬資網討論的議題，並在文末宣傳北竿擺暝活動。

第六章 網路戰地記憶

島嶼逐漸甦醒，世界沉睡遠方
冷霧像小孩覆蓋甜甜夢境的羽被
童年的足跡是雨後的陽光
清晰地在岡陵間移行

〈島嶼甦醒〉

前章對《馬祖資訊網》整體性的介紹說明了網路科技對地方社會帶來的影響。本章將聚焦到個人，探討個別網民如何在網路世界中想像與經歷改變。從二〇〇五年九月十四日開始，馬資網上出現了一對夫婦共同創作的系列作品，由一個移民到臺灣的馬祖人陳天順作畫，一個從未在馬祖生活的臺灣媳婦夏淑華撰寫。由於受到廣大網民的喜愛，他們持續創作約三年多的時間，在二〇〇九年集結為《雷盟弟的戰地童年》（以下稱《雷盟弟》）一書出版（圖6.1）。「雷盟」兩字為馬祖話「流氓」之意，「雷盟弟」（*liu moung tie*）是很多馬祖人對小男孩的泛稱。書中透過雷盟弟的生活，將馬祖海島生態與軍管時期的馬祖生活刻劃得十分深刻。戰地時期生活的困頓、地方與海島相關的物產，以及島民特殊節慶，在陳天順精緻的插畫與夏淑華懷舊的筆觸中，

圖6.1 《雷盟弟》封面

生動地再現。由於得到許多馬祖人的喜愛，二〇一〇年獲選為「馬祖之書」。

的確，我還記得當初在馬祖做田野時，送我這本書的人在書名頁上簽著「分享喜悅」，笑著說他小時候也叫作「雷盟弟」。對於我問起他兒時的事情，他總會回答：「你看那本書就知道了！」

本章要從深入分析《雷盟弟》的創作開始，描繪陳天順的馬祖成長經驗如何蘊含了兩種自我意識：即，從島嶼社會文化生活中感受的自我，以及軍事統治下的自我。接著，我將論述網路書寫如何成為一個「主體化的過程」(a process of subjectification)(Moore 2011:80)，使陳天順能夠超越這兩種自我，成為富含情感、道德以及對未來充滿希望的想像主體。其中新媒體科技扮演重要的角色(Djck 2007)；特別是它的連結性與及時

圖6.2　馬資網上刊載「夏淑華與雷盟弟作品全集」

性能夠召喚、回應並架接了不同時空的網民，創造了知識與情感的接力。在這個過程中，內／外、個人／社會的二分被超越；無論人、文化與社會關係在其中都得到了更新；一個新的集體戰地記憶隱然浮現成形。

馬資網中的雷盟弟系列

在舊的馬資網首頁右側，「本站推荐」最上方，有一個「夏淑華、雷盟弟作品全集」。點進去可以看到從二〇〇五年至今這對夫婦在馬資網上的連載作品（圖6.2）。裡面每一篇貼文點閱率都非常高（以馬祖而非從臺灣的角度來看），而且，之後的觀看次數不斷累積。二〇一六年馬資網版面重整後，它被移到「大塊文章」中的「陳天順&夏淑華」標題下。至今，它仍是馬資網上相當受到歡迎的系列。令人好奇的是究竟是什麼樣的力量促使這對夫妻開始創作？過程中他們如何溝通、合作？他們希望傳遞什麼訊息？

拒絕馬祖

讓我們從《雷盟弟》的創作者——陳天順——談起。我認識他是在一次縣長邀請的會面中。那時因《雷盟弟》系列的成功，他在馬祖人之間已經相當有名了。縣長想要推廣馬祖亮島考古成果，因此希望他能仿照《雷盟弟》，畫出一個亮島人島嶼生活的樣貌。[1] 後來我在蒐集馬祖的還我土地運動的資料時（二〇一二年），發現他對土地問題非常關心，常常在馬資網上作畫書寫。當我跟他聯絡，表示我對《雷盟弟》有興趣，希望能訪問他與他的夫人時，他便邀請我到他家去坐坐。

我問他家人為何會來臺灣？他說由於馬祖漁業蕭條，爸爸在北竿橋仔打魚已經沒有辦法養活一家了。因此哥哥與姊姊先來臺灣當童工，接著爸爸到臺灣賣福州麵。他國中畢業後媽媽帶他搬到臺灣（一九七九年），全家從此就全部離開馬祖了。他後來讀了美術，服完兵役後一直在動畫公司從事卡通製作。來臺灣後，有二十七年從沒回去馬祖。我問他為什麼不想念馬祖？他眉頭深鎖地說：

對我而言，那不是那麼美好的地方。淑華一直說想跟我回去看看，我都說那是「貧瘠」、「凋蔽」的地方。二〇〇五年回去也是因為要跟國家打土地官司，為了爭回自己的土地。我們在臺灣那麼努力，結果有機會拿回土地了，如果不回去，這樣對嗎？

我接著問他來臺灣後，有跟馬祖人聯絡嗎？

沒有再認識其他的馬祖人了，只有跟國中同學偶而有聯絡。

從這段對話可見陳天順自從搬到臺灣後，因為對戰地時期負面的記憶讓他二十七年來不願意再回到馬祖，在臺灣也很少與馬祖人聯絡。他娶了臺灣妻子後，與家人獨自在臺北生活，不願再面對那段馬祖的過去。

不過，這期間他偶而會在馬資網上發文，貼上他的塗鴉，批評國家欺騙人民，強占土地，然後還編造各樣藉口不歸還，可見他心中長久以來對國家的憤怒（圖6.3）（雷盟弟，2008）。

我問他為何會開始畫《雷盟弟》系列？天順的的太太淑華回答說她隨她的先生回馬祖打官司，第一次看到她先生兒時生長的地方，感觸很深。於是將她的感想寫成了一篇文章〈月全蝕〉（夏淑華，2005a），發表在馬資網的「生活文化」專欄。在該文中，她訴說先生的兒時記憶如何在她踏上馬祖土地後轉變成她自己對馬祖的依戀。一開始的幾篇文章只有文字，文末附上她

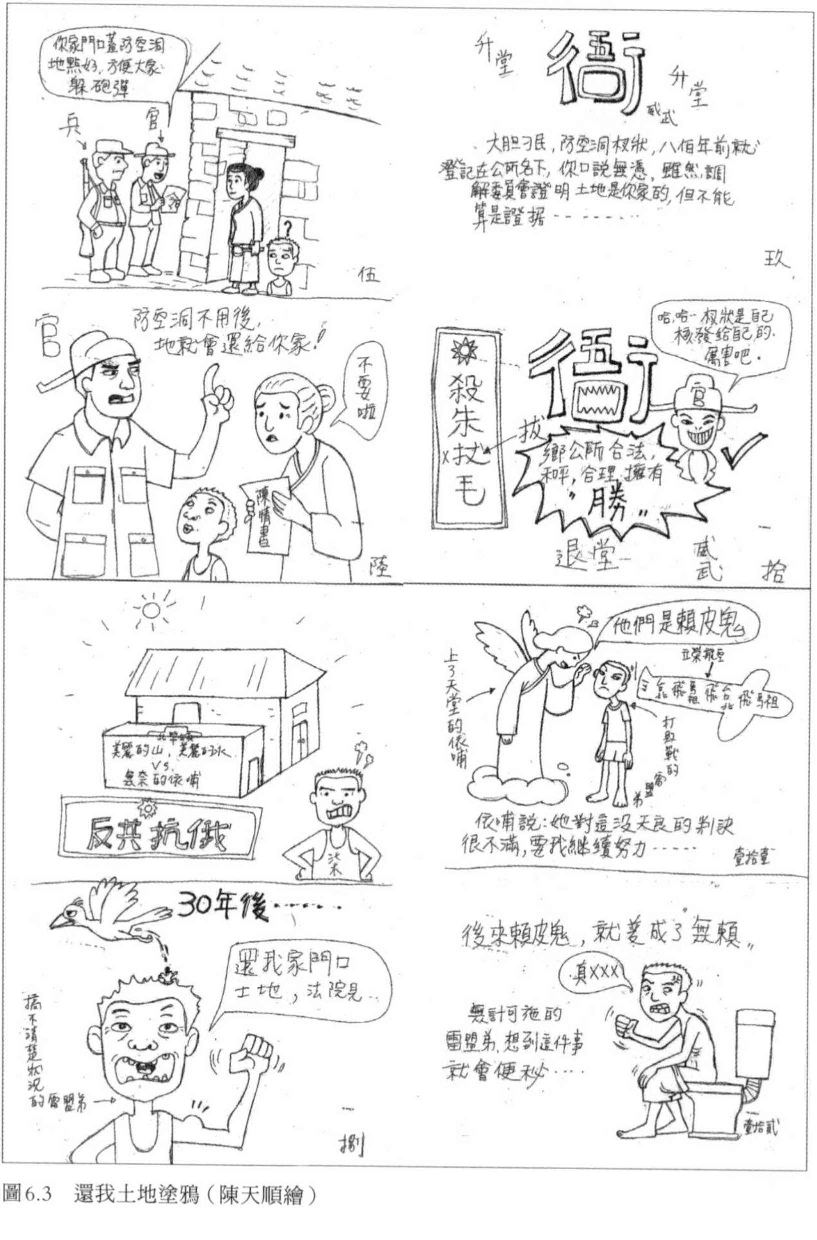

圖6.3　還我土地塗鴉（陳天順繪）

所拍攝的幾張照片。但是，很訝異的，點閱率竟然非常高。她後來連續再寫了三、四篇，每一篇點閱率幾乎都打破馬資網上的紀錄。於是她就一篇一篇繼續寫下去了。

網民的熱烈迴響不但給了夏淑華繼續寫作的動力，而且讓從事動漫繪製的先生也開始加入插畫。二〇〇五年十月二十七日《雷盟弟》系列第一篇文章〈遠方的童年〉（夏淑華，2005d）在馬資網刊載，裡面就搭配了陳天順的插畫。我問他為何會想這麼做？他說：

> 回馬祖打官司後，看到故鄉現在如此落寞，心裡很難過。我想要留下一些東西，畢竟這是父母曾經在這裡生活，打拚過的地方。

於是夫婦開始在網路展開長期創作，直到書出版時已前後長達約三年半之久。不過，陳天順並沒有特別設定主題，也沒有按照什麼預想的計畫。他說：「就是很隨興地寫，有時候跟淑華聊一聊就寫了。」例如，遇到臺灣過年，就講馬祖的〈新年康樂隊〉、元宵節講〈擺暝好時光〉、中秋節講〈寶貝月餅紙〉、冬至吃湯圓講〈記憶的味道〉，都是以當下生活回想過去。但他也說自己並非全然隨興沒有構思，例如，他和妻子共同創作的第一篇〈遠方的童年〉，就是從他住的地方開始，讓大家對馬祖有一個基本的理解。〈難忘的布鞋〉則是述說小學生活中令他記憶深刻的事。而且，在說完一個沉重的故事後，下一篇會接一個比較輕鬆的敘述。「這是淑華的建議，」他說。

在繪圖方面，在2D動畫產業中，陳天順專長的是繪製「動畫表演」。他經常使用Adobe Flash來繪圖，但繪圖後的上色是別人的工作。然而，創作《雷盟弟》時需要繪圖與上色，陳天順同樣以這款軟體完成，因為他對Adobe Flash的功能最為熟悉，也更有把握。雖然這種上色方式並非正規插畫做法，且容易有色塊多、顏色比較單一的現象，但他說：

可能有人會批評我這樣「不專業」，但我純粹為自己而做，想要把這個記憶保留下來。因此我用我最熟悉的軟體來達到我想要的效果。如果要「完美」，那我應該找別人來上色，但那就不是我的創作了。

所以，《雷盟弟》就是一個陳天順回憶他在馬祖生長的故事。接下來我將從其中關於地方風俗的書寫以及戰地經驗的描述，分析其中蘊含的兩種自我意識。

社會文化的自我

《雷盟弟》一書中有相當多關於陳天順如何在馬祖社會文化中成長的描繪。我從土地、家庭、社會生活以及個人世界幾個層面來探討作者如何在其中想像自我。

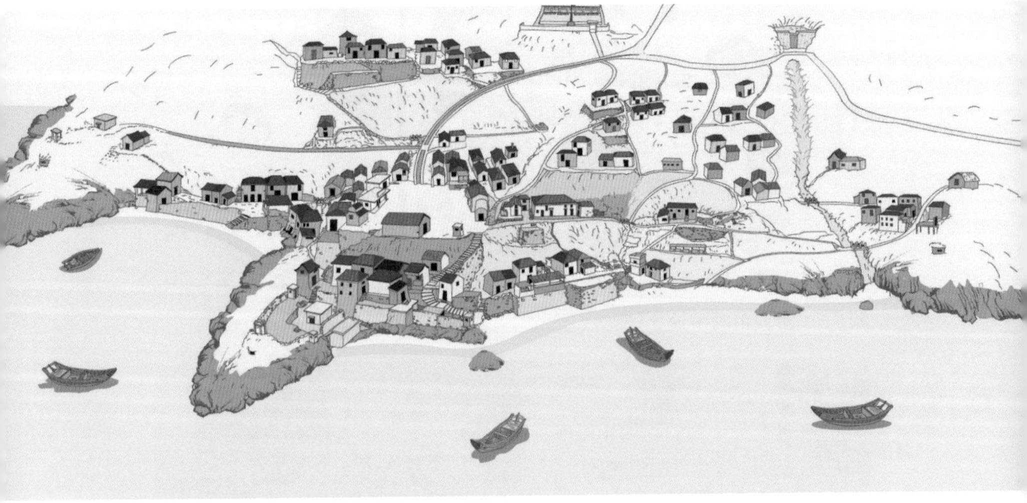

圖6.4 北竿橋仔村（約1960年代）

土地

一翻開書，映入眼簾的是一幅仔細描繪的橋仔村——故事主人雷盟弟長大的聚落（圖6.4）。橋仔村位於馬祖列島的北竿，早期是北竿重要的漁村，居民多以捕魚為生，有些魚貨會賣到北竿最大村落塘歧。[2] 陳天順很仔細地畫出了橋仔村的兩個澳口，雷盟爸說：「它們像是老天爺給的兩個寶貴褲袋，讓人有掏不完的東西。」（96）在橋仔村聚落圖中，陳天順非常精密地畫出一九六〇年代房子坐落位置（雖然今日它們多半已經消失或荒廢）。其鉅細靡遺的程度可見童年生活是他生命中多麼重要的一頁（16-17）。

家庭與社會生活

故事接下來精采地描述雷盟弟一家人如何努力養活八張嘴、兩頭豬、二三十隻鴨、十多隻雞。父親一大早四、五點出海捕魚，母親一刻不得閒，

圖6.5　雷盟弟的手足

圖6.6　全家投入蝦皮的處理

上山種地，海邊討鱲，[3]與阿兵哥兜售周旋。家務繁忙，家中小孩各有負責工作：大哥、大姊做粗活，雷盟弟當幫手，雷盟妹照顧年幼的阿妹仔，一家人無論大人小孩都加入生產行列（圖6.5）。

在雷盟弟的童年時期，馬祖還是盛產蝦皮的海島。蝦皮處理過程非常複雜，往往需要家戶成員集體的投入。從漁船回來，先在沙灘處理後，再抬回各家漁寮中煮熟、瀝乾，放在竹蓆上連續曬幾天（圖6.6），才可販賣。

除了平日的生活外，陳天順也細細回憶村子裡的儀式

圖6.7　婚禮宴席所需的椅子

圖6.8　孩童酒

與人們的互動，例如，婚禮。馬祖這種小地方，一到舉辦婚禮，就會四處借桌椅。早在婚宴前幾天，由親戚的壯丁們負責四處張羅，用一根長長的竹竿，把椅子一個個串在竹竿上穿巷過徑，成為聚落裡一幅有趣的風景（圖6.7）。島上沿襲閩東習俗，傳統婚禮要辦三天三夜，並且依「男人酒」、「女人酒」和「孩童酒」不同身分，分批請客。「孩童酒」在婚禮前三天先舉行，宴席開始前小孩會敲鑼在附近使勁喊著：「打鑼吃酒囉！」聽到鑼聲，孩童們便會高興地跑來參加（圖6.8）。

圖6.9　馬祖元宵擺暝

圖6.10　楊公八使海上馴妖

一年一度的農曆元宵節活動（在馬祖稱為「擺暝」），更是村子裡大人小孩同歡的時刻（圖6.9）。大人抬轎，小孩打鑼，繞行村子。小孩喜歡聽著大人說楊公八使的故事，想像他在海上降妖伏魔顯神蹟（圖6.10）。

個人的世界

在成長過程中，雷盟弟常常（偷偷）潛入水中或在海灘嬉戲。海邊細綿的沙對他而言像女人一般溫柔，她的頭髮向村子散開，帶領他回家（圖6.11）。海洋世界的景致透過這些遊玩與想像銘刻在他小小的心靈中，和著馬祖媽媽們打的魚丸、魚麵，以及海蜇皮與黃金蟹的鮮甜，成為雷盟弟日後久久難忘的滋味。

軍事統治下的自我

與豐富的馬祖風土民情描述並行的是，《雷盟弟》系列也描繪了戰地時期孩童的生活。軍人的來到讓小

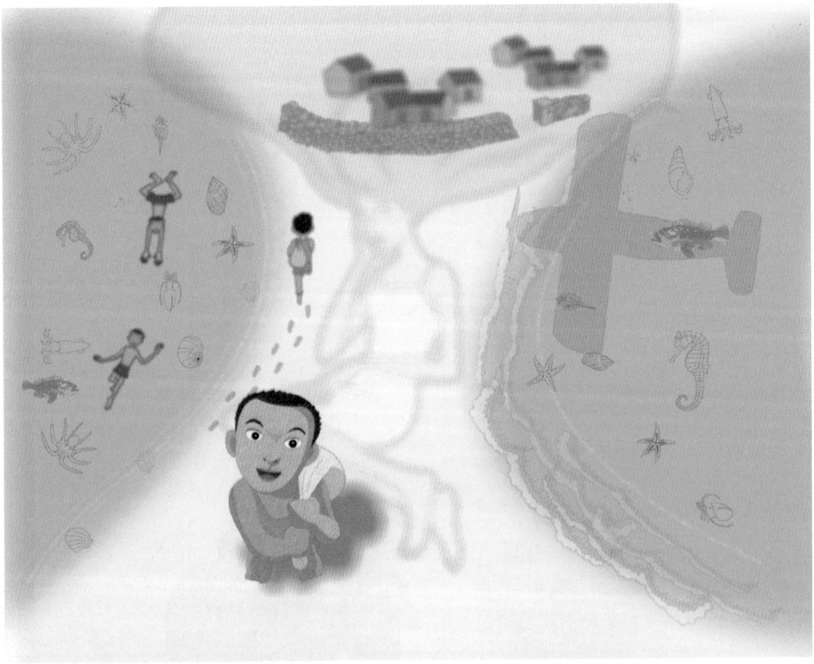

圖6.11　雷盟弟的個人想像世界

朋友開始有了掙錢的機會。每個小孩頭上好像都「裝有雷達」，哪裡有訊號就往哪裡鑽。壞掉的臉盆、空酒瓶、對岸打過來的傳單都可以拿去賣錢。平時雷盟弟也去賣冰，到軍營旁、村子裡沿街兜售叫賣，沒有賣完的冰棒可以還給冰廠。退回前，雷盟弟還會小心翼翼打開冰棒包裝，快速吸上兩口那些融化的糖水，再原封不動地包起來；有得賺又有得吃，是個不錯的買賣。若是阿兵哥在塘歧附近的沙地靶場射擊，孩童就會守在一旁等待。等射擊一結束就立即飛奔而上，在沙堆挖出還熱騰騰的彈頭，收集回去在空罐中加熱。彈頭的鉛提煉出來後可以賣錢，成為小朋友們買麵筋與豆腐乳的加菜金。

圖6.12　新來的士兵

但，《雷盟弟》系列同時也是一本仔細描摹軍事統治如何帶給島民身體與心理創傷的書。恐懼、壓迫與傷害並行於前述之馬祖社會文化情境中，透過雷盟弟的遭遇具體呈現。

恐懼

蔣介石的軍隊由於倉促來到馬祖，因此一開始軍人往往借住民家。雷盟弟的家樓上有軍方「高登（島）辦事處」駐紮。每當有年輕的阿兵哥從臺灣渡海而來，他們就睡在雷盟弟家樓上（圖6.12）。等天候與潮汐許可，再坐船前往對面的高登島。雷盟弟年紀雖小，卻已經觀察到這些剛到馬祖的新兵的恐懼：

圖6.13 爸爸不見了

這些新來的阿兵哥，在凜冽的寒風中縮著脖子，第一次感受到戰地前線的炮擊震撼。雷盟弟也曾聽到年輕阿兵哥低聲啜泣的聲音，混合著驚恐無助。在深深的夜裡，好像被世界遺棄的孤兒。（夏淑華、陳天順，2009: 22）

不只是軍人，馬祖島上的人也隨時都處在面對失去親人的恐懼中。雷盟弟的爸爸與村子裡其他幾個男人曾因捕魚越界而消失九天。期間村子裡充滿著不安的氣氛，擔心失去丈夫的女人與失去爸爸的小孩不時無法控制，傷心哭喊。村子裡也時而出現因霧迷航的大陸漁民，雷盟弟看到他們雙眼蒙著黑布，被軍方帶走（圖6.13）。

圖6.14　小心翼翼地穿過，以免勾到地雷。

圖6.15　躲避駐軍的監看，在海邊採野菜。

創傷

軍事統治所帶來的創傷，在親人遭受暴力虐待時感受最為劇烈。橋仔的女人們，為了貼補家用往往會到海邊採貝與海菜。她們必須穿過地雷區（圖6.14）、繞過駐軍山邊的營區，小心翼翼不被軍人發現（圖6.15）。陳天順說，有一天媽媽與嬸嬸們去採紫菜時被駐軍發現，軍人不但驅趕她們且暴力相向。被打的嬸嬸和母親就坐在營區外的地上不肯離去，其中有人回到村公所求助，村幹事及村人急忙前往協調。那天晚上媽媽一直喊痛，雷盟弟看到媽媽的腰部有一塊很大的瘀青，就拿家裡的芙蓉藥酒幫媽媽推揉。媽媽一邊喊痛，一邊說他們「實在太沒天良！」從此之後，雷盟弟只要知道媽媽去海邊，天快黑時就會一直盯著山的稜線，直到看到媽媽的身影，才能安心（85）。當我訪問他提到這一段時，他半開玩笑地說：「你可能以為我很孝順吧？其實那是一個小孩子害怕失去所有的恐懼。我都不知道在馬祖沒有媽媽的小孩怎麼能夠生活得下去。」

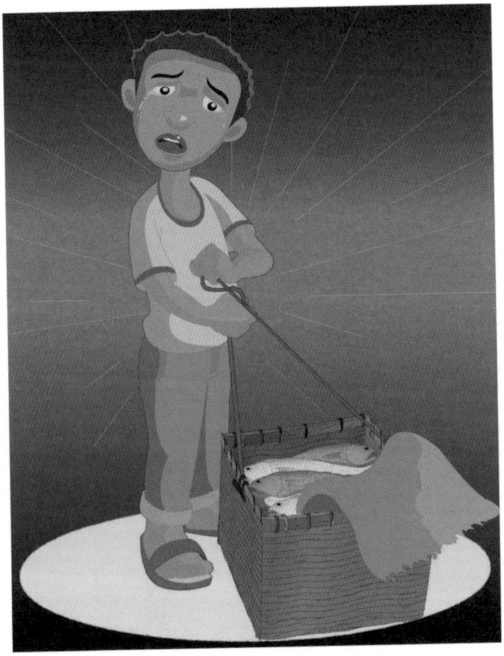

圖6.16 被軍人沒收的黃魚

壓迫

的確，生活在軍管時期的馬祖人，由精神壓迫帶來的心理創傷是無所不在的。書中〈黃魚不見了〉的故事，最能說明在那個時期馬祖人受欺侮的感受。有一位住在雷盟弟家二樓的軍官要調離馬祖，請雷盟弟的媽媽買新鮮的黃魚，曬成馬祖名產「黃魚乾」帶回臺灣。不過，那一年黃魚收穫很少，市場缺貨得厲害。後來聽說有漁民捕到黃魚，雷盟弟的阿姨在塘岐到處收購到了一些，裝在簍筐中，用麻袋蓋著，囑咐雷盟弟來拿，坐車送回橋仔村。

沒想到上了車，有兩位憲兵與一位海產店老闆看到雷盟弟帶著簍筐，便走過來要他掀開布袋檢查（圖6.16）。他們打量了一番後便問他：「這黃魚哪兒來的？為何沒在市場上賣？」最後他們下結論說：「這是囤積物資！」於是海產店老闆與軍人便沒收雷盟弟的黃魚。無助的雷盟弟淚珠兒在眼眶裡打轉，他不瞭解這一籮筐的黃魚怎麼會被人沒收呢？下了車，留著淚，充滿著不解與無奈，雷盟弟跑回家。他告訴母親發生的經過，她立即趕往塘歧，看到海產店的老闆已經在「殺魚」，處理那些沒收的黃魚了。

陳天順以這個小故事告訴我們在那個軍管的時代，軍人如何可以結合當地有勢力的人運用權威，編造藉口，隨意欺壓百姓。這個故事在我訪問陳天順時，他仍提起，年少經歷的壓迫一直在心中盤旋，憤怒久久不去。

事實上，戰地小孩所經歷的各式各樣壓迫與恐懼，超越我們一般理解。例如，書中的〈暗夜三部曲〉描述了另一次經驗。某個晚上媽媽叫雷盟弟送魚貨給塘歧的舅舅。從橋仔到塘歧需經過森林、軍事禁區與碉堡，它們白天看起來還好，但是到了晚上變得陰森可怕，很難衡量對小孩來說究竟需要多少勇氣才敢穿越它們。文章中仔細描述了這個過程：雷盟弟走出橋仔村後，首先需穿過層層樹林。隱沒在林間的是一座座墳墓，死者的亡魂忽隱忽現。他一陣狂奔後，先來到莒光堡。哨兵舉著槍對著他：「站住，口令！」「是……老百姓」雷盟弟小聲回答。好不容易通過繼續往前走，又到了另一崗哨，然後是幹訓班。幹訓班的狗以凶猛著名，雷盟弟的弟弟曾經被狠狠咬過。他拔腿快跑，暗夜中只聽到自己急促的心跳與喘息聲，以及不知何時會結束的路程（圖6.17）。

圖6.17 暗夜到塘岐

身體的傷害

除了經常面對的恐懼與壓迫外，人們更因不小心碰觸四處埋伏的地雷與炸彈而遭遇嚴重的身體傷害（圖6.18）。《雷盟弟》系列常出現那些殘廢的人們。如經常路過雷盟弟家門口的叔叔。他因出海捕魚時被機關槍擊中，走起路來一跛一跛，汗流浹背，極為吃力。他滿臉幽戚的神情讓雷盟弟如何也忘不了（65）。另外，雷盟弟有一次隨母親去探望一位遠房的嬸嬸。她因誤觸地雷而失去手臂，雷盟弟只見她坐在昏暗房中，兩眼深陷，以僅存的一隻手臂餵養三個稚齡孩童。

大人如此，小孩同樣無法倖免。陳天順敘述一群在沙灘嬉戲小孩的故事。他們在沙灘玩時發現一個生鏽的

圖6.18 四處埋伏的地雷

小鐵盒，於是提議將鐵盒當作靶心，輪流用石頭丟，看誰射得最準。正當玩得起勁時，轟一聲巨響，鐵盒爆炸開來，奪走四位小孩各一隻眼睛。其中一位正是雷盟弟的表哥（66）。

最後，雷盟弟的母親遭遇更為悲慘。她年輕時，才新婚不久，前夫被徵召去做工事，結果誤踩地雷重傷不治。更不幸的是，當初結婚都是兩家合議。由於戶籍系統尚未建立，國家不承認這個婚姻。如此不但讓雷盟弟的母親得不到任何補償，同時讓一個新婚的婦女必須獨自承受失去夫婿的悲慼。

霧鎖馬祖

這些無法解答的問題，像是島嶼無法抗拒的命運。陳天順想像著童年的雷盟弟只能靜靜站在鐵絲網旁，茫然地眺望那片大海以及自己所在的島嶼——北竿（圖6.19）。他感嘆道：

圖6.19　站在鐵絲網旁茫然看著北竿的雷盟弟

> 島嶼的禁錮，糾結成島民的命運之歌。……當年對岸困著我們，我們彷彿也被自己的軍管困住，就像母親當年不能隨便到海邊討臘；就像爸爸不能隨便出海捕魚，就像孩子們不能隨便到海邊游泳；……依哺（按：馬祖話的「母親」）失去的回不來，被拿走的要不回，而這一切好像理所當然。……這是大環境的無奈還是歷史的悲情？（夏淑華、陳天順，2009: 53）

在《雷盟弟》一書的書寫中，「霧」常常被用來比喻桎梏於戰地氣氛中的馬祖：

一連幾天，都是霧。整個村莊像黏貼在地上一般，沒有陽光，也無風，只是呈鉛灰色塊凝在那邊。……天上、地上溼溼暗暗的，樹幹也像淋了雨，變得發黑。

在海風輕拂下，霧一陣一陣地飄過來，眼前的景物被霧隔斷，忽然間海就不見了，像是被封鎖了一般，才轉瞬間，霧又飄飄然離去。它像個精靈，迷離幽魅，隨著海風，夢遊般地浮移和游離。

在濃霧中奔跑有一種特別的感覺，……就像你知道路有多長，卻永遠無法知道霧有多深。

（夏淑華、陳天順，2009: 45）

馬祖為海島，多霧。每當起霧之際，也是對外交通中斷之時。在陳天順心中，戰地的氣氛如同霧一般，鎖住了馬祖，也鎖住了裡面的人。生活在島上的人們雖然活著，但無法看清楚方向，不知道自己應走向何方。因此，對馬祖人而言，遙遠的臺灣成為「寶島」。雷盟弟期盼自己可以趕快長大，因為媽媽常說：「等你長大就可以去『寶島臺灣』了。」十六歲那一年，媽媽帶著雷盟弟與他的年幼弟妹，以一根扁擔扛著家當、祖先牌位與一罐家鄉海邊的沙，全家就此搬離馬祖。

來到臺灣後，雷盟弟家人先從賣福州麵經營小吃攤開始。有時候為了多掙幾個錢，爸爸會推著攤子，從臺北東區一路走到西區紅樓戲院前面。不過，在母親的指揮下，老大煮麵、老二切小菜、老三跑堂、老四洗碗筷，一家人按部就班，慢慢也在臺北穩定下來。馬祖，好像離他

圖6.20 漂流在北竿橋仔海邊的船

們愈來愈遠，但卻時而在茫茫人海的街頭浮現，就像爸爸留在北竿橋仔海邊的那艘船，在他們心中漂流（圖6.20）。

妻子的筆觸

這個精采的戰地故事是由一位從未在馬祖生活的臺灣媳婦所撰述，也就是陳天順的太太夏淑華。夫婦二人合作方式通常先由陳天順先講述一個故事，然後由夏淑華寫出。其間，他們會來回不斷溝通，以不失陳天順的本意。由於長期從事廣告文案寫作，夏淑華的文筆相當不錯，刊載出來的文章很快就得到馬祖人的喜愛。每篇文章不但有超高的點閱率，而且迅速就被轉載到《馬祖日報》。陳天順分析說：

她能寫出馬祖人的感受，如果是當地人寫，他們反而不容易寫出來。她與馬祖〔若即若離〕的關係賦予她某種客觀性。

不過，夫婦之間似乎特別有默契，因此他們的合作也並非完全單向的。有時陳天順只描述一個景象，文字則交由夏淑華發揮，讓她自由地加入她的想像與情感。例如在〈新年康樂隊〉，陳天順只告訴她一個難忘的下雪的過年，他依偎在母親溫暖的懷中，看著片片飄落的雪花（圖6.21）。夏淑華細緻地描述那個場景，表現雷盟弟對母親的美好記憶：

> 爆竹、煙火紛飛瀰漫了整個天空，茫茫中雷盟弟彷彿看到了那一年的第一場瑞雪。同樣在大年初一，在塘岐大廣場上，跟母親擠在人群中一同觀看民俗遊藝表演。這時，天空突然飄起細雪，白茫茫的雪花飄啊飄的，像細細柔柔的麥片稀落而飄逸，一絲絲、一點點，是那麼平均，不疾不徐地，停在母親烏黑的頭髮上，停在母親藍色大衣的毛茸衣領上，輕輕一拍如羽絨般靜靜地飄落。年幼的雷盟弟仰著圓臉，看見母親專注的臉上漾著微笑，這一天、這一刻，是母親一生中最悠閒的時光，也是隆冬喧譁中最寧靜的風景。細雪的無聲之美，交融著對母親的美好記憶，即便長大後的今天，它的美可能還要再放大千百倍。（夏淑華、陳天順，2009: 136）

圖6.21　雷盟弟依偎在母親身旁

然而，夏淑華的文字不僅傳遞陳天順的回憶，她也常在陳天順敘述那段軍管的憂鬱後，提供一種轉折的力量。例如，前面提到雷盟弟茫然地遙望被禁錮的北竿，不知道島嶼的人們應往哪裡去。在接下來的敘述，夏淑華將文字轉換成一種對改變的渴望：

> 年幼的雷盟弟站在岩礁上眺望大海，耳邊是狂嘯的風，腳底是奔騰的海。相對於風的自由，海的無拘，住在這座圍封的島嶼，何時才能向海鳥一樣展翅飛翔，擁有自由開放的心靈？

接著，她為島嶼的未來點亮希望：

圖6.22 從霧水中重新看見自己

> 霧，輕籠著寂靜的島嶼，陽光從散開的雲霧中漫射下來，閃爍在樹梢水珠間，形成一道道耀眼的光芒。雖然當年那種戰地氛圍就像眼前的迷霧層層鎖住了這座島，但太陽下山明天還是會升上來，這霧，終究已散去。

這種由沉浸在過去的悲傷轉換為迎向未來的希望，似乎協助著陳天順，讓他在和妻子共同創作的過程中可以逐漸面對那段悲傷的童年，得到自我救贖（圖6.22）。在訪問陳天順時，他說：「寫完要讓它過去。」他希望創作能讓那些悲傷的記憶遠離。

的確，夏淑華在創作的過程中往往扮演這種重要角色。例如，在訪談時，陳天順提到本來書名要叫作《雷蒙弟》，雷蒙是「Raymond」的翻譯，取其異國、流行的感受。但是夏淑華將之改為雷「盟」弟，以「聯盟」意涵，比喻陳天順透過寫作與馬祖這塊土地——他的故鄉——重新連結並締結盟約。

無疑的，夏淑華看得出雷盟弟的戰地經歷仍是移居到臺灣的陳天順生命中最刻骨銘心的記憶。而且不只是他，可能對所有移民到臺灣的馬祖人都是如此。因為，即使是晚年已經失智的雷盟爸，在半睡半醒之間仍總是喃喃念著要到基隆搭船回家（157）。

情感接力．共創記憶

雷盟弟的創作得到馬祖人很大的共鳴與認同。在文章發表後，網民往往隨即分享類似的經驗。例如，在〈暗夜三部曲〉發表的隔日，網民就回應：

> 謝謝淑華及雷盟弟：
> 讓我想〔到〕小時候去海邊挖貝殼賺錢的日子，
> 凌晨加上濃霧比暗夜更恐怖，前不著村，後不著店，嚇死人。
> 原來我不是唯一的膽小鬼。哈哈。
> 因為有你們的好文章，

> 讓我每天下班後常到馬祖資訊網〔尋〕找獨享的快樂。嘻（賣麵西施，2005）

馬資網站長看到雷盟弟的爸爸被共產黨捉去的事後，也立即分享了一篇文章：

> 冷戰時期的東引，也發生多起類似事件，有東引漁民被大陸漁政船抓走後放回，也有大陸漁船迷航而被我方囚禁。其中，發生在民國五十幾年，一位大陸漁民被抓，在東引跟早年被國民黨「拉夫」的兒子見面，後來兩人又被迫分離，這事件在名作家桑品載的筆下，寫成了「父子會」這篇感人至深的故事，收錄在東引鄉誌。（劉家國，2006a）

而且，透過夏淑華的書寫，模糊的過去似乎逐漸變得清晰了。移居加拿大的馬祖人黃金花也提到夏淑華的文章如何讓她回想起那段住在馬祖的過去：

> 讀淑華的文章，像看一幅舊照……忽然看見以前自己是怎麼活過來的，忽然知道自己那時的一切。而當時，卻迷迷糊糊，懵懵懂懂。我現在常是靠著這些回想，才看清自己的童年，看到以前自己在家鄉的生活。（黃金花，2005）

網民不僅透過《雷盟弟》的連載理解自己的過去，也給予陳天順夫婦心理與情感上極大的支持。例如，陳天順在馬資網上說：「今天下午修改這張灶圖改得很累，此刻很睏。但看到木二鄉親的回應，我提起精神……。」（雷盟弟，2006）對夏淑華而言，網路打開了她的世界，網民的回應成為她創作上最大的動力。她在馬資網上寫著：

感謝有馬祖資訊網，打開我看見馬祖的另一扇窗！（夏淑華，2005b）

感謝站長與馬資網友們的鼓勵，你們的熱情是我們最大的動力，這個園地如此美麗，友善，它是我心中無敵的城堡、尋夢的樂園。（夏淑華，2008）

因此，這個長達三年多的創作幾乎可說是由夫婦二人與網民共同完成：在過程中，文字／畫作、創作者／閱讀者、以及當地人／非當地人之間不斷相互激盪，活化了整個系列。一位網民說：

每次不〔僅〕是感動於你的文章
還有這些被你感動的讀者，他們的回應
也讓我很動容。（leayang 2005）

馬資網的副站長甚至說：「如果沒有馬資網，會有《雷盟弟的戰地童年》這本書嗎？」（Vice admin 2010）一位網友的回應道出了網路創作的精神：「〔一個〕像是酷炫舞者，〔另一個〕像

是亮麗舞臺，二者加在一起……創造感人演出。」（七號鈎，2012）

不令人訝異的，當《雷盟弟》系列文章在二〇〇九年被集結出版時，得到網民很大的迴響。網民們認為雷盟弟的童年不僅是陳天順的童年：

「雷盟弟的戰地童年」，也是我們的童年。（王花弟，2009）

這是我們共同度過的年代，也是我們共有的回憶。（袁炳驊，2009）

我們可以說夏淑華、陳天順與網民們在馬資網上共同完成了馬祖人的童年記憶。

新的主體，新的地方

生命史的敘事方式往往可以對自我的重構產生重要的影響（Peacock and Holland 1993: 374; Lambek and Antze 1999: xxi）。《雷盟弟》網路創作過程也改變了陳天順夫婦。網路媒體不但為經歷離散、拒絕面對故鄉的陳天順創造了新的社會連結，也讓他重新認識地方。他說：

從《雷盟弟》系列後，我才與馬祖重新接上。由於要作畫，會想要多瞭解馬祖。書出版後，開分享會，來的觀眾會提出不同的觀點，讓我瞭解馬祖更多，看到不一樣的馬祖。

我們可以看到《雷盟弟》不但讓他重新與馬祖連結，而且在重構記憶的過程，發現馬祖不同的面貌。「這幾年不停跑馬祖，好像把過去二十七年的次數都補回來了（笑）。」他解釋：

這幾年為了打土地官司，常常要回去丈量土地，才發現父母竟然都在這麼偏遠困難的地方工作。我們現在有新的技術，在馬祖也一定可以有跟過去不一樣的生活方式。

也就是說，陳天順不只發現「新的馬祖」，也發現馬祖的未來有不同的可能：新的時代，新的技術，可以讓他在那裡與過去有不一樣的生活。[4]因此，他也更積極地面對過去，試圖改變那段悲苦的回憶。他說：

我回去打官司並不是要跟國家要回所有的地。我要的地都是因為它們有「故事」：像是那塊我媽媽去海邊採貝，軍人不但不給她採，還追打她，一直打到她瘀青的地方。還有一塊地原來是我們陳家的柴埕（*tshia liang*），祖父原來埋在那裡。軍方要擴大營地，就叫爸爸把祖父的棺材挖起來。那時爸爸臨時被通知來不及買甕，只好把祖父的骨頭放在一個炮彈木箱中，放在附近山裡的洞穴。馬祖有很多很大的黑螞蟻，結果牠們都爬過來在那個木箱裡做窩。

他也提到他母親與她前夫的遭遇：

我媽媽的第一個先生結婚半年不到就在被軍方徵召去做工事，一行人前行不慎踩到地雷。他的胳臂被地雷炸傷了後，被抬到醫院去，第二天早上他死了。你知道他怎麼死的嗎？當初醫院設備非常差，我媽媽與親人陪在他身旁，眼睜睜地看他鮮血流光而死。那時在外島結婚是兩家合議，沒有結婚證書。沒有證書、沒有小孩，國家不承認她的婚姻。他那一邊沒有什麼家人，所以他死後沒有任何賠償。他如此痛苦地死去，但他對國家而言卻根本不存在。[5]

我問他母親的前夫如今葬在那裡？陳天順說：

他死後被草草下葬，墳墓又因軍方建設被剷平，現在已經完全找不到，屍骨無存了。我們幫他建了「衣冠塚」，葬在我母親的墳旁。

當他敘說這些故事時，神情總是望著遠方。在無奈中，透露著長年無法為親人平反的悲傷。二〇一六年初我訪問他時，臺灣正在進行總統大選，反對黨的領袖非常有機會可以贏得選舉。他說：

雖然我媽媽已經過世，我還是要為他爭取。如果國家仍然漠視，等新的總統上任，我要寫信給她。

二〇二二年再次見到他。他告訴我新政府成立後，有嘗試寫信向促轉會與國防部陳情，然而得到的回答仍是「不在業務範圍內」，一如舊往。不過，他仍然沒有放棄，因為他所要爭取的並不是賠償，而是生命的尊嚴與存在的意義。我們可以看到那段戰地經驗與創傷，經過《雷盟弟》的創作過程激發後，現在已經轉換為新的力量，凝聚在他身上。[6] 他不僅與馬祖重新連結，且更積極地面對過去；透過為家人平反當初所遭受的壓迫與恥辱，他企圖找回作為一個人的道德與情感的完整性。

每回遇到陳天順，聽完他的更新都會讓我想著，如果一個國家一再選擇遺忘那些曾經為它犧牲的人民，如何讓人願意挺身而出，為它的存在而戰？

慢活中持續創作

至於另一個作者夏淑華，她說：

> 我一生都在寫廣告文案。但是一直到《雷盟弟》的創作，我才真正找到寫作的樂趣。現在我每天都繼續在臉書上寫作。

的確，在《雷盟弟》網路發表系列中，夏淑華不只協助陳天順，將他的記憶形諸文字，

圖6.23　淑華的慢活

而且也經常寫下她自己作為一個母親的感受、抒發她的焦慮，以及她自己對於年紀漸長的領悟，如〈我的無敵小金剛〉（2005c）、〈三十三歲媽媽的迪士尼樂園〉（2005e）、〈中年焦慮〉（2006a）。她說那些她是「為自己而寫」，因此她喜歡與網民分享她的童年幻想，以及她的旅行經驗。在〈慢活〉（2006b）中，她寫下自己對音樂與小說的喜好，以及一個熟齡女子如何在都會繁忙節奏中能夠找到一種耽溺的步調，享受生活（圖6.23）。雖然《雷盟弟》系列已經結束，但是她的創作始終沒有終止。轉換到臉書之後，她更仔細地記錄她的生活與心情。天順說：「她現在臉書的粉絲很多。」經過這場訪談，我當然也成為其中之一了。

結語：網路創作作為主體化的過程

《雷盟弟》是陳天順個人的戰地記憶：其中，蘊含著他對土地的依戀、家人共同努力打拚的情感、軍管時期的壓迫與創傷、心中的憤怒，以及對島嶼命運的茫然。隨著全家移民到臺灣，陳天順曾經選擇不去面對這段悲傷的過去。直到網路出現，他才開始重構這段記憶，有了重新想像馬祖的可能。在網路創作過程中，他與妻子不斷溝通。妻子以一個臺灣人的身分重新詮釋那段歷史，書寫對這個島嶼未來的期待與希望。在網民的熱烈回應與支持後，陳天順逐漸可以面對心理的創傷，超越過去的不幸。他透過雷盟弟的網路創作，與馬祖人再次連結。他不但重新定位自我，也以新的角度重新認識馬祖，開始想像自己與馬祖之間在未來不同的可能。我們可以說網路書寫對陳天順而言是一個主體化的過程（a process of subjectification）——透過作畫、書寫與分享他得到療癒，成為主體（subject）。在整合了情感與道德後，他超越原本的自我，充滿行動的能力（have the capacity to act）（Moore 2009, 2011; Weiss 2009）。

然而，《雷盟弟》不只是陳天順的個人記憶，也是馬祖人共享的歷史記憶。它被選為「馬祖之書」正是因為它能將集體化身為個人（collectivity-in-the-person）（White 2000, 2001: 504），將戰地人們經歷的傷痛與暴力以一個小孩的經驗深刻地再現。這個網路戰地記憶能夠如此快速地完成，提醒我們必須特別注意到網路科技在當代的作用。近年來許多關於個人與集體記憶的研究（Armstrong 2000; Kenny 1999; Winter and Sivan 1999）都不斷在探索個人與集體記憶的接合點（interface）。許多研究已指出敘事方式（G. White 2000, 2008; H. White 1980）與新媒介的作用（Miklavic 2008, Lambek and Antze 1999）往往能超越過去個人與集體、心理與社會結構的二分。Web 2.0之可讀可寫的設置使得網民可以立即吸收與回應，開啟了網路集體創作的可能。在《雷盟弟》的例子中，網路技術的功效表現得相當清楚：個人不再是孤獨的創作者，而是暴露於集體的協力與情感的接力中。無論是居住在馬祖、乃至臺灣或全世界的馬祖人都可以匯集起來，在網路世界中相濡以沫，共同創造戰地記憶。網民在這過程中共同參與了「社會（記憶）的整理與解說」（social curation）（Macek 2013），也因此創造了他們新的集體認同與文化價值。

更進一步來說，這個記憶也因承載著共同的戰地經驗與情感而充滿張力，醞釀著隨時可觸發的能動性。因此《雷盟弟》的創作無疑提供了一個重要的基礎，讓我們理解本書的第三部分。也就是，解嚴後，這些歷史經驗與心理創傷如何成為馬祖人為島嶼開拓未來的內在動力。面對不確定的未來，當代的馬祖人不僅以網路科技，也以各種媒介方式嘗試與更廣大的人們銜接，並且創造新的認同。

1 有關亮島考古請見本書結論。

2 在馬祖人大舉遷移臺灣之前，橋仔一直是北竿人口最多的聚落。劉宏文（2018）《聆聽神明：橋仔漁村的故事》一書有詳細的描述。

3 「討蠘」為馬祖話，意為退潮時採拾海螺、岩蚵等海產。

4 不代表一定是愉快美好的生活。例如他說，有一次回去砍草整地就砍到中暑受傷。

5 此次事件發生在一九五二年，死傷慘重。劉家國於一九九三年曾做過詳細訪問，在《馬祖通訊》報導事情的經過。當初受難者的家屬從一九八八年開始，不斷向國家陳情，經過了五年漫長的過程，部分成員得到了撫卹，並入祀忠烈祠。陳天順母親的第一任先生「邱春水」（即劉家國文中的「吳依水」），至今仍然沒有得到國家的承認。主要由於事發時，軍方認為沒有「小孩」能證明陳母與邱春水之間有婚姻存在，因此不予撫卹。此外，馬祖的戶籍制度始於一九五三年，當時邱春水已逝，因此戶籍資料上也沒有記載二人結婚。即使陳母生前與陳天順後來不斷向中華民國政府各級單位以及國防部陳情，都得不到官方承認邱春水與陳家的關連，也不對邱春水的死亡做任何的承認與賠償。邱春水死後草草下葬，他的墳在軍事工程建設中被軍方移去，今日已經完全消失。陳天順家人至今仍未放棄爭取國家承認他為國殉難的事實，讓他早逝的靈魂可以得到安息。

6 例如，二〇二三年一月，他已進一步完成了一部動畫短片《想飛：馬祖戰地童年的家鄉印記》（https://www.youtube.com/watch?v=Fe36hZ6cRcQ）。

第三部

島嶼的未來

第七章　當代馬祖的女人與家

當你躺成蔚藍的海我便是歌唱著的岸
在潔白的沙灘遍植綠蔭以免愛情涸乾
但你的眼睛在綿密雨季自行成災氾濫
語言已積聚成倒影著記憶的海面滄桑

〈當青春斂翅沉睡〉

本書的第三部分轉向馬祖的關鍵轉變時期。此時，軍人已逐步離開，島嶼開始向世界開放。一些更重要的社會政治經濟改變，我會在第八到十章談得更為仔細。在這之前，我想先將重心放在女人，探討她們從軍管晚期至今在婚姻、家、工作與自我之間的掙扎。

第三章我討論了從漁業社會到戰地時期女性生活的轉變。漁業社會的馬祖重男輕女，女人不容易有受教育的機會。至於戰地時期即使廣設小學，甚至後來也有中學的設置，她們也大部分在完成小學教育後就投入阿兵哥生意，賺錢協助原生家庭。婚後她們則以照顧夫家為責任，整個生命過程與家不可分。雖然她們在軍管時期因有經濟貢獻而使得她們的地位無論在家或社會上都有所提升，甚至有了「父系之外的空間」（如第四章所示），但她們的生活仍以家為中心；馬祖人說：「有媽媽在，一家團圓。沒有媽媽，家就散了」（*noeyng ne duoli, suo tshuo iengnongnong. noeyng ne namo, tshuo tsiu sang lo*）。母親是家的守護者，支持家的運作與存在，她們更可以為家而犧牲。

不過，到了戰地政務晚期，一些女人也開始有了與過去不同的發展。雖然這個時期大部分的女性仍沒有跟男人一樣的機會可以保送到臺灣讀書。但不少女性為了支持家裡的經濟，也前往臺灣工作；甚至若家境允許，也會到臺灣就讀。這些臺灣經驗對她們後來的生活產生重要的影響。本章將以三位出生於一九五〇至一九八〇年之間，生命經驗橫跨軍管解除前後的女性為例，探討當代馬祖女性新的自我意識的出現，分析她們在傳統與當代自我之間的掙扎，並思考家之意涵的改變。這樣的做法目的不在含括所有馬祖女人的經驗，而是從獨特但具有相當代表性的案例著手。[1] 她們的遭遇提供我們重要的線索，有助於我們進一步思索當代女人的改變以及今日馬祖面臨的挑戰。

從花藝中重生

曉芬是個優雅的女人。她的穿著總是別具品味，家裡一樓是她精心布置的咖啡廳。不過，我對她印象特別深刻是在二〇〇八年的前往中國進香之旅，那次進香也是她為娘家親人籌劃的「家聚」，一行幾十人在進香隊伍中頗為醒目。

曹曉芬生於一九五六年，為家中長女，下有六個弟妹（我曾在第三章提到她）。為了分擔家計，她小學畢業就到山隴書局當店員。她說她從小就很喜歡讀書，當初還用了第一次工作賺來的錢到國中念了一學期，一直到錢用光了才回去工作。十八歲時，還懵懵懂懂，因媒妁之言嫁入山隴陳家。那時她的婆家開餐館做阿兵哥生意兼養雞，這些事她都要幫忙，每天非常忙碌。

然而，阿兵哥生意愈來愈競爭，家裡也必須另謀出路。在婆婆的安排下，她於一九七六年離開馬祖，懷著身孕到位於臺灣桃園的八德聯福成衣廠工作。那段期間由於相隔兩地、交通不便，她很少有機會見到先生。先生偶而來看她，每次要離開時，她都心如刀割，希望從基隆港開往馬祖的船能停航。小孩出生後不久，她的先生就病倒了，罹患尿毒症。因馬祖地方偏僻，醫療資源與醫學常識都不足而耽誤病情，以致最後必須到臺灣長期依靠洗腎才能存活。先生生病後，曉芬辭掉工廠工作搬到臺北照顧他。由於醫藥花費甚鉅，學歷不高又無一技之長的她只好日日勞碌——冬天在市場賣蛋糕，夏天在醫院門口賣冰水——貼補家用。她說有一日做完生意推攤車回家，聽到背後有人叫她：「先生！先生！」她才驚訝地發現自己因為長年曝曬，膚色已十分黝黑，外表與男人沒有什麼兩樣了（劉家國，2004c）。

一九九一年先生過世後，她稍有喘息的空間，決心去學習她來到臺灣後接觸到且心中十分嚮往的花藝。她說：

可以有機會去上課學插花，讓我彷彿回到國小的時光一般，重拾學習快樂的心情！

不過，厄運再度降臨，她的婆婆、小孩陸續生病，她自己也在長年辛勞後，於二〇〇〇年被診斷出罹患癌症；治療期間，自身病痛折磨加上長年照顧家人的情緒壓抑，憂鬱症隨之併發。在停止工作的這段休養期間，她思考了自己的人生。她發現長期以來的婆媳緊張關係把她變成一個唯唯諾諾的人。後來又因先生、婆婆與小孩接連生病而心生自卑，逐漸很少與人往來。她病倒後，馬祖的娘家希望她回鄉休養，於是她返鄉養病，住在妹妹家裡。

那時，她的小學同學曹以雄正在牛角村推動「社造」，發起「聚落保存」(見下章討論)，有空就來陪她散步，看看村子裡的新氣象，給她情感支持。他也鼓勵她發揮藝術天分回來馬祖開花店，同時找一間馬祖古厝經營咖啡館。在親友的慰藉下，曉芬身體逐漸好轉。她決定到臺灣學泡咖啡，回馬祖開咖啡店兼營花藝。那時她的咖啡館兼花店的確為剛解除戰地政務的馬祖帶來一股清新的氣息，在馬祖相當受到歡迎。花藝課也深受馬祖人喜愛，至今仍經常應邀到各島的婦女會或社區發展協會授課。她說：「花藝讓我找到了『自我』，也讓我知道馬祖是我落葉歸根的地方。」然而，獲得新生的她現在不只是「花藝師」，也成為娘家親人心中重要的「長姊」。她為娘家親人定期安排活動，凝聚親人感情：

> 我現在住的這裡是兄弟姊妹們的「娘家」。每年我會舉辦「家聚」，讓兄弟姊妹一起出遊。姊妹們還有另外安排聚會，連絡感情。

如果花藝生意不錯有多賺點錢時，她也會寄錢給她在臺灣的家人：

前一陣子生意比較好，我寄了五十萬給臺灣的兒子與媳婦。他們小孩多，手頭比較緊。

我們可以說曉芬到臺灣後雖經歷了家人與自身的病痛折磨，但她的自我也在這個過程中逐漸解放出來。她慢慢意識到自己過去如何被限制在傳統的婆媳關係中，家人接連不幸的遭遇更讓她畏縮，最後罹患憂鬱症，閉鎖在自己的世界中。有機會學習花藝，發揮特長，則讓她獲得新的自我。在馬祖家人與同學的照顧與情感的支持下重新站起來後，她現在成為兩個家的中心：她不但成為溝通兄弟姊妹情感的橋梁，而且有能力支援她在臺灣的下一代。

○與九之間

秀芳很喜歡跟我們一起聊天，但總是要等到夜晚她才會出現。每次她總說：「忙了一天，跟你們聊天我腦子可以放空、休息。」但她總也不能久坐，她先生隨時會打電話來，催她回家。

李秀芳是一個忙碌的會計。每天早上從八點開始，她就得在工作的兩個政府單位之間奔波，下班回到家還要幫種菜的婆婆整理農作。晚餐後，經常必須再回去加班，直到晚上十點。從她在馬祖開始工作至今的十六年間，這樣的日子少則一個禮拜一次，大多一個禮拜三天。而且她的工作單位每四年就要調動一次，我訪問她的時候她已經換過五個單位了。

即使如此忙碌，一談到她的工作，出生於七〇年代的秀芳仍會面露微笑，帶著自信的神情。由於個性細心謹慎，對數字又有天分，她幫助同事解決了很多麻煩的核銷事務。當棘手的數字釐清了，她說自己會覺得「很有成就感！」不過，忙碌的工作也壓縮了她與家人相處的時間，使得她談到小孩總流露出某種歉意。我問她為什麼會選擇會計工作，她說：

> 爸爸因為家境不好，沒有機會升學而錯過很多機會，因此很重視我們的教育。我國中畢業後爸爸就把小孩送到臺灣讀書。小時候，媽媽在馬祖拚命洗衣、賣海菜、幫阿兵哥洗衣服和縫臂章賺錢。我們去了臺灣後，她也到那裡照顧我們，賣水餃貼補家用。我後來考上商專，爸爸支持我繼續讀大學。

畢業後，秀芳考上公職當會計。她與馬祖人結婚，回到馬祖工作，生了三個小孩。她的先生也在公家機構工作，算是馬祖標準的公務人員家庭，生活非常穩定。秀芳的先生體諒她會計工作忙碌，往往無法準時下班回家，因此會幫秀芳煮飯、照顧小孩。秀芳則負責家裡的環境清潔工作，夫妻相互配合。

提到她的家，秀芳經常強調她能夠給三個小孩屬於自己的獨立空間，讓他們專心讀書。這與秀芳年少時赴臺就讀期間曾有過的一段辛苦歷程相關。從偏僻的離島來到都市，秀芳與自己六個兄弟姊妹、表兄弟姊妹一大群小孩擠在很窄小的房間中讀書睡覺。秀芳說那時她從來沒有自己的書桌，也沒有自己的床，下課回家還要幫忙包水餃賺錢，工作到很晚，因此每天都盡量留在學校讀書到九點才回家。現在她很驕傲自己可以在小孩成長過程中提供他們屬於自我的空間。

然而，秀芳也會因會計工作忙碌，無法親自下廚做飯給小孩吃而感到遺憾。在馬祖，傳統母親很重要的角色就是為家人煮飯，餵飽一家人。如我的（馬祖）「老媽」，每天煮飯時看起來總是特別快樂。傍晚五點半不到就會打手機催促我盡快結束訪問，回家吃飯。那種媽媽煮飯給大家吃，把大家「圍起來」，是馬祖人經常感念的母親形象。即使擔任馬祖縣議員二十五年之久的李金梅也說，她在從政期間，每天都是下午五點一到就回家煮飯，與家人吃過晚餐才出來應酬。至今，在馬祖仍然經常可以看到工作的媳婦或出嫁的女兒，帶著全家回到母親家吃晚飯的熱鬧景況。秀芳一家同樣也經常回媽媽家吃晚飯。

因此，今日馬祖女性擁有的嶄新自我意識雖然與她們的工作密不可分，但她們的認同仍建立在以家庭為中心的母親角色上。母親為一家烹煮晚餐、把家人圍起來所創造的情感連結，對秀芳而言，始終無可取代。因此秀芳雖然相當以自己的工作能力為榮，但還是會因為工作忙碌以致無法親自下廚做飯、接近小孩，而總是懷有某種虧欠之感。作為一個當代婦女，她掙扎於事業成功的女性與傳統母親的角色之間。

追尋擁有共同願景的家

莉青每次出現總是精心打扮。她的髮際飄散著香味，因為來跟我們會合之前才洗過頭。她的眉毛細心描畫過，臉色看起來也特別紅潤飽滿。戴著項鍊、手環與亮晶晶的手錶，即使穿著休閒運動服，她也有自己的風格。

王莉青是八〇年代的馬祖女性，家中有五個小孩，排行最小的是弟弟。莉青說：

我在家裡排行老二，大姊跟我的成績都不錯。但是家裡環境不好，於是我跟姊姊決定高中畢業後就不再升學，幫忙家裡賺錢讓弟妹有好的成長環境。

我問她幫家裡做什麼事，她說什麼都做，不過她特別會「挑水」，家裡要用的水幾乎都是她挑的。馬祖以前沒有自來水時，家裡使用的水要靠人到井邊挑水回來。她說：

我很能挑水阿！讀國小的時候跟姊姊一起挑。上了國中就自己挑，一下課就會趕快回來幫忙。爸爸送我的第一個禮物就是從臺灣訂製的不鏽鋼水桶，到現在都還好好地保留在娘家。

從她的言談中可以聽出她以自己能夠對家庭做出貢獻為榮。她說弟弟結婚時在喜帖上特別感謝她與姊姊，「看到這些，一切〔犧牲〕都值得了，」她流淚說道。

雖然同樣都是犧牲自我幫助家庭栽培弟妹，莉青與曉芬不同的是她成長於軍管後期。莉青的家做過各式各樣的阿兵哥生意，包括賣早餐、小吃到經營卡拉OK店。她從小就一邊讀書一邊幫家裡看店，因此從很年輕時她就與軍人有接觸。她告訴我當年阿兵哥為她爭風吃醋、打架、對她獻殷勤的人不在少數。「妳有曾經動心嗎？」我問。「不能說沒有，」她回答。但她聽說很多馬祖女孩嫁給阿兵哥、跟著他們到臺灣後，過得很辛苦。因此她認為要嫁給在地人，生活才有保障。從小幫忙家務的同時，她對自己未來的生活就有了想法。

長大後，從眾多追求者中，她選擇了一個在地且有穩定收入的對象。她的先生是公務員，加上她自己當時在政府機構也有約聘的工作，兩人加起來的收入相當優渥。他們結婚後很快買了房子、車子，一年後也有了小孩。在一切看似漸入佳境時，她先生卻開始賭博，接著有外遇。莉青說：

當我發現他有外遇向他抗議時，他要我不要管他在外面的事。他要求我要做一個傳統的妻子，待在家裡，把家裡管好就好。

莉青無法接受先生的想法，既然先生不忠，她也讓自己的情感從婚姻中解放。無可諱言，剛開始有一段時間她傷心又消沉，因此她遠離馬祖，到中國福州與臺灣桃園工作。經過沉澱與休養生息後，她重新振作：她完成大學學位、參加就業職訓並考取多種證照。為了爭取兒子的監護權，她努力增加與穩定收入來源，以向法院證明自己有足夠的經濟能力撫養小孩。不過，考量前夫可以給兒子更好的居住環境，她最後同意讓小孩與前夫一起住，但定時去看他，帶他出去玩。

離婚後的莉青也沒有如傳統女人一樣搬回娘家，而是租屋在外，擁有自己的生活空間。我們每次聚會時，她總是細心打扮，因為她認為離婚後更要好好裝扮自己，讓自己活得比以前更加亮麗。她說：「很多女人離了婚才發現自己其實有很多才能、潛力。為了要生存下來，什麼力量都會被激發出來。」

莉青自小雖如同許多馬祖傳統女性那般為家犧牲，但在這過程中，她也逐步發展自我：她希望擁有美好婚姻與家庭，對於如何達成目標很早就胸有定見，並且堅定付諸實踐。不過，即使是經過深思熟慮的規畫，她的婚姻仍不幸地以離婚告終。對於這樣的結果，她若有所思地說：

> 我跟我先生奮鬥了很久才建立了這個家，但是當我們擁有當初追求的一切時，卻失去了未來共同奮鬥的目標。

莉青透露出她並非不理解先生的離去可能也是在追求他的「另類（家庭之外的）自我」，但正是因為夫妻各自追求自我，失去了共同的目標，才導致婚姻失敗與家庭瓦解。無論如何，莉青已經不願意再像傳統女人一樣屈從於先生的要求。她的抉擇呈現了當代馬祖的婚姻樣貌與傳統模式已有相當的差異。漁業時代的男人只要多少有拿錢回家，在外吃喝嫖賭妻子就睜隻眼閉隻眼。但是，莉青或大部分當代馬祖女性卻不願意再當一個傳統妻子。換言之，當代馬祖的家已無法跟過去一樣可以在犧牲個人（特別是女人）的情況下，而仍能有效運作。相反的，能否創造一個共同的願景作為夫妻與全家齊心努力的目標，才是維繫當代婚姻與家庭的基礎。

結論：女人、家與島嶼的未來

從以上曹曉芬、陳秀芳與王莉青的例子我們可知，由於馬祖早期重男輕女，女人不易有接受高等教育的機會。她們大部分在小學或中學畢業後就投入阿兵哥生意，支持原生家庭的經濟或照顧弟妹。等到結婚生子後，對上要服侍公婆、先生，對下要照顧小孩。例如，曹曉芬與王莉青二人即使喜歡讀書，卻都因為要幫助家庭而無法繼續升學。曹曉芬更在懷孕的情況下，必須聽從婆婆的命令前往臺灣工廠工作，與先生分離。家的維持先於個人存在。

不過，曉芬、秀芳與莉青的例子也呈現從軍管初期到軍管後期，馬祖女性自我意識逐漸萌芽，開始走向有別於傳統之路。其中曉芬在三人之中最年長，受到傳統力量的限制也最大。她的一生也不斷遭受生離、死別與病痛的折磨。然而，她所受的這些苦痛也促使她反省帶來這些遭遇的原因。主動學習花藝，更讓她得以發展自身的能力。當她在馬祖親友的鼓勵與照顧下重獲新生後，她成為了一個新的主體，不但努力經營花店，也致力於維繫親人的情感。她在花藝世界的自我與馬祖社會文化的自我（扮演母親與長姊的親屬角色）之間取得新的平衡。

秀芳同樣在年輕的時候就到臺灣，但她比較幸運的是有機會接受高等教育，因此才能順利在政府機關取得穩定工作。成為一個優秀的會計以及眾人對她能力的肯定，無疑為她帶來極大的成就感。她也因為自己能夠提供下一代良好的居家環境而感到十分驕傲。儘管如此，她仍會因為自己工作過於忙碌，以致無法扮演好一個連結家人情感的母親角色而感到懊惱。無論生活或工作，她都徘徊在〇與九的兩端，傳統與現代之間。

莉青則不同，在她身上我們已經看到傳統到當代的過渡、當代主體的萌生。對比於馬哈茂德（Mahmood 2005）探討當代埃及女人在伊斯蘭教義中的掙扎與倫理主體的形塑，莉青是一個相當好的例子讓我們看到當代馬祖女性主體的浮沉。莉青曾經像傳統女性那樣犧牲自己的求學機會，選擇幫助弟妹完成學業。但是在這過程中她的主體意識已逐漸發芽，並且對自己的未來有了計畫與想像。因此，當她的婚姻不順遂時，她拒絕犧牲自我繼續扮演傳統妻子角色。等到離婚過程遭遇種種困難與刁難時，她的主體意識更被激發出來，主動追求經濟獨立以爭取小孩的監護權。當然，馬祖在解嚴後社會有了多元發展，不同性質就業機會的出現也提供她更多贏得主體性的可能。現在的她相當投入新住民家庭服務工作，過去的婚姻經驗讓她更能理解新住民女性在家庭中與生活裡可能遭遇的難題（而且更能說服她們）；現在的她比過去更有自信。

莉青的例子凸顯當代馬祖婚姻、家庭與過去的不同：簡言之，在今日馬祖，女性自我意識正在茁壯，夫妻能否相互協調，創造一個共同的願景才是婚姻或家庭持續存在的基礎。事實上，不只是家庭，在以下的章節中，我們將看到當代馬祖——無論村落的發展或島嶼的未來——都正面臨如何在眾多新自我中尋得共同願景的挑戰。

1　我從認識的馬祖女性以及與一家馬祖幼兒園的幾位媽媽深入訪談中，找出比較能夠呈現時代變遷的個案。

第八章 從社造到建廟

當暴雨侵襲豔紅的封火山牆
壓瓦石四處飛起狂舞如大飛揚草
神祇蜂擁而至，駐居

〈節日〉

一九九二年底金馬終於解嚴後，馬祖進入一個開放與希望的時代：自治機構縣議會在一九九四年設立、同年北竿機場開通、臺馬輪也從一九九七年起開始航行於臺灣與馬祖之間。馬祖人不僅可以自由移動，外人也可以造訪這個曾為軍事戰地的島嶼。二〇〇一年臺海施行「小三通」後，馬祖進一步與中國連結。二十一世紀網路的廣設，更使馬祖與全世界連接了。

然而，這些發展看似美好，事實上卻掩蓋了馬祖目前面對的許多挑戰。一方面，在喪失作為兩岸折衝的軍事策略性地位後，馬祖對臺灣的重要性大減。尤其是一九九四年，時任民進黨主席的施明德提出「金馬撤軍說」及其後續引發的「金馬割棄論」，更讓馬祖人對民進黨充滿疑慮。在不滿與憤怒之餘，更對未來感到惶惶不安（黃開洋 2017: 29；劉亦，2020）。[1]另一方面，馬祖漁業蕭條、人口大量移出，一九九七年國軍精實案陸續實施後，軍人數目也逐年減少，嚴重地威脅了馬祖自軍管以後所形成的軍需仰賴型經濟。失去經濟依靠且不再具有戰略重要性的馬祖究竟要走向何方？

面對此一巨變，在軍管時期被保送至臺灣讀書而後返鄉服務的當地中生世代中，有不少人自解嚴後就致力為馬祖構思未來藍圖。他們企圖重新定位馬祖，為島嶼的前途尋找新的方向。在本書第三部分，我將著重在後軍事時期的馬祖社會想像。不同於安德森（Anderson 1991[1983]）、阿帕度萊（Appadurai 1996）與泰勒（Taylor 2004）採取由上而下的分析方式，我從想像的主體出發，探討新的社會想像如何形成。如同前面第五、六章所述，解嚴與網路科技時代的來臨，已經相當程度地解放了個人。在個人想像高度發展的時代，如何形成集體共識是一個社會必須面對的問題。也因此，若要理解這個時代，我們就需要正視個人想像的存在，以及個人想像如何轉化為社會想像的過程。

從第八到十章，我將先從個人能力與苦難遭遇探討馬祖人勇於冒險、與之一搏的精神如何在戰地經驗中醞釀；解嚴後，在馬祖面臨邊陲化困境時被激發出來。接著我分析個人如何透過不同的媒介形式（mediating forms）將個人想像轉化為社會想像，與眾人一起為馬祖尋求新的未來。如同本書第二部分有關網路媒體的討論，我將這些媒介同樣視為「想像的技術」，能夠為個人與馬祖創造新的社會關係與文化形式。這些媒介的形式可以是物質的，例如本章要討論的社造與建廟，也可以是事件、行動或實踐，如第九、十章探討的新式進香與博弈計畫。關於想像與想像主體的討論，我從傅柯的「倫理主體」（ethical subject）（Foucault 1985, 1998）以及摩爾的「倫理想像」（ethical imagination）（Moore 2011）概念中發展出來。我認為「想像主體」可以是個人，也可能是不同世代或性別的一群人。如同我在導論所提到的：相同世代、性別或社會階層容易因共同的成長背景與工作性質形塑出類似的未來願景。在以下章節中，我將會特別關注這些群體，審視他們如何在改變的世界中尋找新的途徑觸及他人。

臺灣與馬祖的社造

馬祖跟臺灣有頗多相似之處，尤其是二者都經過威權統治，也都夾在兩個政治強權之間（對馬祖而言是中國與臺灣，對臺灣則是中國與美國）。因此，在解嚴後，二者面對不少相似且棘手的難題，尤其是如何重新整合與定位自身。臺灣在一九九四年開始推動的社區總體營造（以下稱「社造」）即是企圖在威權統治結束後創造新的社群意識。同樣的，社造在馬祖對於島嶼人們的認同也產生廣泛的影響。

社造主要的策劃者是當時擔任文建會副主委的文化人類學者：陳其南教授。他主張臺灣在解除威權統治與經濟高度成長後，接下來要做的是社會重建工作（陳其南，1996a: 109）。他認為過去的臺灣社會不但有強烈的家族主義（1992: 7），且充滿傳統的地方主義與封建的族群意識（1996b: 26）；漢人的宗教信仰也向來屬於「私人的」與「精神的」範疇，沒有介入公共的領域中（1990: 78）。因此，他建議以社造創造新的社區意識，建立新的生命共同體，如此方能使由下而上的公民社會在地方生根，讓臺灣走向現代化、民主化之路（陳其南，1996b: 26；陳其南、陳瑞樺，1998: 31）。那麼，在實際執行上應如何做呢？陳其南認為既然根本問題在意識、認同與觀念上，那麼就需要從文化做起。他主張舉辦文化活動，讓每一個社區居民共同參與，從中建立共識，培養地方認同（陳其南，1996a: 111）。因此，當時文建會社造規畫的項目多半與聚落景觀、地方文史和藝術文化活動有關（陳其南、陳瑞樺，1998: 22）。[2]

相當值得注意的是：社造的推動並非只在傳統的回歸，更涉及了新的國家想像（Lu 2002: 10），以及回應全球經濟對地方多元的挑戰（夏鑄九，1995, 1999, 2007；Hsia 1999）。陳其南的想法也因而得到具有濃厚本土意識的李登輝總統支持，並且在各地演講時大量引用（李登輝，1995）。透過政府單位的補助與宣導，社造的概念因此迅速地深入到地方。對於社區景觀的重視也得到建築、城鄉學者的回應。於是，社造很快與聚落保存連結在一起，在地方動了起來。[3]

將社造引入馬祖的重要推手是曹以雄，當時他是一個縣議員。他在馬祖長大，高中畢業後，不幸在大學聯考中遇到挫折。十八歲的他在一九七〇年代初期來到臺灣，在鞋廠、電子廠與陶瓷廠做過工，心卻一直無法安頓下來。他說那時只要有機會就會坐下來讀書，為自己沒有考上大學的自卑與徬徨尋找出口。那段期間，他讀了很多在馬祖沒有機會接觸的世界文學，尤其是在戒嚴時代志文出版社翻譯出來的第一批「新潮文庫」出版品。[4]其中，赫曼．赫塞的《車輪下》批判一心想讓學生快速成長的保守僵化教育，使他明白自身困境的來由；《流浪者之歌》與《荒野之狼》則寫出了他的靈魂掙扎與渴望。他說：「那些小說將我的想像釋放出來，讓我找到了生命的意義與尊嚴。」除了赫塞的文學作品，他也讀了不少其他西方小說，如《飄》、《百年孤寂》與《刺鳥》等。「那幾年在臺灣是我的『生命醞釀期』，」他說。這些書深刻地啟發他，深入他的肌理，成為他內心深層的一部分。

一九八二年，他在馬祖農改場任職的同學曹爾元，介紹馬祖建設局機械工程隊的工作給他，於是他回鄉在農改場開怪手。後來曹爾元參與馬祖民主運動，他也因緣際會地在那時開始參與政治，投入劉家國帶領的「五〇七反戒嚴」，並選上馬祖縣議員。後來劉家國選擇經營媒體不繼續從政後，對他產生很大的衝擊；他開始反省應如何走出自己的路。那時馬祖剛解除戰地政務，他也必須思考如何重新定位馬祖。一個偶然的機會，他在臺北書店讀到夏鑄九教授等城鄉學者所著之《長住臺灣》系列書籍（吳美雲編，1995），深受啟發（曹以雄，1998）。他深刻感到馬祖需要人文的種子，便立即邀請夏鑄九來到馬祖，發表「地方發展與社區營造」演說，將城鄉研究學者論點與陳其南的思考帶入馬祖。在他有機會前往日本長野縣妻籠宿（當地造町運動在保存歷史街屋方面相當成功）觀摩當地如何進行聚落保存後，他便決定從自己的家鄉牛角村開始，推展「長住馬祖」社造。這個計畫也得到當初致力於發展地區特色的劉立群縣長大力支持，在牛角成立「城鄉工作室」。

本章將以牛角社造的例子來探討軍管結束後馬祖地方社群的形成。如前所述，早期臺灣社造推動者往往將宗教視為（社群）現代化的絆腳石。從馬祖的例子我們將看到早期推動社造的方式，也就是透過文史工作、舉辦藝文活動或進行聚落保存等文化活動，在執行不久後就面對無法建立社區共識也無力創造社區共同體的難題。這個困境一直要等到當地的社造中生代理解在地宗教力量，投入在地人認為的重要建築——廟宇——興建後，社造的理想才與當地傳統概念結合；一個以牛角村為主的社群意識才逐步成形。在這個例子中，宗教，尤其是廟宇興建的物質化過程，成為新社群誕生的關鍵基礎，以及吸納現代化概念的重要媒介。

懷舊的社造

牛角，早期為馬祖早期第一大漁村，由於漁業的衰頹，戰地時期人口大量遷出。一九七〇至一九九〇年之間，人口從一千三百人降至七百五十人，且房屋破落，處處呈現荒廢的景觀（劉家國，1996a）。「長住馬祖」社造運動以聚落保存作為核心概念，一開始先從曹議員自己的故鄉開始修繕閩東式石屋。在他的號召下，很快結合了一群不限於牛角村的年輕人投入——包括文史工作者、詩人、藝術家，以及來馬服役的年輕建築專家（王花俤，1998；曹楷智、賀廣義，1998, 2000；鄭智仁，2001）。他們成立「馬祖藝文協會」，舉辦各式各樣的藝文活動，並邀請臺灣著名音樂、藝術與舞蹈團體前來。一九九九年曹議員更向縣政府爭取在牛角設立「城鄉工作室」，規劃各類聚落保存方案，如「傳統聚落保存白皮書」與「閩東建築傳統風貌補助辦法」等（鄭智仁，2003）。這群社造菁英為牛角村設計出相當獨特的風貌（圖8.1）。

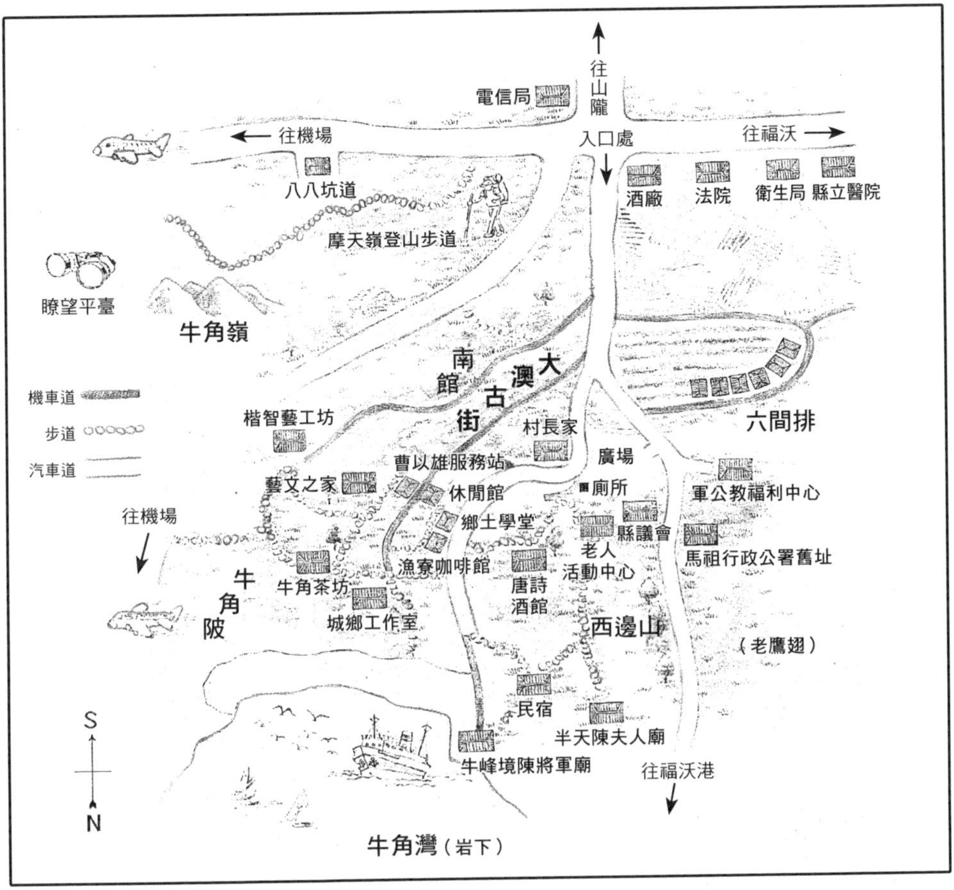

圖8.1　牛角社造圖
來源：《連江縣牛角社區總體營造工作成果報告書》(2000)，王花俤繪。

圖8.1中的建築都被冠以濃烈的懷舊或鄉愁之名，例如「漁寮咖啡」、「牛角茶坊」、「唐詩酒館」與「鄉土學堂」等。即使實際上的運作並不完全按圖行事，但也與之相差不遠。經過翻修整理的聚落，加上議員的公關能力，很快地吸引了相當多臺灣媒體前來採訪。牛角村的名稱也經常出現於臺灣各大新聞的文藝版面。社造成果為牛角贏得不少國家頒發的獎項。

然而，這些媒體的報導與獎項的頒贈都來自外部。對於一個村莊的發展而言，更重要的是，這些活動是否能吸引地方居民的參與？事實顯示並非如此。在大部分的活動中，不少村民，尤其是那些年紀較大、對村落事務有相當影響力的耆老，往往處於被動。他們漁民的背景可能導致他們無法、也無意參與這類活動。社造菁英們苦心投入的老屋修繕工作甚至被他們稱為「做死事」（*zuo si lai*），很難真正被當地居民接受。因此，後來村裡的老房子仍一棟棟被拆掉，改建為現代的水泥房。牛角村原來遼闊的天際線也被現代新式高樓所遮擋。

無論如何，社造菁英們仍持續往前：在「永續經營」與「文化產業化」的概念接續提出後，他們也合股出資，將修繕後的古屋用於商業經營、開店營業。然而，不擅於商業經營的他們不但很快面臨帳目不清以及產權的問題，而且還出現多家類似性質商店相互競爭的情況，難以擺脫被資本主義侵蝕的困境。[5] 如同臺灣其他地方一樣（李丁讚，2004；莊雅仲，2005a, 2005b；楊弘任，2007），社造在牛角的執行也造成新團體與原有的鄰里行政體制並行、乃至相互抵觸的窘境。致使當初的社造推動者紛紛抽身，有的則另組新團體。

大約在社造活動推行的同時，牛角以每戶投票的方式組成了廟宇委員會。其主要目的就是要為牛角蓋一座「大廟」。宗教對馬祖人的重要性漸漸浮出檯面。

馬祖民間信仰

馬祖人的神明屬於閩東信仰體系，與臺灣閩南系統相當不同。我們可將牛角崇拜的神明大致分為四類。首先是村人的祖先從大陸帶來的位階較高的神，如五靈公或五顯公，他們與福州一代的五帝信仰（Szonyi 1997: 114）同屬一系。第二是具有特殊能力的神，如掌管生育的臨水夫人（Baptandier 2008）；牛角人在當地婦女生產遇到不順後，才開始設爐祭拜。第三是海漂的屍體（林美容、陳緯華，2008）或神像，如陳將軍（由「陳大哥」升格）與陳夫人。早期當地人在海上或海邊很常遇到漂浮的屍體或人們遺落的神像，他們將之帶回埋葬或為其搭建草寮避雨。後來這些神靈透過神蹟（如突然大量的魚獲）得到村人的崇拜。最後一類是村落中的地方境主，如白馬尊王與土地公。

以上這些神明都有強烈的閩東淵源，如上述的五靈公、臨水夫人與白馬尊王，但值得注意的是，祂們也蘊含了島嶼的地理特質，特別是海洋——海浪會將漂流在海上的物件帶向人們或岸邊。牛角或馬祖的民間信仰因此匯聚了大陸閩東與島嶼文化特質，呈現一種不同於閩南傳統的信仰叢結。

這些神明在時間的軸線上與當地人的生命緊密連結。例如，臨水夫人是女人求子、也是看顧小孩長大成人的女神。因此當地人在準備結婚前必須舉行大型的謝神儀式——「謝嬭」——感謝臨水夫人的庇佑。五靈公、五顯公或浮屍成神的陳將軍，則是村人生病或遭遇不幸時求助的對象，也是庇佑海上作業漁民平安歸來之神。白馬尊王作為地頭神明，主要掌管地方的死亡。村內若有人過世，必須向他「報亡」(*po uong*)。人的生、老、病、死生命週期都在這些神明的照管之下。

早期因居民經濟拮据，無法一一為各路神明建廟，神像多半放在民宅中。但若該戶屋宅破舊，村民也會集資為其修繕房屋，讓神明有好的地方可以住。甚至也有因某戶人家建了較大的房子有了較大的空間，而將神像遷移過去的例子。此外，個別人家也可能將曾經發威顯靈、為家人解決重要問題的神明請回家中，為其設爐祭拜。甚至將他們自己的小孩給神明作「義子」（*ngie kiang*），可見人與神明之間密切的關係。

然而，神明與人的關係並不只限於私人的領域。由於當地人的大陸祖先在早期多半是從捕魚暫歇到落腳定居。因此，來自大陸不同的血緣關係便影響到當地居住地點的選擇，再與神明信仰結合後，馬祖各村隨之形成不同樣貌的「區塊」，各有自己的空間、活動以及神明信仰。以下我將以牛角村為例進一步說明村落內姓氏群體、地域組成與神明信仰的關係。

姓氏群體、地域與神明信仰

牛角村的地理環境以一條小溪為界（今日已沒入地底，留下一座橋，見圖8.2），將聚落大致分為東西兩大區塊。東邊有「大澳」（過去的商店街）、「西邊山」、「牛角陂」，以及閩南人居住的「南館」。整體而言，東側區塊以曹姓人家為主，中間點綴著不同姓氏的居民，經濟上過去以漁業為主，商業為輔。

西南側的「六間排」則是不同姓氏混居之地。事實上，「六間排」的名稱得自當地六間排

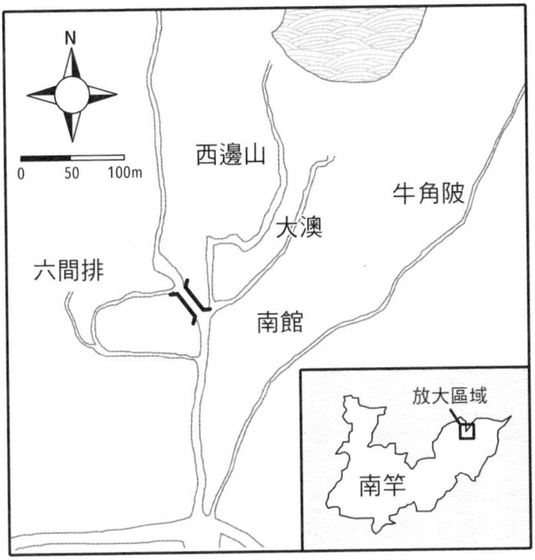

圖8.2　牛角聚落內各區塊分布圖

成一列，由李、游、曹、鄭四個姓氏居住的房子，名字本身就已呈現該地異質的組成。而且，不同於東側區塊直接面對澳口，六間排四周有一片耕地；居民早期在打魚之外，還可種作。

除了地理位置、姓氏群體與生計型態不同之外，牛角東側與西側又各自信奉不同的神明。東側有曹姓由大陸攜來的龍山寺五靈公、浮屍成神的陳將軍、地頭神白馬尊王與土地公。這些神明一開始都放在民家，一直到牛峰境廟建好才移過去。六間排則奉祀天仙府五顯公與高武爺。雖然他們也祭拜五靈公與白馬尊王，但是這些神在六間排都有自己的香爐，放在六間排的民家裡，與東側的神明涇渭分明。

進一步來說，牛角村落內各個小區塊事實上幾乎都有自己的神明與祭典，也各自在不同的日期舉行年度最重要的元宵節慶——「擺暝」(*bema*，夜間的酬神活動)。[6] 有的區塊還有自己的鼓板隊。隊伍若在街上碰頭，經常是劍拔弩張、鑼鼓喧天、互相較量！

如此眾多的神明與酬神活動使得一個村落光是從過年到元宵節，大小祭典加起來就要舉行十一次之多。然而，現在的馬祖已解除戰地政務，軍人逐漸離去。當地方已逐漸轉型為公教為主的社會型態，卻仍必須負擔如此眾多的（夜間）酬神活動時，居民愈來愈感到疲於奔命。人們逐漸認識到宗教上必須尋找新的整合方式才能與當代情境配合。此時，修建新廟提供了解決上述問題的一種可能。

社區發展協會或廟委會？

新廟的修建與社區發展協會有密切關連。二〇〇一年在政府輔導下，牛角成立了社區發展協會（以下簡稱「社協」），啟動了第二波社造活動。社協的成員以村內居民為主，兼容了部分第一波社造成員。楊綏生，由於是重要的地方人士，被推選為理事長，曹以雄也成為社協委員之一。

楊綏生是典型的馬祖菁英。馬祖高中畢業後被保送到臺北醫學院就讀，一九八一年返鄉服務，在政治上非常活躍。作為一位醫師，他受過現代醫學的訓練，熱愛科學。他也是首位在牛角建造當代西式洋房的人，並為這間房子設計先進的雨水收集設施。在容易缺水的小島上，他家卻始終有源源不絕的活水可使用。[7] 然而，當他談起馬祖時，卻流露出完全不同的情感。因懷抱著保存與改造家鄉的理念，他接任了社協理事長的工作。其他社協成員也有不少如他一樣，曾被保送或到臺灣工作。另外還有一些地方耆老加入，他們以前是漁民，在村落傳統網絡中有相當的影響力。

社協舉辦的活動，一開始如第一期社造，有繪畫班與各種藝文活動。為了鼓勵老人參與，楊綏生另規劃了耆老返鄉與海上漂浮垃圾攔截計畫。雖然這些活動的類型已經更多樣，然而不久後也遇到了類似的瓶頸：即，這些活動仍不夠接地氣，居民參與度不高（楊綏生，2008）。當時，幾位中生世代幹部在苦思如何才能突破瓶頸時，楊綏生觀察到村民對建廟興趣相當濃厚。往往只要一提到建廟事務，村民便口沫橫飛，討論得興致盎然。因此，他逐漸理解必須改變自己一直將宗教視為「迷信」的看法，積極參與建廟事務，並在其中與居民溝通協調才有可能落實他們的社造理想；也唯有透過這樣的方式，新的社區共識才有可能出現。隨後，中生世代成員開始投入建廟、為建廟事務奔走，社區發展協會之後幾乎都與廟宇委員會一起合開聯席會議。過了不久，有一位社協成員提議說：「我們乾脆把『廟委會』併到社協裡好了！」這樣的想法當然沒有得到耆老的支持。不過，如此也使得社協中生輩成員更瞭解到：若要推動社造，他們必須要改變自己的想法。楊綏生說：

> 本來我們的想法是社區是大圈圈，廟宇委員會是其中的一個小圈圈。但是此時我們把想法轉過來。……我們要必須要將自己（社協）隱身在廟宇委員會中，借力使力。

因此，後來「讓廟委會把社區發展協會併掉」反而成為大部分社協成員的共識。以下，我將從不同世代在廟宇從無到有的物質化過程中發生衝突、溝通到相互接受的過程，探討新的社群想像如何逐漸成形。

廟宇興建：社群物質化的過程

建廟，無可諱言的，也與馬祖進入民主時代後，政治運作仰賴高度競爭性的選舉有關。選舉需要選票，選票來自地方力量的支持。當馬祖其他村落紛紛整合地方勢力，完成廟宇重建時，牛角村內卻仍如同漁業時代一般山頭林立，村民的焦慮自然不言可喻。我們可從早期幾屆廟宇主任委員幾乎都由村裡的「營建商人」雀屏中選看出。然而，牛角的地形位於兩座山嶺之間，住屋依山坡層層相疊而上，村內所剩下的空地極為有限。因此，即使此事已討論了將近十年，前後歷經五屆主委，也都無法找到合適的廟址。面對馬祖日趨激烈的選戰，既然一時無法完成建廟，那麼委員們就先試試其他方法：他們與各區塊的人協商出一個日子（二十暝，農曆二十晚），全村共同舉辦「擺暝」，以此團結全村。此舉成功地將廟宇的主委曹爾忠送上了立委的寶座。但由於這次整合過於匆促、難以持久，因此曹爾忠在競選連任時不幸落敗。但也因為如此，建廟才有了新契機。這個曲折蜿蜒的建廟過程經歷多次衝突，每個環節都充滿張力。

圖8.3 牛角村民拿著工具加入牛角新廟興建（林冰芳攝）

廟址與神龜

二〇〇一年曹爾忠在連任失利後，決定藉由投入建廟，重新開始。他首先面臨的難題就是廟址的問題。如前所述，牛角村因受地形之限，不容易找到合適的廟址。最早考慮在澳口挖山填海建廟，但因內部意見不同，無法達成共識，轉而考慮是否把廟建在衛生院舊址；衛生院則有產權問題，無法解決。於是廟委再轉向酒場倉庫，然而，酒場倉庫因曾作為國軍的「軍中樂園」而遭村人反對。接下來廟委只好四處割草，繼續找地。一直到最後，再度回到原先考慮的澳口。選址一波三折，一晃眼就過了十年。

經過再次的檢視與討論，終於拍版定案在澳口建廟。能夠達成共識做出決定，讓牛角村民大為振奮！這可從建廟過程中，村民主動積極參與程度看出。圖8.3呈現當時有不少牛角村民從各家各戶走出來，協力幫助清除新廟址頑石雜草的情形。廟宇順利完成後，曹爾忠也因建廟成功被視為對聚落有功；二〇〇四年立委選

舉時，在牛角的得票率得票率從六一・五％（二〇〇〇年），上升到六九・八％（二〇〇四年）。相反的，對手得票在牛角則從三八・五％，降為二六・九％。光是在牛角曹爾忠就贏了將近三百票，再度拿回立委寶座。[8]

廟址之外，神龕的安排也是將牛角村內不同區塊整合成功的展現。如前面提到的，牛角長久以來分隔為兩大區塊，各自由不同姓氏與信仰團體組成。即使同屬一村，二者的社會文化生活節奏卻各自獨立。新廟的籌建提供了一個讓原本互動有限的人們可以一起討論他們應如何整合的機會。然而，不同於臺灣廟宇主祀、副祀神明區分得很清楚，牛角新廟神龕則水平橫列為一排，呈現馬祖移民多元的複雜性（圖8.4）。

位於正中間的最主要神明，是來自牛角較大東側區塊的主神：龍山寺五靈公。接著

圖8.4　牛角新廟神龕上的神明（劉梅玉攝）

是西側六間排的主神天仙府五靈公（圖8.4中的伍顯公）。白馬尊王由於是牛角的境主，因此名列第三。第四是陳將軍，因新的牛峰境廟建在陳將軍得道之處。接著是庇佑牛角婦女、嬰幼兒的臨水夫人。原澳口的半天陳夫人（小）廟，因蓋大廟而被拆除，名列第六。六間排的地方神江高爺與牛角陂的地方神福德正神，同列第七。

在居民協商出神明大小順序將兩地的神明放入共同的廟後，牛角不再是破碎的存在。「廟建起來了，不只是神合起來，人也統合起來了。」一個重要的廟委說：從此以後他們不但共同祭祀彼此信仰的神明，更把個別神明祭典日期合併，確立以二十暝為主，加上十五暝（傳統元宵節）兩天，一起祭拜所有的神明。廟宇的興建，無疑提供整合聚落中不同地域、姓氏與信仰群體的機會。

圖8.5　右：宮殿式廟宇；左：封火山牆式廟宇（作者攝）

建築形式

廟宇建築形式的選擇，有助於我們深入理解受到社造思想影響的中生世代，如何與耆老的傳統概念折衝樽俎。首先是廟宇的外形，大部分老一輩的委員都喜歡中國傳統宮殿式的型態（圖8.5，右），因為它莊嚴富麗的外表可彰顯村子的雄厚財力。但是受到社造想法影響的中生輩則更傾向選擇能夠呈現馬祖閩東文化特色的「封火山牆」式廟宇（圖8.5，左），而努力與老一輩溝通。[9]

或許是第一波社造重視地方特色的概念多少已經影響了當地的年長者，中生代與老一輩的協商並沒有遇到太大阻力。之後，新廟的形式委託參與第一期社造的建築專家繪製。他以舊廟的形制為基礎，將之放大、修改並增添新的元素。上色後（圖8.6），設計圖被安排在當地最重要的擺暝儀式後舉辦的「食福」餐會公開。據說憑著這幅圖，當晚就募集了將近一千萬元建廟經費！之後建廟委員又到大陸去參訪並製作模型，在多次修改後才決定今日所見的廟宇形式。

圖8.6 為牛角廟設計圖上色（楊綏生攝）

接著是廟宇外牆石材的選擇。對老一輩的人而言，青石不但持久耐候，而且更是財富地位的表徵。馬祖早期的有錢人家發跡後，都會回到大陸購買上好青石回來興建房屋。當牛角好不容易有機會可以興建一座全新的廟宇時，當地耆老當然是偏好以青石修築外牆。但是中生代受到社造想法薰陶，他們已經轉從環境美學的角度來思考一座重要建築。尤其是今日馬祖山丘已經過戰地時期的綠化，並非如昔日般枯黃柴草滿布。因此，若是依循傳統以青石為外牆，會使廟宇顯得沉重。相反的，花崗石的莆田黃則能與周圍翠綠群山配搭，使廟宇的存在突出卻不突兀。由於此事兩邊都相當堅持己見，溝通上時有衝突，以致遲遲未能決定。[10] 在一次協調中，由於中生代這邊的代表用了比較強烈的言詞表達己見，使得老一輩認為不受尊重而集體退席。後來雖由中生代勸回，似乎已不易透過言語溝通達成共識。在這樣的僵持情況下，最後只好採用投票方式決議：結果是支持花岡岩的中生代以一票險勝。據說當時耆老們臉色鐵青，不發一語離去。

接下來是封火山牆的色彩。這次則是中生代內部有不同意見。曹立委希望使用傳統帶有喜慶氣氛的紅色，但是留學西班牙的當地藝術家卻建議使用前衛的黑色！他希望能以黑色屋脊與紅色外牆的對比來彰顯這座廟宇獨特的色彩美學。但是將廟宇屋脊漆為黑色畢竟過於顛覆傳統，引發委員之間不少爭論，以致遲遲未能達成決議。最後大家提議以卜杯（擲筊）的方式「讓神明自己決定」。知道自己不擅於掌握宗教語言，藝術家隔天早上缺席沒有參與卜杯，紅色最終獲得神明的應允。

最後是廟宇內部空間的安排。中生世代認為牛角過去一直缺乏「公共空間」供全村人聚會之用，因此對於廟宇的設計便花了不少的心思來預留不同型態的空間，作為社區活動場所。因此新廟內部，不但設計了一個其他馬祖廟宇都沒有的中庭，作為他日小型活動舉辦的場地，也將廟宇挑高一層，地下一層則留作全村祭典結束時舉行「食福」（共享祭拜神明祭物）的地方。廟宇前的階梯也特意加寬加長，方便未來戲班子在此搭臺演出福州戲，讓村民共享娛樂節目。

步道、海灣與舊廟

新廟附近的牛背嶺步道，早期曾是牛角人生活的空間，但因戰地政務時期國軍進駐興建據點岡哨而成為禁區。戰地政務解除、軍隊撤離後，社協申請經費，僱用村人修整這條步道，並擴展到海邊。新廟建成後，更進一步將步道與廟宇、灣澳以及軍事據點串連起來，成為一條觀光休閒步道。

廟宇後的海灣亦同。如果從實際面來考量，將海灣填起來，廟宇背後會有更大的腹地。但是那個小水灣是牛角人共同的童年記憶，村民回憶說：

> 我小時候喜歡去那裡游泳，跑給崗哨的阿兵哥追。我在水裡游泳時，阿兵哥沒收了我的衣服，等我上岸還打我的屁股。有一次我在那裡玩水，阿兵哥對空鳴槍，警告我們小孩子立刻離開。

可見這個海灣是牛角人重要的童年回憶，每一個人似乎都有屬於自己在那裡戲水的精采故事。也因此在設計廟宇時，廟委特別把這個小水灣留下來，以保存大家珍貴的童年記憶。

然而，更重要的是舊廟本身的保存，牛角的做法在整個馬祖地區顯得相當別出心裁。大部分馬祖地區的廟宇，在改建新廟時都將舊廟拆除。這也是起初建廟工程隊的建議，老一輩的人也沒有表達反對意見。但是受到聚落保存概念影響的中生代對於拆除舊廟卻十分不捨，他們認為：「那是我們歷史的一部分。」後來他們趁著到大陸祖廟參訪時，卜杯擲筊請示祖廟神明。神明喻示：「舊廟是當初神明得道之處，不能拆。」舊廟因而被保留了下來。事實上，新廟的

圖8.7　牛角新廟與舊廟（作者攝）

形式本來就是以舊廟為基礎，加以擴大、添加新的元素而成。現在新舊兩廟一前一後，舊廟袖珍精緻，新廟蘊含當代文化的敏感度。二者類似但不同，相互輝映，反成牛角的一大特色（圖8.7）。

新廟的設計還特別考慮了如何與未來觀光產業發展配合。例如，廟簷以馬祖神話之鳥——黑嘴端鳳頭燕鷗——點綴，廟旁設計了一個半月形觀景平臺。觀光客來此往北可欣賞到北竿島清晰的輪廓，往南可清楚看見牛角村落房屋層疊起伏的美景。觀景臺下方的室內空間，有機會便可做商業經營。

有趣的是，這樣本來純粹以觀光為考量的設計，在其他村落卻以一種神話傳說形式傳播。大家口耳相傳的是：牛角的神明希望要有這個類似夾層的空間，如此方能使這座矗立於山海之間的廟基礎穩固（「神明才能坐得穩」）。這個傳說呈現出中生代的想法已能透過宗教「轉譯」，為地方人們所接受。現在，這座廟不但成為馬祖地區最具代表性的地方廟宇，而且被複製到臺灣馬祖移民聚居的桃園八德市區（見第三章，圖3.3）。

社群新動能

牛角的建廟是一個相當好的實例，讓我們理解廟宇興建如何成為凝聚社群意識的重要媒介。新廟的建立使牛角在宗教或政治上更為整合，祭典的合併也解決了當代社會朝九晚五的作息時間與傳統夜間慶典難以配合的問題。我們看到不同世代的人在建廟過程中協商：中生輩將他們對建築美學、地方特色與社區生活機能的考慮帶入新的廟宇中，耆老們貢獻他們的傳統信仰知識，地方住民則付出建廟的金錢與勞力。即使網民也參與其中，例如有一位自稱「實習生」的熱情網民，從廟宇開始施工到主體建築完成這兩年間，每日都在馬資網上報導牛角五靈公廟建廟動態。廟宇完成後，他／她將兩年來拍攝的成果製作為GIF動畫，獻給：

> 所有為牛峰境廟貢獻的村民、旅外鄉親、牛峰境廟的信徒們
> 更要感謝辛苦的大陸匠師們！及一同關心支持的鄉親民眾！（實習生，2007）

可見這座廟宇的興建，讓地方的人們聚焦、凝聚出共識。他們一起完成了一座緬懷過去、面向未來的建築。

隨著新廟的完成，牛角開始有新的社群活動。二〇〇八年一月一日「開廟門」後，牛角在七月舉行首次前往中國進香的大型儀式（詳見第九章）。第五章曾提到該年山隴發生大火，燒掉大量的商店和民宅，牛角廟委為求上天保佑村落安全，也帶領全村舉行送火神儀式。牛角的新動能也呈現在二〇〇九年縣長與縣議員的選舉中。建廟總幹事與重要幹部都在牛角獲得空前高票，他們分別當上了連江縣（馬祖）的縣長與議員。現在，牛角的五靈公廟更扮演著結合馬祖傳統文化與現代社會的推手：從二〇一一年起，廟宇與縣政府文化局合作在牛角廟舉辦「情定十六・馬祖好讚」的五育闖關暨成年禮活動（timing 2011），將馬祖當地盛行的傳統「謝孋」習俗（即當地的「做十六歲」成年禮，祭祀謝臨水夫人）與當代德智體群美五育結合，讓馬祖高中的學生以新舊文化融合的儀式慶賀自己長大成人。

不過，廟宇的領導者與地方選舉緊密結合，無可避免也引發批評聲浪。在網路上，我們也看到「廟宇成為選舉工具」、廟委選舉「好像在打立委前哨戰」，以及「村長派被打壓」的批評（神話，2010）。在私底下的場合，也能聽到不滿的聲音。從社造展開以來造成的村長與社區發展協會之間摩擦，在新廟建立過程中持續加深。的確，建廟本就不可能同時解決村中長期以來由於選舉、派系與私人仇怨累積下來的所有問題。如果我們認為透過建廟就能解決村裡的分歧，無異是不切實際的想法。然而，我們也不能因此就輕忽建廟過程如何地打破了因社造形成的僵局，以及大部分村人在其中齊心付出的努力。尤其是中生世代與長輩協商的方式，對於我們思考漢人社群如何創造共識，能夠提供很大的啟發。我們可以用當初的社協理事長、後來的建廟委員會總幹事、最後選上馬祖縣長的楊綏生的一段話，來說明上述過程：

> 牛峰境五靈公廟……聚集傳統建築、……民俗信仰、文化、社區活動場域於一體……在廟宇興建的過程中，可說是一波多折，每一個過程都是在地民主化的折衷與妥協，所呈現出來的，可以說是草根民主的集體創作。（楊綏生，2007）

草根民主

建廟過程發展出來的溝通方式值得進一步討論。前面提到，當中生世代與耆老意見不同，且經溝通仍無法達成共識時，剛開始他們是以民主投票方式解決。但是無論投票得出什麼結果，都很難彌補兩方在激烈爭論過程中留下的裂痕，甚至還會衍生出下一波衝突。於是，我們看到地方的人們逐漸發展出一種「草根民主」的解決問題方式：也就是當兩方意見分歧卻勢力相當，且透過多次溝通還是無法取得共識時，他們就擲筊請神明仲裁。擲筊是漢人民間信仰中與神明溝通的重要媒介，任何人都可以藉此方式與神明交流。但若涉及聚落性的事務，擲筊者就需要由具有聲望的人士來擔任。此人往往需具備相當的論述能力，與神明說話時所使用的語言也必須得體。假如這位地方頭人口才不夠好，可以在與神明溝通時由嫻熟宗教語言者協助，等到卜杯時再接手進行。

卜杯的藝術在於它提供多樣詮釋空間。擲筊的結果通常不是如投票般，只有「過或不過」這兩個簡單答案。兩個半月形，一面突起另一面平坦的筊，擲落在地上的時候有三種組合形式：「允杯」（神明應允，一平坦面朝上，另一突起面朝上，＋－／－＋），「蓋杯」（神明不允，兩個平坦面朝下，－－）與「笑杯」（神明笑而不答，＋＋）。從或然率來看，除了五〇％可能為「是」、二五％為「否」之外，還有二五％的機會是神明「笑而不答」。當這樣的情形發生，請示者必須修正問題，然後重新提問，如此也開啟了雙方再次溝通的可能。而且，由於請示者可以依照問題的重要性而設定規則（例如，沒有太多爭議的案子只要允杯一次即可，若是爭議很大的案子，至少需連續三個以上的允杯）。因此，卜杯的結果往往不是一次定江山，反而留下很多轉圜的餘地讓請示者相互協商。因此，擲筊儀式可視為一種「另類的公民性」（alternate civility）（Weller 1999）。因為在這個過程中，許多原本勢均力敵、水火不容的意見，在聚落共同信仰前得到緩解、妥協，最後達成共識。在牛角建廟過程中，我們就看到中生輩與耆老在經歷了一次「民主」投票的震盪後，接下來當遇到意見相左、僵持不下的問題時，都傾向以卜杯的方式來解決內部衝突。牛角的例子讓我們看到宗教在馬祖社群的再造過程中，如何成為成員溝通與形成共識的基礎。

結論：承載現代性的廟宇

本章以牛角村為例，探討解除軍管後的馬祖聚落如何尋求內部整合，凝聚社群。二十世紀初期，在中國邁向現代化的過程中，國家與地方菁英往往將宗教視為絆腳石，貶低宗教在社會生活中起的重大作用（Duara 1991; Goossaert and Palmer 2011; Nedostup 2009; Yang 1961; M. Yang 2008）。二十世紀末社造在臺灣的推廣一開始也見證了類似的過程：簡言之，宗教被政治人物視為私人的或精神的範疇，與公共事務關連不大。若要建立當代社群意識，必須透過其他文史與藝術等文化活動才能培養集體認同。

馬祖的情形一開始亦同。我們看到牛角在第一波社造菁英的領導下所舉辦的活動，正如大部分當初在臺灣進行的活動一樣，都是偏向文化、歷史與藝文類。然而，這類活動由於脫離了地方的生活脈絡，往往無法得到在地居民的普遍支持。尤其牛角早期是一個傳統的漁村，漁民對於此類藝文活動很難有使力的空間。在大部分人只能袖手旁觀的情形下，這類社造活動很難創造出共同意識或地方認同。一直要等到第二階段，當馬祖社造的中生世代認識到地方的期待與宗教的重要性，瞭解他們必須借力使力時，社造的理想才真正開始落實。他們積極投入建廟，以他們自己的話來說，他們是「從『外造』轉向『內造』」，也就是從參與興建當地人認為的重要建築──廟宇──而非藝文活動著手。

本章並進一步以牛角建廟歷程，說明廟宇建造的物質化步驟如何提供了一種重要媒介技術，磨合宗教信仰與文史保存、環境美學，並注入現代生活機能概念。在廟宇興建的具體物質化過程中，中生世代、耆老與當地居民的價值互相轉譯，情感上相互交流，長久以來無法融合的山頭也在建廟過程中，整合為一個具有能動性的社群。因此，馬祖的例子一方面讓我們清楚看到民間信仰——如擲筊、建廟與神話——如何提供了一個新社群誕生的基礎。另一方面，透過廟宇興建的物質化歷程，我們看到了一九九〇年以來社造運動與傳統概念的衝擊與交融；最後我們也看到社群的再生。正如研究物質文化的人類學者所言（Miller 1987; Tilley 2006），人的文化概念或社會關係往往透過人與物不斷地互動而重新被建構。牛角建廟的實例，相當有助於我們從物質文化的角度思考社群如何再造。

必須強調，牛角廟宇的興建並非只是傳統文化或價值的復甦，相反的，它更呈現了當代的宗教、空間與社群，在結合方式上比過去更細緻複雜。宗教在今日雖如同過去一樣具有整合聚落的功能，但也因為吸納了社造的想法以及與觀光發展相關的概念，而與過去有了不同的面貌。當代的廟宇更是不斷在吸納與疊合不同的元素，發展出如蒙太奇般拼貼、混搭的內涵。這使得廟宇不僅跨越了宗教的範疇而擁有更大的發展空間，也挑戰了我們過去對「宗教」的認識。

1 這一事件引發馬祖人對民進黨的憤怒，使得民主體制的兩黨競爭形式始終無法在馬祖順利發展。二〇一九年李問來到馬祖，設立馬祖民進黨部，提倡「群島家園」，可說是一個新的開始（邱筠，2020）。

2 社造推行幾年後，陳其南也接任了文建會主委，那時他的看法有一些轉變。例如，他不再堅持早期宗教沒有介入公共領域的論點。他說：「臺灣在清代時期曾發生不少族群械鬥事件，當時『宗教信仰』扮演重要角色，廟埕廣場成了民眾討論切身公共議題之處。」（文化部，2004）然而，他主張今後臺灣的發展應以「『文化藝術』為公共平臺，藉『當代認同』取代『傳統（宗教）認同』，以催生新的『文化藝術共同體』願景。」（同上引）換言之，讓當代文化藝術活動取代傳統宗教以創造新的社群仍是他的核心論點。

3 關於社造文獻相當多，中文見呂欣怡（2014），英文見A. Lee（2017）。

4 志文出版社在臺灣戒嚴時期出版的「新潮文庫」系列書籍，引介國外經典文學及各領域思潮，包括哲學、文學、心理學、禪學、音樂、電影、美術與歷史等。該文庫為一九六〇至一九九〇年代的臺灣學生和知識分子開啟一扇通往世界知識的窗，影響了一整個世代的臺灣人。以上參見維基百科：https://zh.m.wikipedia.org/wiki/志文出版社。

5 參見黃應貴（2006a）。

6 「擺暝」為馬祖福州方言，其意為「排夜」，是馬祖人在元宵節夜間擺設供品，邀神同享豐盛宴席的習俗（賀廣義，2011: 127）。

7 不過，楊綏生說這套系統在西方人建立馬祖兩座燈塔時即已採用。

8 馬祖地方不大，四鄉五島兩千多張選票就可贏得立委選舉。二〇〇四年曹爾忠在牛角的得票是二五〇四張，另一位候選人是一七五一票。

9 馬祖廟宇的外牆高側，為了預防火災時火勢蔓延，因此設計波浪起伏宛如火焰燃燒的屋脊。這類牆面因而被稱為「封火山牆」。

10 也見林冰芳報導（2007）。

第九章

再中心化的宗教實踐

或許真要出發了
從漩渦星系的故鄉
像玄奘沉默地西行
哼著無言歌，航向星系的邊境
〈孤寂入侵〉

牛角五靈公廟在二〇〇八年元旦落成開幕後，不久就在七月舉辦了一個大型的跨海祖廟進香活動。由於牛角新廟的完成是牛角人多年的夢想，因此得到該地居民以及不少在臺馬胞的支持，加上其他零散的香客，總共有三百多人參與這個活動。進香隊伍中，廟委帶著五靈公與陳靖姑的神像、年輕人扛著神轎與神偶、婦女們打著鼓板前進。各戶攜家帶眷隨行在後，裡面有八十歲的依公依嬤，也有十歲不到的小朋友。

不過，這次進香活動更有宗教以外的目的。這可從馬祖（連江）縣政府支持了這次活動，且其正式名稱「馬祖福建寧德首航——長樂平安進香」也有兩岸交流的意涵看出。在這次進香中，牛角人沒有直接前往長樂祖廟，而是另外設計了一條東起臺灣，跨越臺灣海峽，接著繞行閩東北地區的進香路線。五天的行程如下：

七月五日　基隆↓馬祖↓寧德
七月六日　寧德↓屏南（白水洋）
七月七日　屏南↓古田（臨水宮）↓福州
七月八日　福州↓長樂（龍山寺）↓福州
七月九日　福州↓馬祖

他們出發前先在基隆召開記者會，邀請交通部官員與基隆市長參與。七月五日搭著向軍方租用的合富輪從基隆港啟程，往西行駛，到馬祖接上當地人後轉向西北，航向中國三都澳軍港，在寧德市下船接受市府的歡迎。隔日驅車往西北，到屏南縣白水洋風景區旅遊後，再往南到陳靖姑的祖廟所在地古田縣臨水宮參拜。之後繼續往南到福州市，最後抵達長樂五靈公祖廟進香後回程（圖9.1）。我們不禁要問：為何由馬祖人舉辦的進香活動需要從基隆啟航？為何選擇從寧德（一座對臺灣人來說比較陌生的城市）進入中國？如此迂迴的進香路徑究竟有什麼意涵？

我們需要先理解的是，臺灣政府在二十一世紀頒布的兩岸通航政策——無論是二〇〇一年「小三通」（「金門—廈門」與「馬祖—馬尾」定點通航），還是二〇〇八年「大三通」（兩岸直接通郵、通商、通航）——已逐步造成馬祖在兩岸關係邊緣化的困境。本章將從牛角進香

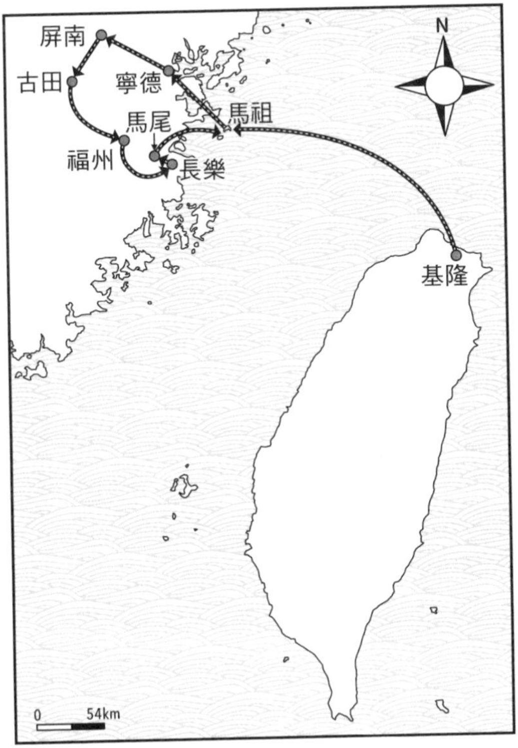

圖9.1　牛角跨海進香路線

開始，探討一系列發生在二〇〇〇至二〇一〇年這十年間的新宗教實踐。我將說明它們是馬祖人在變幻莫測的兩岸關係中，企圖與之一搏，為島嶼延展出更大發展空間的媒介形式。島民以閩東海洋文化為基礎，發展出各種「無疆界女神」(goddess unbound)(Weller 2019)的宗教實踐，包括，進行兩岸直航進香、宣揚「媽祖在馬祖」傳說、打造媽祖靈穴與巨神像以及背媽祖上喜馬拉雅山等等。然而，這些新式進香、傳說與宗教物質實踐往往沒有明確的成果，也無法發展成長久的關係。我將說明它們的意義不在於成功與否，而在於媒介出一個更大尺度的想像，呈現馬祖人在面對邊陲化困境時的主體性。

參與「海西經濟區」

戰地政務於一九九二年廢止後，軍人的逐漸離去，對幾十年來已極度仰賴軍需經濟的馬祖是極大的打擊。二〇〇八年「大三通」實施後，兩岸可以直接互動，更加遽了馬祖對未來的不安全感。馬資網將這些焦慮表現得相當明顯。不同於過去馬祖人總是以自己是「反攻前線」、「臺海屏障」為榮，現在的馬祖人時常在網路上抱怨自己是「孤兒」、「次等公民」（恐龍，2010；網管，2021），被臺灣政府忽視、遺棄。

正是從這個角度，我們才能理解馬祖領導人為何在二〇〇八年要設計一個西起臺灣、航經馬祖、再到中國的進香路線。簡言之，馬祖希望自己能夠再次在變遷中的兩岸關係取得一個關鍵角色。圖9.1的進香路線，呈現出馬祖不再位於臺灣或中國黯淡無光的邊陲，而是一個串連兩岸的「樞紐」；透過進香行動，馬祖的位置有了重要的轉換。

提出這個構想者是當時縣政府的觀光局長，同時也是廟宇總幹事曹爾元。他年輕時保送到臺中中興大學農藝系，為人熱情海派，到臺中不久，就號召馬祖高中前後年級的同學一起到臺中念書。他成立臺中同鄉會，將那些在臺中附近就讀職業學校的馬祖人都找進來，足見其愛好呼朋引伴、建立廣泛連結的個性。他提到自己在臺灣讀書時吸收了很多民主思想，回鄉後也參加反對運動，為馬祖爭取自由（曹爾元，1988）。但是對他影響最深刻的是他剛畢業回馬祖，在農業改良場工作的那段經驗。

那時農改場仍由軍方控制，正在推展一個「反孤困作戰計畫」。該計畫一方面希望能提升馬祖農產品產量，另一個目的是要鼓勵年輕人創業。因此，軍方提出以與年輕人「合作造產」的方式進行。在資金籌措上，軍方將負擔一部分，剩下的由軍方貸款給年輕人。然而，這個原意為鼓勵年輕人創業的計畫，軍方為了不賠錢，向年輕人索取的貸款利息卻高於一般銀行。當曹爾元提出應降低利息才能讓年輕人有意願參與時，軍方卻認為如此做會造成他們的損失。在激烈爭論中，軍方人員甚至罵他「吃裡扒外」！他回憶說：

那時我對他們的做法非常失望，他們並沒有真正為地方產業著想，也沒有想讓年輕人參與。這件事僵持了一年多，沒有結果……我後來擔任觀光局長策劃馬祖—湄洲直航以及後來的寧德直航，就是要帶進更多的人，與馬祖連結。有人有產業，馬祖才做得起來。

「能夠帶進更多的人，與馬祖連結」是他經歷此事後逐漸形成的價值與信念，也符合他天性海派的性格。無論如何，當他如同其他保送臺灣、返馬服務的中生世代一樣，從農改場調入縣政府，逐步高升，最後有機會擔任觀光局長之時，他便著手實踐他的信念。此時正逢臺海關係劇烈變動，兩岸直接三通，馬祖面臨邊緣化的關鍵時刻。此時，如何在臺灣與中國之間尋找到新的定位、為馬祖創造新的連結，就成為他的目標。在一次訪問他時，他意氣風發地說：

我去年〔以馬祖觀光局長身分受邀〕去寧德演講時，我告訴他們：馬祖絕不是福建沿海的一個小島，也不是臺灣的一個離島，馬祖是「世界的島嶼」！以我為中心畫一個圈圈就可以把你們都畫進來。將來我一定可以把你們與臺灣接通。……馬祖是〔兩岸的〕一個連結點，但也是一個中心點。……我們今年一定會辦一次直航。

從他的描述可以看出直航進香在他心中的意義。他長期以來不斷思考馬祖在解除戰地政務後如何得到重生，直航進香是將其想法付諸實現的重要媒介；直航進香可以反轉馬祖邊陲化的困境，讓馬祖人重新扮演平衡兩岸的槓桿，重獲昔日榮光。

因此，我們就不難理解為何馬祖進香要從基隆啟航，並請來交通部官員以搏得臺灣人的注意了。不過，仍然令人疑惑的是：為什麼馬祖人選擇從福建寧德這座臺灣人不熟悉的城市進入？曹爾元解釋，此行有意探測在既有「金門—廈門」、「馬祖—福州」等小三通路線外，能否再開闢另一條路線的可能。他也提到寧德市在溫福鐵路完成後，能連結閩北、浙江與上海而有其重要性。換言之，他認為寧德市有機會成為臺灣到上海之間人貨運送的中繼站，而基隆—馬祖—寧德這條路徑也有潛力成為一條新的經濟發展動線（臺灣—上海），甚至結合閩東北地區觀光旅遊與臨水夫人宗教信仰，發展出有特色的文化旅遊路線（《馬祖日報》，2008.07.05）。

這些想法的背後，事實上蘊含著馬祖人參與中國大陸「海峽西岸經濟區」（以下簡稱「海西經濟區」）的渴望。海西經濟區的概念在二〇〇四年被提出，是一兼具經濟區域發展與政治戰略的計畫（《福建日報》，2009.06.26a）。主要目的是為解決過去因兩岸關係緊張，使得福建的發展遠不如長江與珠江三角洲的問題。因此海西經濟區規劃以福建為主體，涵蓋範圍上達浙江溫州，下至廣東潮汕，西到江西贛州，東接臺灣；南北承接珠江與長江三角洲。這個區域被定位為兩岸交流的先行先試區，主要發展項目包括：興建現代化交通設施、開發先進製造業，以及拓展海峽旅遊等（《福建日報》，2009.06.26b）。

海西經濟區中的一個重要計畫為興建溫福鐵路。這個計畫從二〇〇五年啟動，二〇〇九年已開通。現在，從福州到上海的時間由原來的十四小時縮短到五個小時，寧德正位於溫福鐵路由福州北上的第一站。由於接近軍事上重要的三都澳軍港，過去寧德的港市發展受到限制，不如閩南城市快速。然而這也使得寧德對馬祖人而言，仍具有發展的潛力。憧憬著馬祖的未來，曹爾元說：

> 未來這裡〔寧德〕可以吸引長江三角洲、杭州、溫州的人來。〔如果這條航路可以開通，〕他們也可以先到馬祖，再到臺灣。這樣我們馬祖就有一個中心、樞紐的地位……我們有自己的利基點。

主事者的說明再次呈現此次跨海進香背後蘊含的重要想像與期待：他們希望海西經濟區可以延伸到馬祖，使大陸與臺灣透過馬祖連接起來，馬祖因而能在其間獲得一個樞紐的位置。

從一個更廣的角度來看，海西經濟區是一種具有中國特色的新自由主義設計（Harvey 2005; Ong 2006: 98-99）。自一九八〇年代開始，眾多的經濟特區在中國東南沿海出現。這些特區之間不但激烈競爭，各特區所在的各城市也不斷競逐，設法爭取更多的商業與文化發展機會。對於負責這些特區的領導階層而言，重要課題就是如何為其所在的都市創造獨特性以吸引投資（Harvey 1990: 295; 2005: 132）。

對於寧德而言，能夠透過馬祖而與臺灣連結也是這座城市自身的一大突破。寧德政府官網在那時充斥著馬祖進香如何有助於促進臺海旅遊與文化交流的宣傳。在七月五日寧德舉辦的盛大歡迎儀式中，寧德市委書記在致詞時提到：

> 「合富輪」滿載著臺灣鄉親來到寧德，首次實現了寧臺客輪的直航，標誌著寧臺交流合作的歷史性突破。（《閩東日報》，2008.08.07）

如何將寧德推升為海西經濟區的重鎮，也是該市未來的發展目標。他說：

> 寧德是一塊海闊港深，商機無限的創業熱土。……全市上下……〔未來將〕全力推進〔寧德成為〕海西東北翼中心城市。（同上）

馬祖直航進香無疑為寧德帶來城市宣傳行銷的機會，符合寧德政府的期待。透過馬祖與臺灣接上後，寧德的重要性得到提升，更可順勢浮現在海西經濟區的版圖中，進一步獲得經濟與文化發展的機會。因此，直航進香的舉行，可說是建立在馬祖與寧德雙方對「海西」這個二十一世紀新政治經濟區域體系的共同想像之上，並意圖與之連結的結果。

虛擬再中心化的想像

為迎接馬祖人的到訪，寧德市政府不但施工疏浚港區，且在海關與路上交通都給予最大的協助。寧德官員在合富輪泊船地點（原是水泥工廠所在地），特別設置了臨時海關，讓馬祖人一到就可以迅速通關進入。在接下來五天的進香活動中，馬祖人也得到最禮遇的接待。例如，進香團遊覽車不僅有公安車做前導，裡面還坐了兩位當地官員（寧德副市長與人民大會代表副主任）一路陪伴，沿途經過的每一個十字路口也都有公安指揮控制交通。因此進香團的九輛遊覽車在五天之中幾乎很少遇到紅燈，一路暢行無阻！馬祖人受到如此之禮遇，使他們對於以馬祖為中心串連臺灣與中國的可能性，充滿期待。

此外，一場精心安排的歡迎典禮更強化了以馬祖為樞紐連結臺海兩岸的願景。馬祖人在下船後隨即被迎接到一個大禮堂。會場入口鋪著一條長長的紅毯迎接嘉賓，紅毯兩側有人列隊敲鑼打鼓、燃放鞭炮，表達對馬祖人熱烈的歡迎。禮堂內部的布置更是別出心裁：一走入大廳，

圖9.2　迎賓廳「歡迎馬祖人航向寧德」的布置（作者攝）

映入眼簾的是一巨幅圖像，上面畫著一艘由東向西航向臨水夫人的船隻（圖9.2）；兩側則懸掛著臺灣—馬祖—寧德三地連結的金球。大會的布置讓馬祖人再次感受到自己家鄉作為樞紐的重要性，是他們的到訪讓寧德與臺灣首次被連接起來。

會場中擠滿了寧德縣市各級官員與記者。講臺上雙方最高層級的長官交換禮物、互贈特產與匾額，他們熱情的講詞充滿對未來政治經濟合作交流的美好展望。而且，如此的儀式不僅在寧德市，也發生在這五天中馬祖人拜訪的各個地點。每到一處，寧德地方官員都會設宴盛情款待，並且隆重致詞與逐桌敬酒；在杯觥交錯之際總讓人想像未來有許多可能。相關的報導和照片很快就在寧德、福州與馬祖報紙與網路上刊載。透納（Turner 1967, 1968; Turner and Turner 1978）曾告訴我們，朝聖過程中的宗教象徵、聖人傳說或神聖地景如何成為信徒冥思，超越一般社會生活進入閾限（liminoid）的迷離時空。然而，在二十一世紀的馬祖進香，我們看到的則是原來的宗教媒介已由悉心策劃的官方儀式、交通禮遇以及網路媒體取代。各式各樣的熱鬧場景創造出「虛擬再中心化」的想像（林瑋嬪，2014）。[1]

社會文化空間的延展

我們或許會好奇，一個區域政治經濟的想像為何需要透過進香來達成？桑高仁（Sangren 2000[1993]: 100）曾論述分香子廟與母廟之間有著一種特別的文化空間連結，它是一種無法直接化約為政治秩序的邏輯（Yang 2004: 228）。在這次進香中，我們也看到馬祖人在面對兩岸政治經濟局勢變遷時，如何以牛角與其大陸長樂原鄉的文化空間為基礎，擴展並「想像性重構」（Kapferer et al. 2009: 3）了一個更大的社會文化圖像來回應。

不過，要進一步瞭解當代進香的意涵，我們必須從不同類型的進香談起。臺灣的進香一般而言可分為兩種類型。第一類是前往祖廟進香，其舉辦的時間相當具有規律性，參與者往往包含了整個社群。其中最有名的是大甲鎮瀾宮（張珣，2003；Sangren 1987）。另外一類是不規律、因而較少為學者關注的進香。在這種類型的進香活動中，信徒可選擇自己喜愛的廟宇，結合觀光旅遊，前往朝拜。如此的進香形式不但沒有固定的造訪對象與時間，路線也較為即興。

牛角的進香是這兩種型態的混合。類似於第一種類型，它是廟宇主辦前往祖廟的進香，而且這次參與的人，主要以牛角的村民與其在臺親人為主；常見的是夫婦或是父母與兒子、媳婦同行，也有三代一同前往的例子。有一家甚至以此次進香為年度「家聚」活動，全家多達二十六人一同參與（見第七章曹曉芬家族）。馬祖的老一輩由於久經戰亂貧困之苦，大多生活勤儉，只有為了這種能替家人祈福的進香活動才願意遠行，家裡的年輕人也剛好趁此機會陪伴他們旅行，表達孝心。除了馬祖當地居民外，也有不少旅臺馬胞參加，帶著他們在臺灣的親人到大陸「尋根」。

然而，牛角進香也具有第二種類型的彈性與即興。進香在漢人社會原本就難以與旅遊二分（Oakes and Sutton 2010）。進香沿途中，當聽到我詢問「為何來參加？」的問題時，不少人都說「拜拜，順便來玩」，還有人直接以「我們來玩」回答。的確，這次進香大部分的時間都花在風景區與大都市中，如特殊的旅遊景點「屏南白水洋」。白水洋是一個位於閩東崇山峻嶺中剛開發出來的巨型淺水廣場，岩石河床一片平坦，幾無沙礫。為了來到這裡，進香團遊覽車在閩東北地區跋山涉水，占去了五分之一的進香行程。這次進香也有很多時間是在大都市停留。事實上，五天的行程有三天幾乎都在福州市區附近打轉。香客一到福州酒店，轟一下就四散了！做生意的、搞政治的忙著去應酬，想買房的趕緊去看地。其他人有的去逛街，有的去按摩，在長樂祖廟反而只花了一個早上時間。

如此並列多種功能的進香不免夾藏不少矛盾。例如，中生代希望藉由此行將馬祖發展成「陳靖姑宗教旅遊重點」，為了吸引臺灣陳靖姑的信徒在前往古田進香時借道馬祖，他們將古田臨水宮置於整趟行程的焦點。如此做法立刻引起牛角耆老的異議，因為陳靖姑在馬祖雖是相當普遍的信仰，但屬於位格較低的神明，在牛角新廟七個神龕中的位序也僅排列在第五（如前圖8.4）。中生代為了發展觀光，卻刻意凸顯陳靖姑的重要性，反轉神明階序，引發耆老們的不滿。他們認為應先至長樂祖廟朝拜後，再到古田臨水宮以及進行其他旅遊活動。耆老們最後雖被中生代以「後者為大」的說法勸服，這個爭議已足見當代進香中遞減的宗教性：政治、經濟與娛樂等因素已不亞於宗教動機。

牛角進香事實上是馬祖近年來眾多宗教發明中的其中一種。以下我將進一步介紹馬祖人從解除戰地政務後所創造的各種新式宗教實踐。

「媽祖在馬祖」的傳說、儀式與聖蹟修建

「馬祖」的地名得自南竿馬港「媽祖」廟（現稱為「天后宮」），該廟在馬祖一直有相當獨特的位置。的確，所有曾在馬祖叱吒風雲的人都會想要在這座廟留下痕跡。例如，第一章提到當海盜張逸舟在二十世紀初打敗林義和時，就特別在廟前立碑，作為勝利的標記。在戰地政務時期，軍方更是努力經營天后宮，幾次廟宇重要改建，如一九六三年的水泥建築與一九八三年的翻修，都由軍方負責。完成後，馬祖指揮官不但親臨剪綵，之後廟務也由他安排指示（《馬祖日報》，1964.05.05）。從臺灣來的中央官員與各級幹部同樣是天后宮的造訪常客。[2]

一九六三年軍方以水泥重建天后宮後，當時的馬祖指揮官留下了一篇碑記：

〈重修媽祖廟（天后宮）碑記〉

媽祖娘娘宋代閩省湄洲林氏女，事親至孝，父兄捕魚遇難，投海覓親，殉身抱屍，漂流斯島，後常顯靈異，護佑漁航沿海。居民感受恩澤，立廟宇，尊祀祭，易島名曰馬祖。康熙年間，冊封天后，時際紅禍橫流，人心陷溺，超奉命戍守斯島，進剿寇逆，治軍之餘，身體治心為本，固疆圉，裕民主，端風氣，正人心，守土有責，庶政並舉，正本清源。深維心為萬事主，孝居百行先，而孝女之事蹟，足式懿範可風，孝義足昭日月，廟時宜享千秋。敬重修廟宇，以彰孝烈，用勒於石，永崇祀典。

馬祖守備區指揮官陸軍中將彭啟超撰書
中華民國五十二年仲秋吉立

這個碑文提到媽祖父兄捕魚遇難，她「投海覓親，殉身抱屍，漂流斯島」，居民為其埋葬立廟祭祀。在兩岸戰事頻仍之際，馬祖指揮官深諳「心為萬事主」、「孝居百行先」之理，於是立碑頌揚媽祖為救父兄犧牲自己的行為，以鼓舞戰地軍民士氣，為國犧牲。

然而，究竟媽祖遺體是否真如指揮官所說是漂流到馬祖，則不得而知。當地人對於這個傳說也是意見紛紜。例如，《連江縣志》（連江縣文獻委員會，1980: 63）裡記載了這個看法，但是《馬祖列島記》（林金炎，1991: 236）就提出質疑。作者指出莆田距馬祖一百多浬，幾乎是馬祖到臺灣的距離，林默娘的屍體怎麼可能往北漂流這麼遠？我曾訪問過多位馬祖村中老人，他們多半不清楚有關媽祖屍身漂流到馬祖的傳說。對於國軍未到馬祖前天后宮的樣貌也無甚記憶。他們提到國軍來後天后宮曾由海軍指揮部接管，後來因發生火災，海指部就撤出了。當我進一步問他們以前的墳塚是什麼樣子的時候，大部分人都有些支吾，只有一個耆老說：「它在供桌下方，被覆蓋供桌的紅布蓋住」，因此他也不知道當初墳塚的樣貌。但是，他們說軍方曾想在廟的地面鋪水泥，讓凹凸不平的地面可以平坦一些，但是聽說隔日墳塚上水泥後竟裂開了！另有傳說是二〇〇〇年改建時，鑽地的鑽子碰到媽祖的墓穴所在處突然斷裂，此後就沒有再動過媽祖的墓穴。無論這些傳說是真或假，它都為媽祖靈穴增添了不少神祕的色彩，也提供今日廟宇發展「媽祖在馬祖」神話的依據。

從另一個角度來看，這個「殉身抱屍，漂流斯島」傳說可以在馬祖發展，其實與島嶼地理及其社會文化並沒有脫節。如第八章提到，馬祖為海島，居民過去捕魚偶而會遇到浮屍漂流。人們遇到浮屍，通常會將其抬上岸，就地安葬。後來因顯靈而立廟的情形在當地或其他島嶼都相當常見（王花俤，2000；金門見宋怡明，2016: 242-247）。根據統計，馬祖列島不到三十平方公里大小的地方，與浮屍有關的廟宇就有十三座（林美容、陳緯華，2008: 110）。因此，「殉身抱屍，漂流斯島」而由人們為其安葬於此的傳說，事實上也符合馬祖海島地理以及當地為浮屍立廟的風俗。

另外是天后宮的重要性。天后宮正對著馬祖港，一九四九年後，馬祖港成為戰地時期馬祖最重要的對臺港口，運補艦在這裡搶灘，往返臺灣的人們與貨物在此上下船。在福澳深水碼頭建好之前（一九八四年），馬祖港一直是馬祖最重要的對外窗口。天后宮坐落於如此重要港口的正前方，無論在離家與團圓的時刻都陪伴著馬祖人。逐漸的，它在人們心中占有不可取代的位置。我曾聽馬祖人說：「它是我們要出去時候船的地方。行船三分險（*kiang lung sang hung hieng*），大家都會去燒香保平安。」現在，一般南竿人除了拜他們自己聚落的廟外，過年時也有不少人會去天后宮燒香。這種從小到大共同的航海經驗，使得天后宮或媽祖信仰在馬祖人心中有其一定分量，成為後來發展媽祖祭典與進香的基礎。

於是，從二〇〇〇年開始，一系列環繞媽祖的宗教實踐逐漸發展出來。二〇〇一年重建天后宮，廟委會以墓穴為中心改建廟宇，將神龕安排在媽祖墓穴正後方，以凸顯馬港天后宮為媽祖靈穴所在。對於民間信仰而言，陰陽必須分隔，因此在臺灣廟宇中很少有並置神龕與陵墓的現象。馬祖天后宮大膽地這麼做，可見其希望吸引香客的強烈訴求。緊接著，「媽祖在馬祖」的口號在二〇〇四年被提出來（陳財能，2011b），二〇〇六年以後，年年舉辦「媽祖升天祭」。二〇〇九年更打造出類似於湄洲媽祖的巨神像（圖9.3），以此提醒人們：湄洲與馬祖分別為媽祖出生與得道升天之處，鼓勵香客應同時來此二地朝聖。[3] 換言之，透過「物質性呼應」（materially echoing）湄洲媽祖巨神像的方式，馬祖人尋求與彼岸共榮共生。

圖9.3　馬祖的媽祖巨神像（楊綏生攝）

探尋更大尺度的連結

牛角進香之例也可以放在二十一世紀初馬祖發動的一系列進香活動——包括其他三次直航進香，以及一次探險型的登山進香——來理解。馬祖人所說的直航與一般用法有些不同。「直航」一般指的是兩個沒有邦交的政治體，不能直接通航而必須透過第三地中轉。但馬祖人認為只要是專船前往，都能以直航稱之。因此，即使從馬祖航行到臺中（在「中華民國」境內的航程），他們仍稱之為「直航」。這個詞彙的使用方式，呈現出馬祖人相當看重他們在「連結」不同地點的角色。

直航進香第一次在二〇〇一年一月二至五日舉行，由馬祖直航福建馬尾，再搭車到湄洲。二〇〇一年元旦，臺灣宣布金馬「小三通」正式開航，允許金門—廈門、馬祖—馬尾之間直接通航。然而，小三通只是臺灣單方面逕行的政策，沒有得到中國回應。但是馬祖仍按計畫於二〇〇一年一月初啟動「馬祖—馬尾—湄洲平安進香團」前往中國拜訪，宣布開通小三通。他們以專船直航至馬尾，然後再搭車至湄洲進香。因此，此次進香有突破兩岸政治僵局，為馬祖建立兩岸交流先發地位的重要政治目的。

過了六年後，臺灣與中國已有多年交流經驗，大陸對於臺灣團體的來訪已不陌生，所以二〇〇七年「湄洲首航」的設計轉而偏向發展宗教觀光。此時，曹爾元擔任馬祖觀光局長，他將媽祖的出生地（湄洲）與得道升天處（馬祖）連結成一段富有宗教意義的航程，並且很有創意地以「海上聖道」為名，呼應我們熟悉的「陸上絲路」。他希望這條路線未來能發展成臺灣香客前往湄洲進香的路線（《馬祖日報》，2007.05.19），鼓吹信徒到湄洲進香時，借道馬祖，同時到媽祖的升天地朝拜。「媽祖在馬祖」的想法以及一連串宗教創新之舉，也引起彼岸的興趣——特別是大陸同名的「連江縣」。自二〇〇七年後，（中國）連江媽祖文化旅遊節都會邀請馬祖天后宮參與。馬祖也多次邀請連江媽祖前來。兩地的宗教交流與互動突破了過去馬祖廟宇活動的格局。

第三次「媽祖金身直航臺中」在二〇〇八年九月舉辦。馬祖人以專船直航至臺中港，到臺灣的媽祖大廟大甲鎮瀾宮參拜。之後繼續北行，沿路拜訪馬祖移民聚集落腳地點（桃園、基隆），以及與馬祖天后宮比較有來往的廟宇（如宜蘭沿海一帶的媽祖廟）。這趟直航的目的在於拓展馬祖與臺灣各地媽祖廟群之間的交流（《馬祖日報》，2008.09.02）。這些廟宇也都在直航

圖9.4　李小石背媽祖（陳嘉寧攝）

後回訪，繼續與馬祖天后宮交流。

一場更不尋常的「進香」是在二〇〇九年，由縣政府、天后宮與馬祖人共同支持當地人李小石攀登喜馬拉雅山珠穆朗瑪峰的冒險型活動。李小石是馬祖人，熱愛登山，中校退伍後以登山、作畫為樂。他會興起背媽祖上聖母峰的念頭，一方面是為父親還願（他的父親曾發生船難，在海上漂流四天，因媽祖托夢、顯靈才保全了性命）（李小石，2010: 83）；另一方面則因他自己感慨故鄉馬祖在臺灣人的心中始終只是一個軍事離島。他希望以完成最艱難任務的方式，也就是攀上世界第一高峰珠穆朗瑪峰，來將他美麗的故鄉介紹給全世界。

當他開始四處籌措登山經費時，連江縣政府知道了他的構想。為了行銷馬祖，縣府決定資助他兩百萬元。馬祖天后宮也補助他三十萬元，並特別訂製六吋六（約十六公分）的小型媽祖金身方便他背上山（圖9.4）。由於珠穆朗瑪峰在臺灣又稱「聖母峰」，兩個聖母相會，這趟探險旅程事實上也是另一種形式的進香。

圖9.5　媽祖聖母向聖母峰前行（李小石攝）

李小石在攀登過程中，持續將他帶著媽祖攀登聖母峰照片寄回（圖9.5）。這些照片被即時刊載在《馬祖日報》與馬資網上，並以標題如「媽祖聖母在聖母峰」、「媽祖也登上聖母峰」、「背媽祖上聖母峰」，來深化李小石攀登聖母峰的意義。透過李小石的壯舉，兩個「聖母」終於相會；馬祖人期待的時刻——能夠看見世界也能被世界看見——終於來臨。

希望與想像的邊界

從五次的進香路線圖（圖9.6），可讓我們進一步認識這一系列進香行動的獨特性。首先，馬祖進香雖是由社群發動、舉行的儀式，但並不像一般臺灣廟宇向祖廟進香那樣具有規律性；相反的，路線經常更動，沒有固定

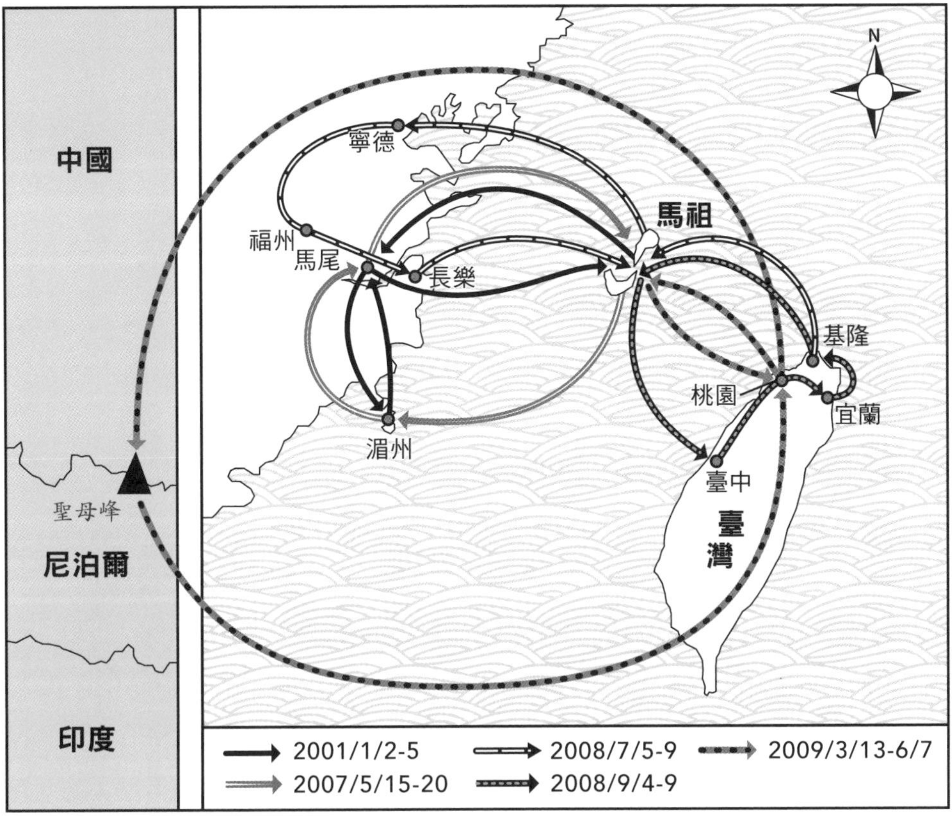

圖9.6　馬祖舉辦之直航進香路線（示意圖）

的「香路」。其次，這一系列進香是因應特殊需求而設計，政治、經濟或觀光旅遊的功能大於宗教意義。第三，這些路線凸顯跨海進香更重要的目的在於創造新的連結，傳達馬祖人再中心化、成為樞紐的渴望。

或許我們會問：這些連結成功了嗎？這樣做究竟能發揮多大功效？有多少人與貨因此在臺灣與中國之間流動？然而，上述問題對馬祖人似乎不是那麼重要。在返回馬祖的路上，曹爾元笑著回答我說：

> 我們不會這樣想……進香讓馬祖可以多口岸地向大陸放射，每個島嶼有各自生存的機會。

換言之，不同的進香形式是馬祖人在二十一世紀試圖連結兩岸與世界所進行的各種嘗試與冒險；它們是島嶼創造「希望的方法」（method of hope）（Miyazaki 2004）。這種希望雖具有不確定（indeterminate）與尚未（not-yet）的性質，卻是島嶼重要的知識形式。

牛角到寧德進香的成功，進一步引起了海西經濟區最北的城市——浙江溫州——對馬祖的興趣。他們也積極與曹爾元接洽，邀請馬祖人前去。曹爾元因此在兩年後，也就是二〇一〇年七月六日至十一日，設計了一條由馬祖前往福州，然後北上溫州，最後到寧波的路線。

不過，馬祖人希望藉由宗教活動與對岸建立連結的方式，在此次浙江之行就遭遇挫折。由於溫福高速鐵路在二〇〇九年通車，使得從溫州到福州的旅程大幅縮短，導致溫州對馬祖以船隻直航的訪問方式失去興趣。兩方行前協商無法達到共識，馬祖的隊伍只有搭火車過境溫州，兩方領導人在此次會香中甚至沒有任何互動。

來到寧波的幾日，馬祖隊伍似乎也始終游移在不明的邊境。兩岸大三通後，寧波已有專機直航臺灣，此行無疑失去架接兩岸的意義。幾天的行程中，馬祖人更像在霧中摸索自己的角色：從前往普陀山是由「旅行社人員」陪同，到與官方接觸的層級僅及市政府旅遊局下的「市場開發處副處長」，他們不難意識到自己已被寧波市政府定位為「旅遊團」（彭瑩，2010）。換言之，兩年後的浙江之旅並沒有如寧德進香一樣，被溫州或寧波視為是一個政治、經濟或宗教上重要的事件。兩岸的直航、中國區域政策，以及中國內部交通的大幅改進，使得馬祖在兩岸關係中顯得更不重要，發展空間更為有限。在新自由主義的快速變動中，此行使得馬祖人期待以宗教儀式連結兩岸的再中心化想像，幾乎幻滅。

事實上，不只是政治或經濟的現實總是提醒著我們想像的邊界，任何嘗試與冒險也都具有相當的不確定性，甚至危險性。李小石在二〇〇九年成功攀登珠穆朗瑪峰之後的幾年，繼續背媽祖神像上喜馬拉雅山探險，時而成功，時而鎩羽而歸。二〇一三年他攀登喜馬拉雅山第四高峰洛子峰時，在返途中因體力不支、陷入昏迷，後來不幸過世。家人遵照其遺願，將他葬在洛子峰。[4]

從寧波回程的火車上，一位大姐跟我聊起寧德之旅，說她很想念當初在寧德鑼鼓喧天的熱鬧氣氛。的確，僅隔短短兩年，在中國受到的接待規格就有如天壤之別，以致馬祖人在旅途中就已懷念起他們的寧德之行。至於曹爾元，雖然難掩落寞之情，仍打起精神告訴大家：「至少我們已經離開福建，往北來到浙江了，下一次我們去北方！」

結語：二十一世紀的宗教探險旅程

二〇〇八年與牛角人一同進香的途上，船隻往北開了一陣子後，我聽到有聲音傳來：「進入〔寧德〕三都澳了！」很多人急忙跑到甲板上拿起相機猛拍沿岸風景，好奇興奮之情溢於言表。寧德對現在的馬祖人是個陌生、令人充滿期待的地方，但我不禁想起那位（在第三章提到）過去曾長期從事漁業的前輩官銓福之語：「國軍還沒來之前，寧德或更北的地方的船都會來馬祖買魚，那時馬祖人來去自如，是個自由的地方！」無情的戰爭分隔了兩岸，造成了馬祖的孤立，今日馬祖人透過宗教重新連繫起兩地。新廟的建立凝聚了牛角人的認同，建廟過程中的兩岸奔波加強了兩地的情感。廟宇完成後牛角人帶著他們的神明前往祖廟進香，見證也紀念著這段分隔五十年的歷史與辛酸（Jing 1996）。

然而，今日的馬祖進香有著更多超越連結原鄉的意義。馬祖列島在過去很久的一段時間裡只是閩東漁民暫歇之地，主要文化活動在原鄉進行，因此在歷史上從未舉行進香。沒有臺灣宗教傳統的包袱（Yang 2004; Hatfield 2009; Stewart and Strathern 2009），馬祖人更能盡情發揮，改造與發明不同類型的進香。本章所探討之一系列在二○○○年後十年間陸續展開的宗教實踐，發生於兩岸關係急遽變動之時。這時兩岸的衝突關係已有緩解，但尚未達到共識。馬祖人意識到自己在新的兩岸關係中可能即將被遺忘的岌岌可危命運，於是一而再地藉由發明宗教傳說、舉行儀式以及打造媽祖靈穴與巨像等物質實踐，期待重新吸引兩岸的目光。這些宗教的發明如同想像的工程，以島嶼的海洋歷史文化做基底，不斷延展出更大的社會文化空間以創造新的關係與人群互動。即使這些想像往往只是虛擬並非真實，它們能夠贏得島民的支持正是因為它們帶來希望，在不確定的年代指向未來。

因此，這些宗教實踐不只是回應，更是對於兩岸變遷關係想像性的重組。與傳統宗教形式不同，馬祖人的進香往往充滿即興與偶發，瀰漫戲劇性的奇想，並具有高度的展演特質。由於每一次嘗試都企圖追求新的連結，因此它們不拘一格且兼容並蓄。當舊的做法不合時宜時，馬祖人也絲毫不留戀地快速重振旗鼓，擬定另一套新的因應方式。二十一世紀初的新宗教實踐，是邊陲島嶼突破僵化國界桎梏的探險歷程，即使總是受到兩岸關係擺盪的左右而時常徘徊在消失的邊際。

1　有關「中心化」的討論，見黃應貴（2006b）。

2　澄俗（1970）；《馬祖日報》（1971.09.17, 1978.01.08）。

3　巨神像的想法最早由曹原彰提出，歷經多人共同努力才得以完成。馬祖巨神像沒有與湄洲神像完全相同。修正處主要是：一、高度更高；二、神像由手執玉如意改為持燈，以避免陷入智慧財產權的爭議。如此神像造型歷經多次討論才定案。早期曾請臺灣人設計，但始終無法令馬祖人滿意。最後天后宮決定以湄洲媽祖神像為基礎來改造（見鐵蛋，2004）。

4　李小石登聖母峰成功後，發下宏願，未來將繼續背媽祖神像登上全球十四座八千公尺以上高峰。二〇一一年他背神像登上馬納斯鹿峰，二〇一二年嘗試攀登干城章嘉峰，但未成功。二〇一三年攀登洛子峰，登頂後陷入昏迷，而後過世。參見劉家國（2014: 356-357）。

第十章 「亞洲地中海」之夢

再度擱淺於夢境的碎岸
夢與醒在此接壤
脫下裹夢的風衣為你披上
我的續航者正揚起帆

〈夢醒接壤〉

在接連幾次跟著馬祖人進香，看到馬祖人對於重新扮演兩岸樞紐的期待落空後，我經常在想：一個能夠突破兩岸格局的新計畫應該不久會出現了。果然，一個將馬祖打造為「亞洲地中海」的新構想在二〇一二年橫空出世，並且很快就在當地動起來，震撼了整個列島。在本書的最後一章，我將探討這個相當具有爭議性的計畫。透過該計畫，我們將得以更深入理解當代馬祖人的掙扎，以及他們對未來的不同想像。

如同前章所述，二〇〇八年臺灣與中國關係邁向了另一個階段：「大三通」的實施使得兩岸的來往更為直接。但如此也代表兩岸的往來可以完全跳過馬祖，致使從二〇〇〇年以來馬祖致力經營的兩岸橋梁角色逐漸褪色。「小三通」從二〇〇九年以後連年虧損也顯示了這樣的趨勢。「馬祖—福州」小三通二〇〇九年來往有九萬人次。二〇一一年已不到四萬人次，二〇一一年十月船班也由兩班縮減為一班，載客率相當低。

另一方面，馬祖對臺交通仍是島嶼的一大問題。馬祖雖有南北竿兩座機場，但是兩座機場的設施皆相當有限，島嶼氣候詭譎多變，班機取消乃經常之事。以二〇一一年為例，馬祖兩座機場的無效飛行率（即航班取消）高達一九．四%（張佩芬，2012）。有些月分更是嚴重。例如，二〇〇七年五月共取消一三五班次（于浩，2007）。事實上，許多去過馬祖的人，可能都深刻體會過航班臨時取消、滯留機場、求助無門之苦。馬祖人常以一些順口溜來抒發他們的無奈。例如觀光局的標語以馬祖話邀請人們來馬祖玩，叫大家「到馬祖『卡蹓』」，當地人將之改編為：「卡蹓，卡蹓，卡在松山，留在馬祖。」另外還加上：「來馬祖送『關島』三日遊」——因馬祖飛機場時常關場，一關場整個馬祖便如同「關島」。這些玩笑話的背後，深藏的是馬祖交通困境與人們心中的無奈。

海運方面，馬祖過去對外主要的交通工具「臺馬輪」，故障停航事件頻頻發生。臺馬輪於一九九七年購入，至今已有三十年以上的船齡。[1] 臺灣海峽冬季嚴峻海象，使得臺馬輪在冬天經常停駛。[2] 二〇一〇年二月二十日，甚至發生海上漂流意外。那年，臺馬輪進廠歲修不久，在春節加入航運，沒想到在春節即將結束時，航行在臺灣海峽的臺馬輪主機突然失去動力，船與八十五名旅客在海上漂流四小時才脫困。[3] 二〇一五年建造完成的新船「臺馬之星」，一開始也被認為是「故障之船」，從二〇一五年八月下水後每月都發生故障（劉家國，2015），二〇一六與二〇一七年每年的故障發生率都超過十次。近年來雖有改善，居民在搭乘時仍不免提心吊膽。（連江縣政府在二〇二〇年已另爭取經費，在日本製造「新臺馬輪」，預計二〇二三年交船。）

交通問題帶來的焦慮不斷出現在《馬祖日報》與馬資網的討論中。[4] 本章要探討曾任馬祖縣長的楊綏生，在遇到這一連串困難時，如何藉由推動一個博弈資本家提出的計畫「亞洲地中海，博弈度假村」，嘗試突破馬祖面對的交通難題。然而，博弈計畫在馬祖引起極大的論戰，最後以公投票決。本章也將分析與這個計畫相關的論辯，並說明「後軍事世代」如何在這個過程中成形。時至今日，漁民、旅臺菁英以及後軍事世代之間，對於的馬祖未來已有相當不同的想像。

賭馬祖一個機會

雖然博弈的設置在地方上早已醞釀多時，但二〇〇九年選上縣長的楊綏生可說是引燃該議題的關鍵人物。如二〇〇〇年初，時任立委的曹原彰時就提出在馬祖設置觀光賭場的建議。《馬祖通訊》在二〇〇三年三月也做過電話抽樣訪查，然而當時不贊成發展博弈的有六二%，贊成的只有二六%（《馬祖通訊》，2003.07.30）。再加上當時的馬祖縣長反對，博弈議題無法進一步發展。但後續討論仍在馬資網上持續發燒。等到楊縣長上任後，情況開始轉變。

楊綏生是第一位馬祖高中畢業、保送臺灣就讀醫學系的馬祖人。返鄉服務後，很快就參與政治。在第六章中我討論過他參與牛角建廟，後來選上縣長的過程。不過，在他心中始終更關注的是交通的問題。臺馬輪就是他在擔任建設局長時，親自前往日本採購的船。我問他為何對交通如此關心，他說：

我一九七四年到臺灣念醫學院，寒暑假都是坐補給艦回馬祖。有一次冬天搭船回來，那天一上船就聽軍方人員公布因有重要軍事物資在船上，百姓不准進入船艙，我們只能待在甲板上。那天在下雨，海浪打上來地上都是溼的，沒辦法躺下來。十幾個小時漫長的旅程非常疲累。我看了看四周，有一臺軍用卡車在甲板上，於是我就身體懸空，橫躺在兩個卡車的輪胎之間。躺了一陣子，身體很酸痛，翻過身來，看到甲板上有一個豬籠，載著豬。我掉下眼淚，心裡想：「馬祖人連豬都不如。」後來結婚，生了第一個小孩。他八個月大時，我們夫婦帶他去臺灣給外婆看。船開了不久，小孩子就暈船了，因為不舒服一直哭。軍官嫌我們吵，叫我們去錨房待著。海浪很大，巨錨也隨著波浪左右來回晃動，敲打著錨房兩壁發出隆隆巨響，一路到臺灣。我那時想，我這一代受盡搭船之苦，難道我的下一代還要這樣繼續下去嗎？

事實上不只他，後來他的兒子，也都因為天候不佳，船無法開或飛機停飛，錯過了他們在臺灣的大學畢業典禮（李詩云，2014: 7, 21）。這種戰地經驗加上人生遺憾的際遇，更讓他相信

圖10.1　左：老舊的臺馬輪vs.右：具有現代感的三體快輪（作者與楊綏生攝）

唯有改善交通才能改變島嶼的未來。在他選上縣長後，開始進行一連串改造馬祖交通的計畫。

臺馬輪的沉痾在馬祖官員履次向中央反應後，終於二〇〇九年行政院核定了「購建新臺馬輪計畫」。然而楊縣長認為，新臺馬輪以現有的舊船為設計樣本，未來將缺乏競爭力。因此在他二〇〇九年就任後就向中央提出購買三體快輪的想法（圖10.1）。

圖10.1中這艘三體快輪由澳洲奧斯塔公司（Austal）製造，航行臺馬之間單趟航程僅需三至四小時。船體具有高度抗浪性，且擁有高舒適性的航行能力（劉秋月，2010）。航程計畫由臺灣基隆港出發到馬祖，再到馬尾（福州），回航馬祖，然後返抵基隆。縣長認為這條路線就像「海上高鐵」一般，不但能快速有效提升馬祖海上交通的便捷，也有機會吸

引兩岸三地人潮的流動。一旦人員流動量大幅增加，就會帶動周邊相關產業及服務業。我們可以看到，當時楊縣長爭取購買三體快輪的想法不只希望藉此能突破馬祖交通困境，而且更希望透過爭取新科技海上交通船來「賭馬祖一個機會」(《馬祖日報》，2010.05.21)，實現發展馬祖的更大願景。

但美中不足的是，這艘船造價高昂，需臺幣二十八億，是新臺馬輪預算的兩倍。因此，縣長自上任開始便馬不停蹄地遊說中央官員（劉秋月，2010）。不過，由於臺灣對三體船舶的陌生，加上這艘船的造價太高，最後馬英九總統在二〇一〇年七月裁示：「新臺馬輪案應依照核定的原按進行」，否定了購買新科技船的想法。楊縣長在二〇一四年跟我講述這個過程時，臉上沒有挫折表情。他淡淡地說：

為什麼要告訴你這些？因為就連總統也不能解決馬祖的問題，更加強了我發展博弈的決心。

於是他轉向了國外資本家。

推動博弈

二〇〇九年一月十二日，立法院通過《離島建設條例》修正案，新增第十條之二，明定離島地區可以依公民投票結果開放博弈事業。二〇〇九年九月，澎湖首先舉辦博弈公投，但是闖關失敗。金門在二〇〇九年八月亦有人提案博弈公投，同樣在二〇一一年十月撤回提案（後來雖然澎湖在二〇一六年、金門在二〇一七年舉辦公投，但支持方都是慘敗）。馬祖在當時縣長楊綏生的支持下，於二〇一一年八月提案博弈公投，在島上引發一連串激烈的辯論。楊綏生是如何想到要發展博弈的呢？

令人訝異的是，楊綏生引入博弈的想法竟然來自於臺灣頗負盛名的詩人鄭愁予的啟發。他與鄭愁予三次接觸後，決定在馬祖推動博弈。第一次是牛角發展社造期間，當時楊綏生擔任牛角村的社協理事長。他說：

那時因為有一個臺灣人的牽線，我們邀請鄭愁予到馬祖來演講。跟他一起吃飯時，他提到馬祖可以發展博弈。他說博弈不是一般人想像的那樣，而是一個可以綜合各種娛樂活動的地方。這是我第一次聽到博弈，不過那時聽聽就算了。

第二次是在臺北的一場飯局，這次鄭愁予花了很長時間講述美國康乃狄克州印第安保留區，因博弈事業而創造榮景的故事，改變了楊綏生對博弈的刻板印象。他便上傳文章到馬資網，寫道：

三年多前，有緣與詩人鄭愁予兩度會談中，都提到美國印第安保留區，原本因無法提供足夠的就業機會，人口外流嚴重，自一九八八年美國聯邦政府頒布了《印第安賭博管理條例》後，觀光事業開始發展，經濟起飛，創造了許多就業機會，人口回流，徹底改變了印第安保留區的命運。（楊綏生，2008）

他也評論馬祖過去幾年以宗教發展觀光的成效：

這幾年來地區也曾嘗試利用「媽祖與馬祖」的關連性，試圖開發以眾多媽祖信徒為對象的「宗教觀光」，雖經數年努力，目前尚看不到成效。（同上）

因此，在二〇〇九年，楊綏生便特地再次約了鄭愁予見面（圖10.2），仔細請教他對博弈的看法：

詩人……從馬來西亞的雲頂談到澳門，再談到新加坡最近設立賭場一事，最後落到他在留學康州時在印第安保留區賭場當dealer（發牌者）的故事，對於觀光賭場有獨到而深刻的描繪。按詩人的說法，賭場是一個金雞母式適合所有年齡的綜合遊樂場的代名詞。（楊綏生，2009）

圖10.2 楊綏生與鄭愁予討論博弈（楊綏生提供）

最後，他總結：

> 將來馬祖要不要設博弈？可能需要長時間的對話與辯論後再來一次公投，它可以是一個著眼於經濟的目的，使交通成為必要的配套，也可以是尋求突破交通的手段，無論如何〔，〕都是一個深值探討的課題。（同上）

從此之後，楊綏生不但積極在馬祖大力鼓吹設立博弈，也接待博弈商人，協助他們在馬祖各島舉辦各式各樣的博弈說明會。他決定跟臺灣政府賭一賭。

博弈資本家的來到

亞洲近年來掀起興建賭場的熱潮，許多新形態的豪華大型賭場在澳門、新加坡等地出現，成功吸引大量國際旅客。二〇〇七年澳門賭場總收入已經超越拉斯維加斯，成為世界第一賭城（梁潔芬、盧兆興，2010）。博弈產業在澳門的成功，促使澳門經濟突飛猛進，也因此成為全球各國起而仿效的對象。約莫在二〇一〇年間，國內外許多專家都推測臺灣將非常可能是繼新加坡後，亞洲下一個開放博弈產業的國家。

馬祖傳出可能要發展博弈觀光之後，美國拉斯維加斯金沙、澳洲皇冠、馬來西亞雲頂與澳門新濠天地等數家國際知名賭場業者，皆相繼來馬祖探詢可能性。其中，以美商「臺灣懷德聯合開發有限公司」的態度最為積極。懷德公司的老闆威廉・懷德（William Weidner）自一九九五年出任美國賭場營運商拉斯維加斯金沙集團（Las Vegas Sands Corp.）總經理，在任期間負責過拉斯維加斯威尼斯人、帕拉佐（Palazzo）度假村，以及澳門金沙娛樂場、威尼斯人度假村和四季酒店的開業與管理。他也曾參與新加坡的濱海灣金沙度假村開發計畫。二〇〇八年因與金沙集團大老闆阿德爾森（Sheldon Adelson）齟齬，離開金沙集團。後來他另組懷德度假村開發有限公司（Weidner Resort Development, Inc.），除與迪世蘭公司（Discovery Land Company）結盟，又與全球金融服務業者建達公司（Cantor Fitzgerald）合作，共組「美國環娛資產管理有限公司」（Global Gaming Asset Management），聯手在全球尋找機會開發綜合度假村。[5]

對於一位國際資本家而言，臺灣或亞洲的博弈產業發展動態都是他密切觀察的對象。二〇〇八年澎湖博弈吵得沸沸揚揚時，懷德已經在澎湖觀察可能性了。二〇〇九年澎湖公投失敗後，他到金門探路，二〇一一年六至九月住在金門三個月左右，但是當時金門縣長李沃士對發展博弈沒有興趣。懷德自己說：

> 我在到馬祖前，花了六個月瞭解金門。我可以確定，金門居民不願意開放賭場。他們有酒廠，情況很好，生活很平靜，連我都想在那裡退休。（楊卓翰，2013）

二〇一一年三月四日懷德首次來馬祖，並與縣議會議長見了面。由於在金門無法施展，他便開始布局馬祖。二〇一一年十月他的工作人員就紛紛來到馬祖，拜訪縣府人員。二〇一二年一月懷德在臺灣經濟部商業司登記為「臺灣懷德聯合開發有限公司」，在臺北信義區租了一間辦公室。當月也同時在連江縣政府做簡報，準備登陸馬祖。

國際資本家眼中的馬祖

因為馬祖的公投案，博弈究竟應該設在哪裡受到很多臺灣人的注意，最後連臺灣首富郭台銘都跳出來評論。他說：

若要在臺灣發展博弈產業……在淡水發展博弈特區，效應會更好，不但可促進本島人民就業，也可打造淡水成為觀光、科技、展覽等不同用途於一身的重要平臺。（蔡乙萱、李信宏、曾德峰與唐在馨，2013）

懷德卻不這麼認為。他說：

你去看谷歌（Google）地圖就知道了，福州、泉州、廈門、廣州這些重點沿海地區，一個半小時就可以到了。所以從我的角度來看，馬祖不是「離島」，它是在所有東西的正中央。（楊卓翰，2013）

記者繼續問他對臺灣首富郭台銘所提出的不同看法有何回應：

問：鴻海董事長郭台銘指出，淡水發展博弈特區更有效益，你怎麼看？臺灣本島有地方比馬祖更適合設賭場嗎？

答：如果你想賺臺灣人自己的錢，淡水是比較好的地點。如果你想賺中國、還有全世界的錢，你就得在馬祖開賭場。你當然是從那些有錢買機票的人身上賺錢，而不是那些開車來你賭場的人。（同上）

可見懷德並不是從臺灣的角度來思考在馬祖設賭場這件事，中國才是他的目標。他認為位於馬祖西面的中國，從北京到上海、溫州、福州等東南沿海大城市都有高鐵串連，中國旅客可透過今日便利的交通網絡來到距離馬祖最近的城市福州，再經由海運來到馬祖。未來，等馬祖新型機場完成，觀光客更可坐飛機直接到訪。而位於馬祖東面的臺灣，同樣也有高鐵連接臺北到高雄各大城市。因此他估計，度假村營運後，每天約將接待一萬二千名旅客（一年約四百五十萬人次），其中七〇至八〇%來自中國大陸。事實上，對一位國際資本家來說，中國東南可能只是一個開始，他未來更要將東亞、東南亞都含括進來（Weidner 2013: 89）。而且，所有的事情對於懷德這位新自由主義的商人來說，他都可以獨立解決，既不需要國家的資助，也希望政府能降低干涉。他很有自信地說：

> 有人質疑馬祖的基礎建設不夠，水、電不足，我很驚訝有人會有這樣的疑問。這些人有聽過杜拜、阿布達比嗎？我們從鳥不生蛋的沙漠裡面蓋了城市，做到各種不可能的事。現在有各種科技，像海水濾淨、生質燃料等可以幫我們解決問題。（記者：你是說，你打算在馬祖蓋一座海水濾淨廠嗎？）我打算蓋任何可以幫我成功的設施，我可以完全自己搞定，政府如果要幫忙也很歡迎。我對這些自然限制早就有準備。（同上）

那麼懷德究竟準備把馬祖打造成什麼樣的地方呢？

亞洲地中海‧博弈度假村

懷德想蓋的，並不僅僅是一座「賭場」，而是類似新加坡金沙、聖淘沙等大型綜合度假村（Integrated Resort）。懷德說：「馬祖在〔我〕的眼裡就像義大利南方的小村莊那樣迷人。」（曹重偉，2012）因此，他將馬祖的博弈休閒度假村命名為「亞洲地中海」，一開始選擇北竿大澳山與南竿黃官嶼兩地，預計整區開發為休閒度假村。北竿將興建內含賭場的馬祖亞洲地中海度假村，南竿則以精品旅館和家庭式別墅為主。

為了吸引遊客到馬祖度假村來，懷德必須在硬體設施並不好的馬祖從事基礎建設，這也成為整個計畫最吸引馬祖人的地方，後來更發展成所謂的懷德「四大保證」。首先，懷德承諾要在馬祖興建4C機場。懷德規劃將目前的北竿2C機場提升為世界一流的4C高科技盲降機場，波音七三七或空中巴士A三二〇型就可以在這座新機場起降，使馬祖交通不再被濃霧等因素所苦。如此更能與大陸，東亞與東南亞各大城市直接連接。另外，懷德還計劃改善興建馬祖新式碼頭。日後馬祖對福州馬尾的琅岐島船運也只需要四十分鐘，每班船次可載運三百至四百人。

能夠擁有一座3C或4C的機場當然是馬祖人長久以來的渴望。馬祖縣政府本身也做過相當多的調查，根據他們的研判，北竿機場有擴建為3C目視機場的條件。但必須要炸除短坡山、風山、大澳山、獅嶼等部分區域，才能達到精確進場的目標。並且就海域水深初估，若要將跑道延伸至4C規模（長約二千四百公尺），所需經費亦將十分龐大，若是朝3C規模（長約一千五百公尺）規劃，經費相對低，可行性也高（陳鵬雄，2011）。即使如此，3C仍需要八十幾億臺幣的投入。

其次，懷德公司也將在南北竿之間興建跨海大橋。由於懷德計劃在北竿建博弈度假村，南竿建精品旅館與家庭式別墅，因此勢必要建造一條連接南北竿的跨島大橋以結合兩地。這座大橋同樣是馬祖人一直以來渴望的建設，屢屢在《馬祖日報》討論，但也是因為造價將近四十億而無法付諸實現。

第三，馬祖教育資源不足，是馬祖居民十分苦惱的問題。懷德也應允將在馬祖蓋一所大學，培育觀光相關科系人才。最後是社會福利金。懷德準備以營收的七%作為地方博弈特別稅繳交給地方政府。他估算，若地方政府將此金額之一半回饋馬祖居民，第一年馬祖人每人可領到一萬八千元，到了第五年就可領到八萬元。

懷德提出的四大保證，從改善交通、產業開發、提升教育到社會福利金回饋，可說是一套相當有系統的基礎設施計畫。事實上，馬祖人也是如此看待懷德的保證。例如，在懷德公司的說明會中，到處洋溢著「基礎設施的希望」（infrastructural hope）（Reeves 2017），民眾最熱烈討論的是地方建設而不是蓋賭場：

在……開場不到十分鐘的簡單報告過後，現場更多的時間，大家談論的不是賭場，而是地方建設。「賭場、飯店什麼的你要蓋什麼我不管，反正我們需要的就是你們來蓋機場啦！」……「還有學校，學校也要！」……在這場「博弈說明會」上，地方民眾大談地方建設的迫切需要，一擁而上圍著〔兩位博弈業者〕熱烈傾訴。兩位博弈業者，頓時彷彿成了「地方父母官」，仔細聆聽，然後一一承諾，答應將會投注建設。（王顥中，2012）

相較於臺灣政府對馬祖基礎建設的忽視，懷德不僅像是「父母官」，事實上更像是昔日的戰地政務政府，應允再次在馬祖開山造林、填海造陸。只是，如此的博弈資本主義一旦在馬祖落腳，懷德勢必將成為另類最高指揮官，把馬祖帶向一個無可預知的未來。

「亞洲地中海」的多重想像

雖然「亞洲地中海」預計將對馬祖進行大規模改造，其規模可能堪比過去軍方的來到，但內容上卻有一些重要的不同：

發散的孤島 vs. 連結的島群

讓我們先從連結南北竿的跨海大橋來看。在戰地政務時期，各島獨力作戰，強調「同島一命」，跨島大橋是無法想像的存在。即使今日解除戰地政務多年，島際交通得到改善之際，資源整合上仍因島嶼分散而無法突破。許多重大建設在不同島嶼重複投資是馬祖這種發散式列島面對的一大難題（例如馬祖有南北竿兩個機場，但機場設備皆甚為簡陋）。然而今日隨著時空轉換，島群相連被視為國土延伸；島際若能連結，效益加倍，將帶給地方另一層次的躍升（《馬祖日報》，2002.05.13）。懷德的四大「保證」從某方面來說，能夠解決馬祖發展上的要害，如跨島大橋的設計，使各島功能得以互補，為地方發展帶來新的突破。

邊陲化的困境 vs. 國際化的發展

當我訪問對此事涉入甚深的馬祖觀光局局長對懷德的看法，他說：

懷德他們提出願景與構想，其他捐客只問馬祖有多少土地。他們對馬祖所在的區位優勢做了很仔細的分析。以福建為主，往北到浙江，往南到廣東北部。他們也瞭解馬祖本身。他們提出南竿黃官嶼與北竿大澳山（見圖10.3），都以機場為核心。不但脫離南北竿本島，因為土地差，沒人住，因此容易開發。

他進一步想像說：

成功之後，馬祖從臺灣的離島脫胎換骨成為國際的島嶼，臺灣反而可能成為馬祖的離島。

圖10.3　懷德博弈度假村預定地（楊綏生攝）

可見懷德對馬祖地形與所在區位的分析相當得到地方官員的支持，他所提出的未來願景也深深吸引著當今面對邊陲化危機的馬祖人。

嚴酷冷戰島 vs. 豪華度假村

4C現代化機場的興建更是打動馬祖人。它不但能解決島民長年所受的交通不便之苦，機場完成後帶來一批批的觀光客也將改變島嶼現狀。跨國資本家的「亞洲地中海計畫」，將使得馬祖從一個邊陲的軍事島嶼，變身為類似地中海內充滿度假風情的迷人島嶼，或是如同杜拜一樣，成為矗立在海上的奇幻之城（圖10.4）。

讓我們進一步來思考「亞洲地中海」的主題：馬祖博弈度假村將有別於他在菲律賓的投資與設計（見下）。由於馬祖民居有著

圖 10.4　亞洲地中海的島嶼風情（作者攝）

類似於地中海村落的特質，懷德將仿照義大利、地中海、南法托斯卡尼及摩納哥皇室風情，設計出具有異國情調的度假村（欣傳媒，2013.04.03）。

如此的意象透過懷德各式各樣的宣傳品不斷傳遞到個人與家戶中。他的宣傳品與網路訊息中的建築總是瀰漫著不同形式的欲望與幻想（forms of desire and fantasy）（Larkin 2013），甚至是應許（promise）（Anand et al. 2018）。尤其在他設計的 3D 立體動畫圖中，馬祖冬季凜冽的強風，令人瑟縮的低溫，更是完全消失蹤跡；取而代之的是陽光、別墅、碼頭、遊艇與蔚藍海岸。如同地中海小島，馬祖列島將洋溢著繁華豪奢的度假風情。

新自由主義的幻夢？

然而，我們不禁要問：國際資本家所描繪的馬祖真的可能實現嗎？或者，這根本是一個無從判定真實與否的想像？正因它存在於真實與虛幻之間，使得「亞洲地中海」的面目難以辨識。

在推動博弈方面，懷德個人與其工作團隊總是積極與在地人接觸，包括在南竿成立辦公室、舉辦大型的南北竿說明會。工作人員並下到每個村落辦小型說明會。公投前一天，更是以臺灣人熟悉的地毯式拜票，走遍傾向反博弈的每個角落。下以工作人員說明二〇一二年七月六日公投之夜如何拜票為例：

工作人員：從下午四點我們在復興村介壽村挨家挨戶拜訪。每個門我們都去敲，反賭的不喜歡我們的我們都講。中間我們沒吃飯。其中最辛苦的是山隴（按：該村軍公教人口偏高）……那時下著雨，很辛苦（按：馬祖村落依山而建，階梯錯落，雨天上下階梯不易）。結果，皇天不負苦心人，我們在每一個開票所都贏！只有山隴是三二九對三二九，打平。但這也代表我們沒有輸掉任何一個地方。

作者：懷德自己呢？

工作人員：他投票前三四天就到了，陪著我們。公投前一晚也是跟著我們，到每戶打躬作揖。

然而，在「腳踏實地拜會」的另一面，卻是「無邊界的虛幻」。懷德喜好在精美的廣告文宣與儀式中展現他的人脈。但是這些人（脈）來自外地，對當地人而言，一個個都是模糊的面孔。翻開懷德文宣一看，內容出現的「大企業家」，都是不在地的跨國合作夥伴。他們也往往只在儀式性場合，如說明會與記者會，才會出現（方雯玲，2012）。除了男的西裝筆挺，女的衣香鬢影之外，沒有人知道他們究竟是誰，以及如何與懷德合作。

此外，懷德經常透過記者會向外宣稱已獲得跨國銀行對投資度假村的興趣與意願，而且每次提出的投資金額總是一次又一次往上攀升。

馬祖通過博弈公投，九日就有美國娛樂事業公司在臺灣大動作召開記者會，宣布要率領團隊參與開發馬祖觀光娛樂事業，並且已獲得華爾街金融機構六百億新臺幣資助。（李玲玲，2012）

〔懷德〕本人則是在美國與八大金融機構洽談投融資計畫，包括高盛公司、德意志銀行集團、UBS瑞士銀行、J.P. Morgan摩根大通證券公司、美銀美林公司、CLSA里昂證券資本市場公司、瑞士信貸有限公司、麥格理資本有限公司。……六百億臺幣規畫案只是第一期，目前已規劃到第三期，實際投資金額可能會達到一千八百億臺幣。（曹重偉，2012）

臺灣懷德以一百萬資本額成立，懷德控股公司及華爾街的公司每年在美國證券交易金額達十六兆億美元，第一期承諾開發金額將達七百至八百億新臺幣，分三或四期累積十五年的開發，投注金額將達二千四百億新臺幣以上，目前公司運籌金額已達三百萬美金。（方雯玲，2012）

這些一個個鼎鼎大名的國際銀行與節節攀升的投資金額——從六百億、一千八百億，到九千億——不但無從確認，而且相反的，令人生疑。然而，懷德也從不正面面對人們的質疑，總是談笑帶過。例如，在南竿介壽堂的說明會中：

> 懷德親自說明主持，包括亞洲區總裁、國際博彩分析師等多位開發團隊成員都出席說明會。在影片介紹中，懷德公司簡單說明目前對於馬祖的規畫，……至於網路上有人質疑公司資本額一事，他則淺笑表示，懷德公司在華爾街的投資銀行是被認可單一投資有六百億元的額度。（劉秋月，2012）

資本家以淺笑取代正面回應，只留下六百億元這個數字飄在半空中。

不過，懷德也會透過一些方式展示他的經濟實力。例如，為了讓人知道他有能力與資金從事馬祖投資，他便趁著他所投資的菲律賓度假村——馬尼拉灣索里拉度假中心（Solaire Manila Resort）——開幕典禮之時，邀請臺灣二十二位記者前往參與（宋健生，2013）。他在那裡召開記者會，說明他下一步的馬祖開發計畫，強調馬尼拉的經驗如何可以作為馬祖開發的借鏡（圖10.5）。索里拉博弈度假村是一座面積一百公頃、俯瞰馬尼拉灣的娛樂城。該城規劃有四座博弈度假村，索里拉是馬尼拉灣區第一座開幕的大型賭場。懷德與索里拉母公司布魯姆貝瑞度假村公司（Bloomberry Resorts Corporation）合作，在該案的投資金額約占總體金額的一〇%。

圖10.5　懷德在菲律賓介紹馬祖博弈開發案（宋健生攝）

在這一連串的鋪排中，我們看到一位博弈資本家如何以無邊界的跨國資本作為背書，加上奢華排場的襯托，為邊陲社會的人們創造希望，即使那是一個充滿虛幻與不確定的未來。

不同世代的馬祖想像

發展博弈與否對馬祖的未來甚為關鍵，涉及在地所有的人，因此這個議題也引起普遍的關注。當我與老一輩的漁民閒談，問起他們對於在馬祖設立博弈的看法時，不少人都會表達支持之意。

除了「八萬元」的社會福利金對他們顛沛流離的一生是一種保障之外，他們也認為博弈並非壞事：

> 我們自己以前也在賭啊！
> 馬祖人的性格本來就喜歡「賭一把」！

的確，如同第四章提到的，賭博本來就是漁民生活的一部分。更何況現在漁業已經沒落，軍人也走了。我去東引調查當地人對博弈的看法時，一位地方上相當有名的船老大也說：

> 反正都沒有了，不如賭一睹（*huang lung tou mo lou, puh y tu luoh tu*）！

這種要「拚一下」、「賭一把」才「有希望」的想法，與第四章所說的賭徒精神相當類似——也就是，漁民認為要積極把握機會、勇於嘗試、冒險一搏，才有可能突破現況，開拓新的未來。

支持者中，另有一群為從馬祖遷臺的文教人士。他們不但在臺灣舉辦博弈論壇，也積極回鄉參與公投辯論。本書第三章曾提及保送制度促使馬祖公教階層的出現。當他們回鄉服務，完成義務後，面對馬祖交通不便且升遷有限的問題，為了追求更好的環境，不少人遷移到臺灣。由於他們的經濟條件相對於早期的工廠時代移民較為優渥，他們多半在大臺北地區買房，一九九七年成立「文教協會」。

與他們接觸，很快可以發現他們大多成長於軍管早期，對馬祖的過去充滿艱辛的記憶。他們很清楚，漁業凋零加上公教職務有限，導致馬祖人的生存空間狹小，而必須向外遷移，在外努力打拚（張龍光，2012）。因此，他們認為馬祖如果沒有自己的產業，一直仰賴中央政府補助，未來的馬祖人一樣不會有足夠的生存空間，永遠需要漂泊異鄉（林金官，2012）。更有人認為：大型財團擁有足夠的資金能夠開發地方，給馬祖帶來希望（曹順官，2012）。對馬祖「生活艱苦」的記憶、「無法自立」的看法，以及必須仰賴「大型資金投入」、「開發」的觀點，事實上反映的是遷臺者本身在戰地時代的經歷。這些生活經驗反而與不少當代馬祖年輕人成長過程相左。兩方站在不同的立場上展開激烈辯論。

有一位地方反對派代表的意見非常能夠呈現老中青等不同世代對於「馬祖」想像上的轉變。曹祥官，生於一九七〇年，博弈公投進行時他才四十二歲。與馬祖許多中生世代菁英一樣，他也是保送到臺灣就學後返鄉服務的公務員。他被保送到臺灣念的是馬祖需要的海洋工程，回來服務時正逢解嚴。當時馬祖很多港口設施簡陋，因此他立即投入碼頭建設，前後有十年之久。不過，參與這些建設反而讓他深入反省並瞭解這些開發若無長遠的視野，給地方帶來的只是一去不復返的破壞——因為建碼頭、築堤防、放消波塊，正持續摧毀馬祖的海岸與礁石。更不用說懷德提出的博弈度假村需要大量的填海造景，給馬祖帶來的環境與生態破壞勢必更大。對於馬祖在臺文教界人士為何大力支持馬祖發展博弈，他用了一個「家的比喻」來說明：

在一個長年貧困的家中，爸爸決定離鄉去賺錢。留下來的媽媽帶著小孩也沒有偷懶，經過幾年打拚後家境已逐漸好轉。有一天，外出賺了錢的爸爸回來了。不瞭解家人幾年來付出的努力，他仍然覺得家裡很落後，於是要媽媽與小孩把家產賣掉或出租賺錢。

這個「家」的故事不但隱喻了移民、當地人與博弈資本家的關係，也銜接了後戰地青年世代對馬祖的想像。

後軍事世代的出現

博弈正反攻防事實上很早就在馬資網上開打，但由於正反立場過於分明，馬祖一般人已經漸感疲乏，影響不大。臺灣的「反賭博合法化」聯盟也很早就來到馬祖參與反對陣線，在臉書上設立「樂活馬祖，不要家園變賭場」粉絲頁，但是馬祖人對他們一直感到陌生，反應並不熱烈。因此以「開發」為主導的思維，在縣政府與旅臺文教人士的支持下原先取得相當的優勢。一直到一群馬祖反賭年輕世代的加入，整個反對力量才捲動起來，博弈通過與否也才開始出現較大的變數。

這個年輕團體的召集人曹雅評，是一個當時年方二十三歲、在臺灣念社會發展研究所的學生。她生於一九八九年。與過去的反對者不同的是，她這個世代的年輕人生長在後軍事時代的馬祖，沒有實際經歷軍事統治。曹雅評說她大學在臺灣念的是社會工作，那時讀的、看到的是臺灣的社會問題，如原住民、弱勢群體與開發案的後遺症，但從來不覺得這些問題與馬祖有任何相關。直到有一天回馬祖，聽到爸爸興高采烈地跟她說馬祖要蓋賭場的時候，她愣住了，沒想到類似的事情會發生在她的家鄉。可見她（以及年輕世代）對馬祖的強烈意識是在博弈事件中才被召喚出來。於是，她回臺後開始號召旅臺馬祖青年，並在臉書成立「馬祖反賭青年，我們不要一個賭場的未來」反賭社團（二〇一二年）。

馬祖反賭青年社團逐漸聚集了不少年輕人在上面展開討論、分享心得。更重要的是，他們大量使用社群網站的各種分享功能，將反賭訊息轉貼到其他社群網站，以擴大效應。其中最有名的是〈一個十三歲女孩給我的信，她告訴我要繼續為反賭而努力〉這篇文章。該文由一個曾經在馬祖讀過小學的女孩寫給曹雅評，訴說馬祖風景的純樸之美，以及對馬祖博弈化的恐懼。曹雅評先將這篇文章貼在個人網誌上，然後公開到臉書與馬資網，最後被瘋狂轉載，引起許多臺灣媒體的大幅報導。馬祖博弈剎時成為一樁全國性事件，引起各方關注。地方上，教育界的老師們看到年輕人站出來，也紛紛跟著出來相挺。青年朋友這股清新又單純的力量也讓一些中壯年紀的人感動，陸續發聲支持。其中有人在臉書寫道：「因為我們看到馬祖未來！」那時，地方輿論也從原本一片看好通過博弈，逐漸變成沒人有把握（潘欣彤，2012）。即使這群年輕反對者最終沒能夠贏得公投，但是票數並不差。年輕人的現身讓這個島嶼的未來有了不同的可能。

年輕世代的積極投入，蘊含著他們對於馬祖、臺灣、甚至福州（中國），以及對於過去漁業時期或軍管時代不同的定位與想像。馬祖後戰地世代成長於戰地政務解除之後。他們沒有軍管時期艱苦的記憶。在他們生長的時空，馬祖一直在發展觀光產業，而且無論在交通、生活與資訊上馬祖都已經與臺灣連結。例如，曹雅評提到自己的生長經驗：

我從小就去臺灣。暑假跟同學約在臺北，一起到西門町逛街。從馬祖到臺北，這過程很自然。

她甚至翻轉了長輩眼中馬祖與臺灣、福州的關係：

臺灣，甚至福州，是馬祖的「後花園」。我們去那裡玩、補習、買東西。

也就是說，對後戰地世代而言，馬祖已不是暫居之處，而是他們的「家」。馬祖成為生活的中心，反之，臺灣或福州只是他們的後花園。他們反對博弈資本家，正是在傳達他們渴望這個家能不再被任何人控制或破壞，能夠走向永續發展。

結論：碎裂、異質的未來圖像

博弈公投最後以贊成者一七九五票（五七％）勝過反對者一三四一票（四三％）。然而，最後馬祖仍然沒有設置博弈度假中心。因為即使地方公投通過，中央政府必須制定法律，如《觀光賭場管理條例》與《離島地區博弈事業管理法》，地方政府才有執法依據，繼而開始招商引資。但是，這類法案的制定在臺灣的中央政府受到不同力量的阻攔。加上中國官方在二〇一三年二月公開表示禁止居民到臺灣賭博，等同反對馬祖博弈，更使得支持者想像中的美好前程蒙上巨大陰影。由於前景始終渾沌不明，懷德最終在二〇一五年六月發表聲明，說明博弈已經通過三年但中央政府仍不願配合，他只好退出馬祖。

「博弈」始於個人，最後能夠匯聚為集體想像，無疑是馬祖人在面對不確定的生存環境中所做的回應。這可從支持者在網路上經常提到，博弈是馬祖人面對邊陲化危機時給自己「多一個希望」（pinkheart 2012）、「掌握一個機會」（飛毛腿，2012）的方式，甚至他們也願意以博弈「賭一個未來」（烘焙王，2012）。如此以小搏大的冒險精神與年長漁人的看法，以及楊綏生縣長引進三體快輪、乃至懷德的初衷都非常相似；我們可以說這樣的賭徒冒險精神是馬祖人長期以來面對未來的共同心靈，在解嚴後追尋新的未來時再度被召喚出來。如果說馬祖人在漁業時代與海洋賭，戰地政務時期與國家賭，面對不確定的未來，二十一世紀的馬祖人則用博弈與未來賭。

的確，從一九九二年金馬解嚴開始，一直到二〇〇八年兩岸三通後，馬祖面對的是前所未有的挑戰。博弈資本家所提出的「亞洲地中海」，無疑在前途未明之時為馬祖人創造了一個新的希望與情感的空間，讓他們可以追求內心的渴望與夢想：透過「亞洲地中海」的意象，馬祖人可以重新想像自身，將馬祖重置於兩岸、放眼亞洲、甚至參與全球舞臺。對多數島民而言，這無疑是一個新的「機會」——即使它混合著希望與絕望、承諾與辜負、現在與未來。

這所謂的「機會」深刻呈現出當代想像的重要特質。國際資本家懷德所提供的博弈想像既不是來自傳統的神話或故事（Taylor 2004），也不全然有地方文化或社會制度的基礎。因此，它更像是一種幻想，由新自由主義力量的無邊界跨國資本、不在地人脈與瞬時炫目的展演所媒介。其中，真實與想像不但難以區分，且夾雜著高度的虛幻性，透過神祕的博弈資本主義與儀式性的場景，不斷刺激著人們的思考，帶來震撼（Comaroff and Comaroff 1999, 2000, 2002）。因此，我們可以說，理解想像對瞭解當代地方社會有其重要性。這樣的虛幻乍看之下雖然有些荒誕離奇，但更真實地呈現了邊陲社會人們回應與探索未來的方式。

馬祖的例子使我們得以深入觀察：個人想像到最後如何成為大多數人之社會想像的過程。前面提到，二〇〇三年曾有三分之二的馬祖人反對設置博弈，到了二〇一二年公投時卻已贏得半數人以上的支持。關鍵在於，出現了能夠銜接地方與世界之間的媒介型人物，如本章的楊綏生。受過西式醫學教育，又是土生土長的馬祖人，他總是在科學與文化間擺盪。早期，他擔任牛角村社區發展協會理事長時，曾想要以環保概念打造家鄉。在無功而返後，他投入建廟，贏得在地人的支持，最終選上縣長。對他而言，進香與其他新式宗教實踐不易永續，因此他決定推動博弈公投，為馬祖開拓新的願景。類似這樣的介於地方與大社會之間的人，以及他們提出的圖像，始終刺激著馬祖人的思考，即使未能真正解決問題。

從博弈公投過程中發生的衝突、矛盾與緊張，我們也看到了馬祖不同世代——漁業時代的漁民、戰地政務時期產生的公教階層與在臺移民，以及後軍事世代——對馬祖與未來不同的想像。因此，今日的社會想像非但不單一，而且也無法以由上而下的方式理解。不同想像的主體對他們生活世界的認識與未來的期待，是我們在研究當代社會時必須更進一步思考的問題。

1 臺馬輪前身為行使日本瀨戶內海的渡輪。一九八五年下水，一九九七年由連江縣政府向日本購買，已成為臺灣現役交通船船齡最大者（潘欣彤，2010）。

2 每年十月至隔年三月，因東北季風，海面風浪大於九級之比率極高，臺馬輪開航率偏低。

3 二〇一七年四月二十九日由馬祖返回基隆時，也在海上漂流七小時，見王宣晴（2017）。

4 如：楊綏生（2010），劉秋華（2010）。

5 網址見：https://www.worldcasinodirectory.com/owners/global-gaming-asset-management（2017.11.25瀏覽）。

結論 成為我們自己

當麗蠅的複眼折射出這世界曲折的影像
我只願是隻飛舞莞花間的蛇目蝶
自在穿梭於暖溫帶島嶼的闊葉林
〈如歌的行板〉

本書討論的馬祖，早期是一片長期位於帝國邊境、國家力量未及的邊陲島嶼。在資源有限的情形下，人們來來去去，島嶼只作為暫時居住之處。從一九四九年起，歷史的偶然使這個原本封山禁洋之地突遭國家軍事力量全面介入長達四十年之久。軍事統治為馬祖帶來了大規模的建設並提供普及教育的機會，但也造成許多無法言說的創傷。隨著臺灣與中國關係的改變，臺海緊張局勢的緩解，馬祖在一九九二年解嚴。失去軍事戰略重要性後，島嶼的人們面對重新認識自我、定位地方的挑戰。更進一步來說，島嶼未來要走向何方才能超越過去被國家棄守或全面控制的命運？此時，我們看到在軍管時期被保送到臺灣求學的中生世代提出一系列島嶼發展的想像。他們在馬祖成長，歷經軍事統治的艱辛。經過赴臺吸收臺灣與世界的知識後，他們的島嶼冒險精神被激發出來：重新組合了戰地遭遇與在臺經驗，回鄉後為馬祖危殆的未來提出新的願景。他們以個人的能力、經驗與理念為基礎，結合不同的媒介形式——新媒體科技、社造計畫、宗教實踐與新自由主義經濟力量——將馬祖不斷放入新的尺度中，為島嶼擘劃新的藍圖。我們也看到，在一群面對不確定未來的人們身上，想像得到了前所未有的發展機會。馬祖不但有著鱗次櫛比的想像發展歷程，其豐富的內涵更足以啟發我們思考個人想像如何轉換為社會想像的重要問題。

關於社會想像的討論，安德森（1991[1983]）與阿帕度萊（1996）告訴我們印刷資本主義，也就是報紙與小說的大量流通，如何支持了「想像共同體」的出現。本書則進一步說明新媒介技術的引進，如何促使個人想像有了更大的延展可能。在早期封山禁洋或二十世紀軍事統治期間，個人想像總是片段破碎或隱藏的。當政治上解禁、島嶼不再封鎖孤立後，人們可以重新建立社會關係，對地方的想像也得到更多機會發展與散布。

然而，久經軍事壓迫之後，個人如何成為想像的主體？主體化過程如何產生？又如何對社會產生影響？軍事統治無疑在每個馬祖人身上留下不同程度的傷痕，軍事體制的撤離更讓曾經是戰地的島嶼，孤獨地面對茫然大海與不確定的未來。本書因此聚焦探討馬祖人在面對此一關鍵時期，如何從個人能力與歷史經驗出發，結合新的媒介技術發展島嶼願景。我指出馬祖人的各種新宗教實踐與博弈計畫，是島民在二十一世紀突破兩岸政治僵局的冒險與嘗試。它們是一個接一個主體化的歷程（Moore 2011），探索島嶼未來的生存之道，而非「殘酷的樂觀主義」，執著於不可能實現的追求。文化理論學者伯蘭特（Berlant 2011）曾以「殘酷的樂觀」（cruel optimism）說明一種執著，特別是對種種有害狀況的堅持。在這種情況下，人們的執著反而阻礙了自己的成長，使得他們接近於自我消耗。伯蘭特暗指「美國夢」本身就是一種殘酷的樂觀。然而馬祖與美國非常不同，它是一個非常小，且介於兩個強大政治力量之間的島群；因島嶼資源有限，馬祖人向來重視透過以小搏大的冒險精神面對廣大世界。從這個觀點來看，馬祖人在後軍事時期所激發出來的想像，是島民面對邊陲化困境的嘗試一搏；它可能脆弱，但並非只是在消耗自己。在其他邊陲社會中，我們也看到人們如何以位於「側面」（Stevenson 2014）、「其他」（Povinelli 2011）、甚至「逃亡」（Sojoyner 2017）的方式，同時容納樂觀以及其中隱含的殘忍，打開不同的生存可能（Willis 2018: 341）。

在本書的最後，我將指出個人想像即使無法成功地轉換為社會想像，也有其活力，不會輕易消失。它們繼續潛伏，未來有不同可能。邊境社會總是富含形形色色的奇想。在二十一世紀政治經濟瞬時萬變，各式各樣媒體蓬勃發展的今日，我們也可預期將有更多不同類型想像出現，探索著島嶼的未來。

★★★

本書第八、九、十章所敘述的那些故事仍在進行中，並未結束。二〇一一年七月十五日為慶祝登亮島六十年紀念，馬祖軍方舉辦「登島英雄重返榮耀」活動，參與此次活動的縣長楊綏生，因緣際會發現島上有貝塚遺留。在邀請考古學者前往發掘後，兩具人骨出土。經碳十四年代測定約為距今八千二百年與七千五百年左右之遺骸，隨後將之命名為「亮島人」。「亮島人」不但是閩江流域所發現之最早的新石器時代人骨，也是臺灣地區已發現的最早南島人骨。二〇一三年再經DNA分析後，結果顯示亮島人的母系血緣與臺灣以及菲律賓的南島語族最為接近（陳仲玉，2013）。

亮島的人骨出土再度燃起了楊綏生縣長，繼博弈之後，將馬祖與對岸連結的希望。他不但拜訪福建平潭殼丘頭的考古遺址，爭取兩岸考古合作機會（劉秋月，2013），也率團拜會福建省文化廳與博物院，尋求文化交流與互動。對於近年來中國「一帶一路」發燒議題，他的參與更是不落人後。例如，在對岸「二十一世紀海上絲綢之路」高峰論壇上，楊綏生在會議中以馬祖考古發現與大陸的關連將海上絲綢之路和馬祖做連結：

> 馬祖就在閩江口外面……是海上絲綢之路上的一顆珍珠……我們希望能夠和福州一起，循著二十一世紀海洋絲綢之路走向世界、走向海洋。（謝丹，2014）

亮島人骨的DNA與南島民族接近更讓他有了將馬祖推向「世界」的想像。他在《馬祖日報》（2012.12.21）上投書：「亮島人不僅是馬祖人的亮島人，更是世界的亮島人。」他與中研院合辦「二〇一四從馬祖列島到亞洲東南沿海」國際研討會，邀請世界有名考古學者參與。會後並邀請學者、媒體與吉里巴斯（Kiribati）、吐瓦魯（Tuvalu）等南島語系國家大使登上亮島，透過他們宣傳亮島的重要性。他在縣長執政績效報告中也說：

> 亮島人考古發現會讓馬祖成為世界南島語族的新起點，連接兩岸走向世界，讓「閩東之珠」成為「世界亮島」。

由於亮島考古發現，楊縣長的思考愈來愈如根莖狀蔓延。不過，即使縣長如此地努力推銷，亮島人始終很少引起馬祖人的討論。即使在馬資網上，網友對於亮島的關注也非常有限。除了質疑這樣的連結能帶來多少經濟效益外，更重要的更是當地人對於「馬祖與南島語族的關連」無法產生共鳴（熊手拍，2012）。當地方上的人對島嶼的過去的理解與南島語族歷史文化之間有明顯斷層，個人想像的發展便有其限制。

無論如何，由於個人想像往往來自個人生命經驗以及對生活世界的獨特感受（Rapport 2015: 8），即使沒有成功地發展為社會想像也不會輕易消失。例如，楊綏生在縣長連任選舉未能成功後，已卸下公職。卸任的他雖有些失意，但不久就透過設計一艘屬於自己的三體快輪（圖C.1）重整旗鼓，表達他希望航向亮島，穿越臺灣海峽的想望。

這艘船無疑是他重新安置自我與面對未來的方式。他以馬祖自來水廠廢棄的氯桶打造船身。風帆以回收選舉旗幟縫製，上面寫著「閩東之珠．世界亮島」。整艘船標誌著他人生中追

圖C.1　楊綏生親自打造的三體快輪（楊綏生攝）

求的理想：從交通、環保到馬祖與世界的連結。這艘小船將隨著他不滅的個人想像，繼續馳騁在海上。

這艘船也用來紀念他未曾謀面的曾祖母：據說她製帆手藝精湛，曾經為馬祖二十世紀初有名的「海盜」林義和縫製風帆（見第一章）。這艘船的完成無疑展現他多來不斷研究船體與海洋所累積的知識與能力。他希望能駕著它由南竿出發航向亮島。他甚至已設計一張船／機（飛機）合體圖，唐吉訶德般地夢想這艘船未來可以飛起來——那時的馬祖人將不再為交通問題所苦。

同樣的，當初社造概念的提出者曹以雄也卸下公職。他對馬祖的想像已在社造中付諸實踐（即使沒有全然符合他當初的期待）。他自己也在這個過程中，從議員轉任文化局長，隨著楊綏生選舉的落幕，曹以雄也離開局長職務。卸下這個職位時，他思考自己的餘生還可以做什麼？剛好那時馬祖軍方釋出一百多個軍事據點給縣政府，他覺得自己可以申請接近牛角村的么兩據點，進行軍事閒置空間再利用，延續當初推動「聚落保存，活化老屋」的想法。

不過，這計畫可不小，現在沒有政府資源的他兩手空空，如何完成這個廢棄據點的修復？在猶豫困頓中，他回憶起年輕時那段在臺灣顛沛流離的日子，那些陪伴他度過人生困境的小說。其中，《刺鳥》裡面有一個動人的故事：

> 傳說有一種鳥，一生只唱一次歌，歌聲比世上一切的生靈所唱的歌聲都要優美動聽。這種鳥在離巢獨立的那一刻起，牠就不停地尋找著荊棘之樹，直到如願以償，才願意歇息。然後，牠的身體就往樹上最長、最尖的荊棘枝刺了進去。臨死之際，牠將死亡前的痛苦昇華為最動人悅耳的天籟，那歌聲連雲雀與夜鶯都黯然失色。曲終而命竭，換來一曲完美之歌。整個世界都在悄然聆聽，連上帝也在蒼穹中微笑。因為，唯有最深沉的創痛，才能換取最美好的事物。（柯林．馬嘉露，1990[1977]）

他告訴自己也應該在人生最後階段，找到這樣的樹，像小說中的刺鳥一樣唱出最優美的聲音，創造出自己的價值。因此，他直接將這個廢棄已久的軍事據點命名為「刺鳥」，自己一草

圖C.2　曹以雄以及活化後的廢棄據點（陳君瑋攝）

一木地親自整修，甚至最後決定搬到那裡「長住」(圖C.2)。

現在他在據點賣咖啡、經營民宿。在他悉心地經營下，這裡不但成為馬祖重要景點，很多藝文活動也在這裡舉辦。現在的他看起來與國家公務人員不一樣：他黝黑、精實，衣著也改變了。他剛當選議員時總是穿著正式的西裝，推動社造後開始穿具有東方感的唐裝，現在則會穿著舒適的布裙（sarong）工作。我們可以說，他現在追尋的是一種「存在的風格，生活的方式」(a style of existence, a way of being)(Moore 2011: 2)。這樣的自我風格也從他自身擴展到軍事據點的花草樹木，海邊的一角成為他獨有的空間。他說：「這是我，也是我的夢想……我用餘生慢慢接近。」

至於在博弈辯論中發聲的曹雅評，則提醒我們「後軍事世代」的出現。經過博弈辯論的激發，他們正在重新認識這片島嶼。例如，曹雅評在博弈公投時已體會到他們對馬祖戰地歷史的不理解，造成自己與上一世代認識上嚴重的落差，兩方幾乎無法溝通。因此，當她回到學校完成研究所學業時，她沒有選擇流行的當代研究，而以馬祖戰地時期的漁業作為主題；這是她試圖理解自我與上一個世代的開始。完成學業後，她回到家鄉工作，開始從生活瞭解馬祖。在她的網誌中，她記載著自己在馬祖的生活、曾經訪問的人，也包括她做軍人生意的父母，寫下自家的「家庭產業變遷史」。

很多後軍事世代的年輕人與曹雅評一樣，有著對自身與馬祖的困惑。於是他們一起成立了「馬祖青年發展協會」。他們經常聚在一起，參與公共議題，如同在地草根組織。二〇一七年，當漁會中有人提議放寬聘用大陸漁工的漁船，鬆解他們必須在馬祖海岸外一千公尺捕撈的限制到三百公尺時，她與年輕世代再次發起「守護馬祖海洋」活動。三天之內在網路及實體募集了兩千多人簽署，成功阻擋提案，保護馬祖海域的漁業資源。

為了讓年輕人更有向心力，近年來他們不斷在尋找一個合適的地點作為協會發展的「基地」。最後，他們找到了一個廢棄很久的建築——珠螺國小（圖C.3）。它占地不大，只有十八坪，原本只是一個小學分校，提供珠螺村一到三年級的學生讀書。不過，這間小學有一個特色——它的地下室是一個防空洞，是珠螺村人在戰地時期躲炮彈的地方。這群年輕人認為這樣的空間

圖 C.3　大家一起整理廢棄的珠螺國小（蔡佳儒攝）

對他們別具意義，可以讓他們與戰地歷史有所銜接。於是他們說服了政府與村人，讓他們使用這間廢棄的國校。

他們一起親手修復、改造這棟已廢棄五十三年的建築，整修後已開始舉辦活動，邀請長輩來此教導他們馬祖的方言、文化，以及學習做馬祖料理。在訪問的最後，我問雅評有了這個基地後，他們的目標是什麼？她以堅定的語氣回答我：

> 我們想要學習海洋文化，認識戰地歷史。
>
> 我們想要在臺灣與世界之間重新定位馬祖，而不是回到遠古的福州。
>
> 我們希望把這個空間撐開，成為不同世代共同學習的基地。

但，話說到了最後，她卻搖搖頭說：

其實我也不知道我們想要變成什麼，只能不斷和同伴、居民一起探索。

我們希望「成為我們自己」！

我相當訝異地發現這群年輕世代的目標，並非是自我風格的追求或是與祖先系譜的重建。他們更嚮往的是透過水平的連結與擴展，追尋新的倫理與歸屬：從原鄉、戰地到成為我們自己。

在當代，人不僅因歷史經驗而不同，而且在經過各種媒介延伸與擴大後，各自的想像更為不同。因此，在二十一世紀的人們要如何可以共同面對未來，必然是一個困難的問題。然而，如同霧總是島嶼的一部分，霧起時需耐心等待，霧散去可重新出發，即使在霧中也另有風景。

Strauss, Claudia. 2006. "The Imaginary." *Anthropological Theory* 6(3): 322-44.
Szonyi, Michael. 1997. "The Illusion of Standardizing the Gods: The Cult of the Five Emperors in Late Imperial China." *The Journal of Asian Studies* 56(1): 113-35.
——. 2008. *Cold War Island: Quemoy on the Frontline*. Cambridge: Cambridge University Press.
Taylor, Charles. 2004. *Modern Social Imaginaries*. Durham, NC: Duke University Press.
Tilley, Charles. 2006. "Objectification." In *Handbook of Material Culture*. Charles Tilley et al. eds., pp. 60-73. Oxford: Sage.
Tsing, Anna Lowenhaupt. 2005. *Friction: An Ethnography of Global Connection*. Princeton, NJ: Princeton University Press.
——. 2015. *The Mushroom at the End of the World: On the Possibility of Life in Capitalist Ruins*. Princeton, NJ: Princeton University Press.
Turkle, Sherry. 1997[1995]. *Life on the Screen: Identity in the Age of the Internet*. New York: Touchstone.
——. 2011. *Alone Together: Why We Expect More from Technology and Less from Each Other*. New York: Basic Books.
Turner, Victor and Edith Turner. 1978. *Image and Pilgrimage in Christian Culture: Anthropological Perspectives*. New York: Columbia University Press.
Turner, Victor. 1967. "Betwixt and Between: The Liminal Period in Rites de Passage." In *The Forest of Symbols: Aspects of Ndembu Ritual*, pp. 93-111. Ithaca, NY: Cornell University Press.
——. 1968. *The Ritual Process: Structure and Anti-Structure*. Chicago, IL: Aldine Publishing Company.
Watson, James. 1975. *Emigration and the Chinese Lineage*. Berkeley: University of California Press.
Weiss, Brad. 2009. *Street Dreams & Hip Hop Barbershops: Global Fantasy in Urban Tanzania*. Bloomington: Indiana University Press.
Weller, Robert. 1999. *Alternate Civilities: Democracy and Culture in China and Taiwan*. Boulder, CO: Westview Press.
——. 2000. "Living at the Edge: Religion, Capitalism, and the End of the Nation-State in Taiwan." *Popular Culture* 12(2): 477-98.
——. 2019. "Goddess Unbound: Chinese Popular Religion and the Varieties of Boundary." *The Journal of Religion* 99(1): 18-36.
White, Geoffrey. 2000. "Emotional Remembering: The Pragmatics of National Memory." *Ethos* 27(4): 505-29.
——. 2001. "Histories and Subjectivities." *Ethos* 28(4): 493-510.
——. 2004. "National Subjects: September 11 and Pearl Harbor." *American Ethnologist* 31(3): 293-310.
Wilkinson, Endymion. 2013. *Chinese History: A New Manual*. Cambridge, MA: Harvard University Asia Center.
Willis, Laurie. 2018. " 'It Smells Like a Thousand Angels Marching': The Salvific Sensorium in Rio de Janeiro's Western Subúrbios." *Cultural Anthropology* 33(2): 324-48.
Winter, Jay and Emmanuel Sivan, eds. 1999. *War and Remembrance in the Twentieth Century*. Cambridge: Cambridge University Press.
Yang, Ching Kun. 1961. *Religion in Chinese Society: A Study of Contemporary Social Functions of Religion and Some of Their Historical Factors*. Berkeley: University of California Press.
Yang, Mayfair. 2004. "Goddess across the Taiwan Strait: Matrifocal Ritual Space, Nation-State, and Satellite Television Footprints." *Public Culture* 16(2): 209-38.
——. 2008. "Introduction." In *Chinese Religiosities: Afflictions of Modernity and State Formation*. Mayfair Yang ed., pp. 1-40. Berkeley: University of California Press.

——. 2019. *Money Games: Gambling in a Papua New Guinea Town*. New York: Berghahn.

Postill, John. 2011. *Localizing the Internet: An Anthropological Account*. New York: Berghahn Books.

Povinelli, Elizabeth. 2011. *Economies of Abandonment: Social Belonging and Endurance in Late Liberalism*. Durham, N.C.: Duke University Press.

Rapport, Nigel. 2015. "'Imagination is the Barest Reality': On the Universal Human Imagining of the World." In *Reflections on Imagination: Human Capacity and Ethnographic Method*. Mark Harris and Nigel Rapport eds., pp. 3-22. Surrey: Ashgate.

Reed, John William and John William King. 1867. *The China Sea Directory*. London: Hydrographic office, Admiralty.

Reeves, Madeleine. 2017. "Infrastructural Hope: Anticipating Independent Roads' and Territorial Integrity in Southern Kyrgyzstan." *Ethnos* 82(4): 711-37.

Rigger, Shelley. 1999. *Politics in Taiwan: Voting for Democracy*. London: Routledge.

Robbins, Joel. 2010. "On Imagination and Creation: An Afterword." *Anthropological Forum* 20(3): 305-13.

——. 2013. "Beyond the Suffering Subject: toward an Anthropology of the Good." *The Journal of the Royal Anthropological Institute* 19(3): 447-62.

Rollason, Will. 2014. "Pacific Futures, Methodological Challenges." In *Pacific Futures: Projects, Politics and Interests*. Will Rollason ed., pp. 1-27. New York: Berghahn.

Salazar, Juan, Sarah Pink, Andrew Irving, and Johannes Sjöberg, eds. 2017. *Anthropologies and Futures: Researching Emerging and Uncertain Worlds*. London: Routledge.

Sanford, Victoria, Katerina Stefatos, and Cecilia Salvi, eds. 2016. *Gender Violence in Peace and War: States of Complicity*. New Brunswick, NJ: Rutgers University Press.

Sangren, Steven. 1987. *History and Magical Power in a Chinese Community*. Stanford, CA: Stanford University Press.

——. 2000. *Chinese Sociologics: An Anthropological Account of the Role of Alienation in Social Reproduction*. London: Athlone.

——. 2013. "The Chinese Family as Instituted Fantasy: or Rescuing Kinship Imaginaries from the 'Symbolic'." *Journal of the Royal Anthropological Institute* 19: 279-99.

Scott, James. 1985. *Weapons of the Weak*. New Haven, CT: Yale University Press.

Simon, Scott. 2004. *Sweet and Sour: Life-worlds of Taipei Women Entrepreneurs*. Lanham: Rowman & Littlefield Publishers, INC.

Sneath, David, Martin Holbraad and Morten Pedersen. 2009. "Technologies of the Imagination: An Introduction." *Ethnos* 74(1): 5-30.

Sojoyner, Damien. 2017. "Another Life is Possible: Black Fugitivity and Enclosed Places." *Cultural Anthropology* 32(4): 514-36.

Stankiewicz, Damien. 2016. "Against Imagination: On the Ambiguities of a Composite." *American Anthropologist* 118(4): 796-810.

Steinmüller, Hans. 2011. "The Moving Boundaries of Social Heat: Gambling in Rural China." *Journal of the Royal Anthropological Institute* 17(2): 263-80.

Stephan, Christopher and Devin Flaherty. 2019. "Introduction: Experiencing Anticipation: Anthropological Perspectives." *The Cambridge Journal of Anthropology* 37(1): 1-16.

Stevenson, Lisa. 2014. *Life Beside Itself: Imagining Care in the Canadian Arctic*. Oakland: University of California Press.

Stewart, Pamela J. and Andrew Strathern. 2009. "Growth of the Mazu Complex in Cross-Straits Contexts (Taiwan and Fujian Province, China)." *Journal of Ritual Studies* 23(1): 67-72.

Stolow, Jeremy. 2005. "Religion and/as Media." *Theory, Culture & Society* 22(4): 119-45.

Miller, Daniel. 1987. *Material Culture and Mass Consumption*. Oxford: Blackwell.
——. 2005. *Materiality.* Durham, NC: Duke University Press.
Mitra, Ananda. 1997. "Virtual Commonality: Looking for India on the Internet." In *Virtual Culture: Identity & Communication in Cybersociety*. Steven Jones ed., pp. 55-79. London: Sage.
Mittermaier, Amira. 2011. *Dreams That Matter: Egyptian Landscapes of the Imagination*. Berkeley: University of California Press.
Miyazaki, Hirokazu. 2004. *The Method of Hope: Anthropology, Philosophy, and Fijian Knowledge*. Stanford, CA: Stanford University Press.
——. 2006. "Economy of Dreams: Hope in Global Capitalism and Its Critiques." *Cultural Anthropology* 21(2): 147-72.
——. 2013. *Arbitraging Japan: Dreams of Capitalism at the End of Finance*. Berkeley: California University Press.
Miyazaki, Hirokazu and Richard Swedberg. 2015. *The Economy of Hope*. Philadelphia: University of Pennsylvania Press.
Moon, Seungsook. 2005. *Militarized Modernity and Gendered Citizenship in South Korea*. Durham, NC: Duke University Press.
Moore, Henrietta. 1994. *A Passion for Difference: Essays in Anthropology and Gender*. Cambridge: Polity Press.
——. 2007. *The Subject of Anthropology: Gender, Symbolism and Psychoanalysis*. Cambridge: Polity.
——. 2011. *Still Life: Hopes, Desires and Satisfactions*. Cambridge: Polity.
Mueggler, Erik. 2001. *The Age of Wild Ghost: Memory, Violence, and Place in Southwest China*. Berkeley: University of California Press.
Munn, Nancy. 1986. *The Fame of Gawa: A Symbolic Study of Value Transformation in a Massim Society*. Durham, NC: Duke University Press.
Murray, Dian. 1987. *Pirates of the South China Coast 1790-1810*. Stanford, CA: Stanford University Press.
Nedostup, Rebecca. 2009. *Superstitious Regimes: Religion and the Politics of Chinese Modernity*. Cambridge, MA: Harvard University Asian Center.
Oakes, Tim and Donald Sutton, eds. 2010. *Faith on Display: Religion, Tourism, and the Chinese State*. Lanham: Rowman & Littlefield Publishers.
Ong, Aihwa. 2006. *Neoliberalism as Exception: Mutations in Citizenship and Sovereignty*. Durham, NC: Duke University Press.
Ortner, Sherry. 1995. "Resistance and the Problem of Ethnographic Refusal." *Comparative Studies in Society and History* 37(1): 173-93.
——. 2005. "Subjectivity and Cultural Critique." *Anthropological Theory* 5(1): 31-52.
Papataxiarchis, Evthymios. 1999. "A Contest with Money: Gambling and the Politics of Disinterested Sociality in Aegean Greece." In *Lilies of the Field: Marginal People Who Live for the Moment*. Sophie Day, Evthymios Papataxiarchis, and Michael Stewart eds., pp. 158-75. Boulder: Westview Press.
Peacock, James and Dorothy Holland. 1993. "The Narrated Self: Life Stories in Process." *Ethos* 21(4): 367-83.
Peter, John. 1997. "Seeing Bifocally: Media, Place, Culture." In *Culture, Power, Place: Explorations in Critical Anthropology*. Akhil Gupta and James Ferguson eds., pp. 75-92. Durham: Duke University Press.
Pickles, Anthony. 2014. "Gambling Futures: Playing the Imminent in Highland Papua New Guinea." In *Future Selves in the Pacific*. W. Rollason ed., pp. 96-113. Oxford: Berghahn.

Lee, Anru. 2004. *In the Harmony and Prosperity: Labor and Gender Politics in Taiwan's Economic Restructuring*. Albany: State University of New York.

——. 2015. "Place-making, Mobility, and Identity." In *Transport, Mobility, and the Production of Urban Space*. Julie Cidell and David Prytherch eds., pp. 153-71. London: Routledge.

——. 2017. "Taiwan." In *Routledge Handbook of Civil Society in Asia*. Akihiro Ogawa ed., pp. 79-94. London: Routledge.

Lin, Wei-ping. 2009. "Local History through Popular religion: Place, People and Their Narratives." *Asian Anthropology* 8: 1-30.

——. 2014. "Virtual Recentralization: Pilgrimage as Social Imaginary in the Demilitarized Islands between China and Taiwan." *Comparative Studies in Society and History* 56(1): 131-54.

——. 2015. *Materializing Magic Power: Chinese Popular Religion in Villages and Cities*. Cambridge, MA: Harvard University Asia Center.

——. 2017. "Why Build a Temple? The Materialization of New Community Ideals in the Demilitarized Islands between China and Taiwan." *Material Religion* 13(2): 131-55.

——. 2018. "Mother Ghost Seeks a Human Son-in-Law: Ghost Shrines in Taiwan." *Magic, Ritual, and Witchcraft* 13(2): 190-211.

Long, Nicholas and Henrietta Moore, eds. 2013. *Sociality: New Directions*. New York: Berghahn Books.

Lu, Hsin-Yi. 2002. *Politics of Locality: Making a Nation of Communities in Taiwan*. London: Routledge.

Luhrmann, Tanya. 2006. "Subjectivity." *Anthropological Theory* 6(3): 345-61.

Lutz, Catherine. 2001. *Homefront: A Military City and the American Twentieth Century*. Boston: Beacon Press.

——. 2004. "Militarization." In *A Companion to the Anthropology of Politics*. David Nugent and Joan Vincent eds., pp. 318-31. New York: Blackwell.

——. 2017. "What Matters." *Cultural Anthropology* 32(2): 181-91.

Macek, Jakub. 2013. "More than a Desire for Text: Online Participation and the Social Curation of Content." *Convergence: The International Journal of Research into New Media Technologies* 19(3): 295-302.

Mahmood, Saba. 2005. *Politics of Piety: The Islamic Revival and the Feminist Subject*. Princeton, NJ: Princeton University Press.

Malaby, Thomas. 2003. *Gambling Life: Dealing in Contingency in a Greek City*. Urbana: University of Illinois Press.

Marcus, George. 1995. "Introduction." In *Technoscientific Imaginaries: Conversations, Profiles, and Memoirs*. George Marcus ed., pp. 1-10. Chicago: University of Chicago Press.

Massumi, Brian. 2002. *Parables for the Virtual: Movement, Affect, Sensation*. Durham, N.C.: Duke University Press.

Mazzarella, William. 2004. "Culture, Globalization, Mediation." *Annual Review of Anthropology* 33: 345-67.

Meyer, Birgit. 2015. *Sensational Movies: Video, Vision, and Christianity in Ghana*. Berkeley: University of California Press.

Miklavcic, Alessandra. 2008. "Slogans and Graffiti: Postmemory among Youth in the Italo-Slovenian Borderland." *American Ethnologist* 35(3): 440-53.

Miller, Daniel and Don Slater. 2000. *The Internet: An Ethnographic Approach*. Oxford: Berg.

Miller, Daniel and Heather Horst. 2012. "The Digital and the Human: A Prospectus for Digital Anthropology." In *Digital Anthropology*. Heather Horst and Daniel Miller eds., pp. 3-38. London: Bloomsbury.

Harvey, Penny. 2005. "The Materiality of State Effect: An Ethnography of a Road in the Peruvian Andes." In *State Formation: Anthropological Perspectives*. Christian Krohn-Hansen and Knut G. Nustad eds., pp. 216-47. London: Pluto.

Harvey, Penny and Hannah Knox. 2015. *Roads: An Anthropology of Infrastructure and Expertise*. Ithaca, NY: Cornell University Press.

Hatfield, D. J. 2010. *Taiwanese Pilgrimage to China: Ritual, Complicity, Community*. New York: Palgrave Macmillan.

——. 2019. "Remediation and Innovation in Taiwanese Religious Sites: Lukang's Glass Temple." *Asian Ethnology* 78(2): 263-88.

Herzfeld, Michael. 1996. *Cultural Intimacy: Social Poetics in the Nation-State*. London: Routledge.

Holland, Dorothy and Kevin Leander. 2004. "Ethnographic Studies of Positioning and Subjectivity: An Introduction." *Ethos* 32(2): 127-39.

Holober, Frank. 1999. *Raiders of the China Coast: CIA Covert Operations during the Korean War*. Annapolis: Naval Institute Press.

Ingold, Tim. 2013. "Dreaming of Dragons: on the Imagination of Real Life." *Journal of the Royal Anthropological Institute* 19: 734-54.

——. 2021. *Imagining for Real: Essays on Creation, Attention and Correspondence*. London: Routledge

Jing, Jun. 1996. *The Temple of Memories: History, Power, and Morality in a Chinese Village*. Stanford, CA: Stanford University Press.

Kapferer, Brian, Annelin Eriksen, and Kari Telle. 2009. "Introduction: Religiosities toward a Future—In Pursuit of the New Millennium." *Social Analysis* 53(1): 1-16.

Kelly, Liz. 2000. "Wars against Women: Sexual Violence, Sexual Politics and the Militarised State." In *States of Conflict: Gender, Violence, and Resistance*. Susie Jacobs, Ruth Jacobson, and Jennifer Marchbank eds., pp. 45-65. London: Zed Books.

Kelty, Christopher. 2005. "Geeks, Social Imaginaries, and Recursive Publics." *Cultural Anthropology* 20(2): 185-214.

Kenny, Michael. 1999 "A Place for Memory: The Interface between Individual and Collective History." *Comparative Studies in Society and History* 41(3): 420-37.

Kleinman, Arthur and Erin Fitz-Henry. 2007. "The Experiential Basis of Subjectivity: How Individuals Change in the Context of Societal Transformation." In *Subjectivity: Ethnographic Investigations*. Joao Biehl, Byron Good, and Arthur Kleinman eds., pp. 52-65. Berkeley: University of California Press.

Kwon, Heonik. 2010. "The Ghosts of War and the Ethics of Memory." In *Ordinary Ethics: Anthropology, Language and Action*. Michael Lambek ed., pp. 400-15. New York: Fordham University Press.

Lambek, Michael and Paul Antze. 1996 "Introduction: Forecast Memory." In *Tense Past: Cultural Essays in Trauma and Memory*. Paul Antze and Michael Lambek eds., pp. xi-xxxviii. New York: Routledge.

Larkin, Brian. 2013. "The Politics and Poetics of Infrastructure." *Annual Review of Anthropology* 42: 327-43.

Laszczkowski, Mateusz. 2019. "Rethinking Resistance through and as Affect." *Anthropological Theory* 19(4): 489-509.

Latour, Bruno. 1993. *We Have Never Been Modern*. Cambridge, Mass.: Harvard University Press.

——. 2005. *Reassembling the Social: An Introduction to Actor-Network-Theory*. Oxford: Oxford University Press.

——. 2004. *Imaginative Horizons: Literary-Philosophical Anthropology*. Chicago, IL: Chicago University Press.

Da col, Giovanni and Caroline Humphrey. 2012. "Introduction: Subjects of Luck-Contingency, Morality, and the Anticipation of Everyday Life." *Social Analysis* 56(2): 1-18.

Das, Veena. 2008. "Violence, Gender, and Subjectivity." *Annual Review of Anthropology* 37: 283-99.

Davis, Rede. 2006. "All or Nothing: Video Lottery Terminal Gambling and Economic Restructuring in Rural Newfoundland." *Identities: Global Studies in Culture and Power* 13(4): 503-31.

Deleuze, Gilles and Felix Guattari. 1987. *A Thousand Plateaus: Capitalism and Schizophrenia*. Minneapolis: University of Minnesota Press.

Dijck, José van. 2007. *Mediated Memories in the Digital Age*. Stanford, CA: Stanford University Press.

Duara, Prasenjit. 1991. "Knowledge and Power in the Discourse of Modernity: The Campaigns against Popular Religion in Early Twentieth-Century China." *The Journal of Asian Studies* 50(1): 67-83.

Enloe, Cynthia. 2000. *Maneuvers: The International Politics of Militarizing Women's Lives*. Berkeley: University of California Press.

Festa, Paul. 2007. "Mahjong Agonistics and the Political Public in Taiwan: Fate, Mimesis, and the Martial Imaginary." *Anthropological Quarterly* 80: 93-125.

Foucault, Michel. 1977. *Discipline and Punish: The Birth of the Prison*. New York: Vintage.

——. 1985. *The History of Sexuality, Vol. II: The Use of Pleasure*. New York: Pantheon.

——. 1998. *Ethics: Subjectivity and Truth (Essential Works of Michel Foucault, 1954-1984)*. New York: New Press.

Gammeltoft, Tine. 2014. "Toward an Anthropology of the Imaginary: Specters of Disability in Vietnam." *Ethos* 42(2): 153-74.

Gaonkar, Dilip. 2002. "Toward New Imaginaries: An Introduction." *Public Culture* 14(1): 1-19.

Gates, Hill. 1996. "Owner, Worker, Mother, Wife: Taibei and Chengdu Family Businesswomen." In *Putting Class in Its Place: Worker Identities in East Asia*. Elizabeth Perry ed., pp. 127-65. Berkeley: Institute of East Asian Studies.

——. 1999. *Looking for Chengdu: A Woman's Adventures in China*. Ithaca, NY: Cornell University Press.

Geertz, Clifford. 1973. "Deep Play: Notes on the Balinese Cockfight." In *The Interpretation of Cultures*, pp. 412-53. New York: Basic Books.

——. 1980. *Negara: The Theatre State in Nineteenth-century Bali*. Princeton, NJ: Princeton University Press.

Gell, Alfred. 1998. *Art and Agency*. Oxford: Blackwell.

Gershon, Ilana. 2012. *The Breakup 2.0: Disconnecting over New Media*. Ithaka: Cornell University Press.

Goossaert, Vincent and David Palmer. 2011. *The Religious Question in Modern China*. Chicago, IL: Chicago University Press.

Gupta, Akhil and James Ferguson. 1997. "Beyond 'Culture': Space, Identity, and the Politics of Difference." In *Culture, Power, Place: Explorations in Critical Anthropology*. Akhil Gupta and James Ferguson eds., pp. 33-51. Durham, NC: Duke University Press.

Habermas, Jürgen. 1989[1962]. *The Structural Transformation of the Public Sphere: An Inquiry into a Category of Bourgeois Society*. Cambridge, MA.: MIT Press.

Hampton, Keith and Barry Wellman. 2003. "Neighboring in Netville: How the Internet Supports Community and Social Capital in a Wired Suburb." *City & Community* 2(4): 277-311.

Harvey, David. 1990. *The Condition of Postmodernity: An Enquiry into the Origins of Cultural Change*. Oxford: Blackwell.

——. 2005. *A Brief History of Neoliberalism*. Oxford: Oxford University Press.

Belting, Hans. 2011[2001]. *An Anthropology of Images: Picture, Medium, Body*. Princeton, NJ: Princeton University Press.

Berlant, Lauren. *Cruel Optimism*. Durham : Duke University Press

Biehl, João, Byron Good, and Arthur Kleinman. 2007. "Introduction: Rethinking Subjectivity." In *Subjectivity: Ethnographic Investigations*. Joao Biehl, Byron Good, and Arthur Kleinman eds., pp. 1-23. Berkeley: University of California Press.

Biehl, João, and Peter Locke. 2010. "Deleuze and the Anthropology of Becoming." *Current Anthropology* 51(3): 317-37.

Boellstorff, Tom. 2008. *Coming of Age in Second Life: An Anthropologist Explores the Virtually Human*. Princeton, NJ: Princeton University Press.

——. 2012. "Rethinking Digital Anthropology." In *Digital Anthropology*. Heather Horst and Daniel Miller eds., pp. 39-60. London: Bloomsbury.

Bosco, Joseph, Lucia Huwy-Min Liu and Matthew West. 2009. "Underground Lotteries in China: The Occult Economy and Capitalist Culture." *Research in Economic Anthropology* 29: 31-62.

Boyer, Dominic and Claudio Lomnitz. 2005. "Intellectuals and Nationalism: Anthropological Engagements." *Annual Review of Anthropology* 34: 105-20.

Bristol, Horace and Howard Sochurek. 1953. "Liberate the Mainland." *Life* 34(9): 15-23.

Bryant, Rebecca and Daniel M. Knight, eds. 2019. *The Anthropology of the Future*. Cambridge: Cambridge University Press.

Cappelletto, Francesca. 2005a. "Introduction." In *Memory and World War II: An Ethnographic Approach*. Francesca Cappelletto ed., pp. 1-37. Cambridge: Cambridge University Press.

——. 2005b. "Public Memories and Personal Stories: Recalling the Nazi-fascist Massacres." In *Memory and World War II: An Ethnographic Approach*. Francesca Cappelletto ed., pp. 101-30. Cambridge: Cambridge University Press.

Casey, Edward. 1976. *Imagining: A Phenomenological Study*. Bloomington: Indiana University Press.

Castells, Mannuel. 1996. *The Rise of Network Society*. Oxford: Blackwell.

Castoriadis, Cornelius. 1987. *The Imaginary Institution of Society*. Cambridge, MA: The MIT Press.

Chi, Chang-Hui. 2009. "The Death of a Virgin: The Cult of Wang Yulan and Nationalism on Jinmen, Taiwan." *Anthropological Quarterly* 82(3): 669-90.

——. 2015. "Governance and the Politics of Exchange in Militarized Jinmen, 1949-1992."《臺灣人類學刊》13（2）：1-20。

Chu, Julie. 2010. *Cosmologies of Credit: Transnational Mobility and the Politics of Destination in China*. Durham, NC: Duke University Press.

Chu, Ling-I and Jinn-Yuh Hsu. 2021. "Accidental Border: Kinma Islands and the Making of Taiwan." *Geopolitics*. DOI: 10.1080/14650045.2021.1919628.

Collinson, Richard. 1846. "Navigation of the Min." *The Chinese Repository* 15(5): 230-2.

Comaroff, Jean and John Comaroff. 1999. "Occult Economies and the Violence of Abstraction: Notes from the South African Postcolony." *American Ethnologist* 26(2): 279-303.

——. 2000. "Millennial Capitalism: First Thoughts on a Second Coming." *Public Culture* 12(2): 291-343.

——. 2002. "Alien-Nation: Zombies, Immigrants, and Millennial Capitalism." *The South Atlantic Quarterly* 101(4): 779-805.

Crapanzano, Vincent. 2003. "Reflections on Hope as a Category of Social and Psychological Analysis." *Cultural Anthropology* 18(1): 3-32.

——。2001a。〈冷戰記事〉。《夢蜻蜓》，頁36-40。臺北：書林。
——。2001b。〈當青春斂翅沉睡〉。《夢蜻蜓》，頁55-8。臺北：書林。
——。2001c。〈蝴蝶〉。《夢蜻蜓》，頁110-2。臺北：書林。
——。2008。〈有霧踟躕〉。《離散九歌》，頁92。南竿：連江縣政府。
——。2008。〈迷霧〉。《離散九歌》，頁100。南竿：連江縣政府。
——。2010a。〈如歌的行板〉。《群島》，林錦鴻編，頁14-5。南竿：連江縣政府。
——。2010b。〈島嶼甦醒〉。《群島》，林錦鴻編，頁14-5。南竿：連江縣政府。
——。2016。《島居》。臺北：聯合文學。
——。2020。〈節日〉。《海之宅：我為馬祖寫一首詩》，劉枝蓮編，頁56-8。臺北：遠景。
邊城畫室。2008。〈介壽新街火災區情況〉，《馬祖資訊網》，1月21日。www.matsu.idv.tw/topicdetail.php?f=5&t=51121。2010年10月3日瀏覽。
嚴正。1970。〈賭乃百禍之源 從防衛部焚燬賭具說起〉。《馬祖日報》，7月4日，第二版。
——。1974。〈蝦皮決採取自行運銷 並將成立運銷合作社 漁會統一事權謀取漁民利益〉。《馬祖日報》，6月30日，第二版。
——。1977。〈今年黃魚一定很多 龐大船隊開往東引 漁民均抱很大信心與希望〉。《馬祖日報》，4月12日，第二版。
——。1979。〈賭具一批昨焚燬 眾望能燒掉歪風 查禁雖久迄今未根絕 根本辦法應該防止賭具進口〉。《馬祖日報》，4月19日，第二版。
鐵蛋。2004。〈湄州、李寶龍與楊惠珊設計的三尊媽祖巨神像〉。《馬祖資訊網》，4月2日。https://www.matsu.idv.tw/print.php?f=4&t=2634&p=1。2010年10月3日瀏覽。
Adams, Vincanne, Michelle Murphy and Adele Clarke. 2009. "Anticipation: Technoscience, Life, Affect, Temporality." *Subjectivity* 28: 246-65.
Alexandrakis, Othon, ed. 2016. *Impulse to Act: A New Anthropology of Resistance and Social Justice*. Bloomington: Indiana University Press.
Anderson, Benedict. 1991[1983]. *Imagined Communities: Reflections on the Origin and Spread of Nationalism*. London: Verso.
Antony, Robert. 2003. *Like Froth Floating on the Sea: The World of Pirates and Seafarers in Late Imperial South China*. Berkeley: Institute of East Asian Studies.
Anand, Nikhil, Akhil Gupta and Hannah Appel, eds. 2018. *The Promise of Infrastructure*. Durham: Duke University Press.
Appadurai, Arjun. 1996. *Modernity at Large: Cultural Dimensions of Globalization*. Minneapolis: University of Minnesota Press.
——. 2004. "The Capacity to Aspire: Culture and the Terms of Recognition." In *Culture and Public Action: A Cross-Disciplinary Dialogue on Development Policy*. Vijayendra Rao and Michael Walton eds., pp. 59-84. Stanford, CA: Stanford University Press.
——. 2013. *The Future as Cultural Fact: Essays on the Global Condition*. London: Verso Books.
Armstrong, Karen. 2000. "Ambiguity and Remembrance: Individual and Collective Memory in Finland." *American Ethnologist* 27(3): 591-608.
Axel, Brian. 2003. "Poverty of the Imagination." *Anthropological Quarterly* 76(1): 111-33.
Baptandier, Brigitte. 2008. *The Lady of Linshui: A Chinese Female Cult*. Stanford, CA: Stanford University Press.
Basu, Ellen. 1991. "Profit, Loss, and Fate: The Entrepreneurial Ethic and the Practice of Gambling in an Overseas Chinese Community." *Modern China* 17(2): 227-59.
Basu, Paul. 2007. *Highland Homecomings: Genealogy and Heritage Tourism in the Scottish Diaspora*. London: Routledge.

——。1996a。〈古厝映落日，牛角向寒冬〉。《馬祖通訊》33，1月10日。www.matsu.idv.tw/topicdetail.php?f=176&t=37096。2018年1月2日瀏覽。
——。1996b。〈滄海桑田，夢迴孫隴〉。《馬祖通訊》36，5月17日。www.matsu.idv.tw/print.php?f=176&t=37908&p=1。2011年9月瀏覽。
——。1996c。〈大海盜蔡牽　北竿藏寶傳奇〉。《馬祖通訊》42，12月24日。www.matsu.idv.tw/topicdetail.php?f=176&t=37936。2011年9月瀏覽。
——。1996d。〈解開東引島犁麥大王之謎〉。《馬祖通訊》42，12月24日。board.matsu.idv.tw/board_view.php?board=15&pid=9899&link=%209898&start=0。2011年9月瀏覽。（2003年轉載到馬資網）
——。2004a。〈海盜屋傳奇人物陳忠平〉。《馬祖通訊》103，2月23日。www.matsu.idv.tw/topicdetail.php?f=165&t=161788。2013年11月25日瀏覽。
——。2004b。〈竿塘梟雄林義和〉。《馬祖通訊》106/107，4月。www.matsu.idv.tw/topicdetail.php?f=165&t=161788。2013年11月25日瀏覽。
——。2004c。〈曹曉芬，返鄉為自已而活〉。《馬祖資訊網》，11月30日。www.matsu.idv.tw/topicdetail.php?f=165&t=161791。2013年11月25日瀏覽。
——。2006a。〈回應「雷盟弟——爸爸不見了」〉。《馬祖資訊網》，2月6日。www.matsu.idv.tw/topicdetail.php?f=226&t=27516&p=1。2013年11月25日瀏覽。
——。2006b。〈熄燈感言／我還有一個夢〉。《馬祖通訊》143，3月6日。board.matsu.idv.tw/board_view.php?board=25&pid=23270&link=23248&start=0。2017年10月25日瀏覽。
——。2014。〈李小石〉。刊於《連江縣志》第三冊，頁356-7。南竿：連江縣政府。
——。2015。〈臺馬之星8月12日首航至今「故障事件」大事記〉。《馬祖資訊網》，12月20日。www.matsu.idv.tw/topicdetail.php?f=176&t=144746&k=%E8%87%BA%E9%A6%AC%E4%B9%8B%E6%98%9F#892665。2017年10月25日瀏覽。
劉家國、邱新福編纂。2002。《東引鄉志》。東引：東引鄉公所。
劉家國、胡依北。1995。〈叫政治犯太嚴重〉。《馬祖通訊》36。
劉家國、劉宏文。2017。《馬祖鄉親桃園移民史》報告書。（未出版）
劉淳。1964。〈曹起捷愉快表示 漁貸削減核銷乃是一大德政〉。《馬祖日報》，10月29日，第二版。
——。1965。〈漁撈的創舉——PP塑膠管蝦皮窗試驗成功〉。《馬祖日報》，5月29日，第二版。
劉梅玉。2016。《寫在霧裡》。臺北：釀出版。
——。2018a。《劉梅玉截句：奔霧記》。臺北：秀威。
——。2018b。《耶加雪菲的據點》。新北市：斑馬線。
——。2021。《一人份的島》。新北市：斑馬線。
摩羯客。2011。〈曾走過的小路～給介中 75 級前後期同學〉。《馬祖資訊網》，2月1日。www.matsu.idv.tw/topicdetail.php?f=4&t=86621。2012年7月12日瀏覽。
蔡乙萱、李信宏、曾德峰、唐在馨。2013。〈郭台銘促發展博弈 淡水設特區更好〉。《自由時報》，2月19日。news.ltn.com.tw/news/life/paper/654798。2014年2月10日瀏覽。
賣麵西施。2005。〈回應「雷盟弟——暗夜三部曲」〉。《馬祖資訊網》，12月10日。www.matsu.idv.tw/topicdetail.php?%20f=226&t=25434。2017年5月5日瀏覽。
鄭智仁。2001。〈聚落保存在馬祖〉。《文化視窗》34：42-9。
——。2003。《馬祖民居：連江縣鄉土建築研究報告》。南竿：連江縣政府。
謝丹。2014。〈馬祖縣長：和福州市一起循"海絲"之路走向世界〉。《福州新聞網》，5月19日。news.fznews.com.cn/xhsjzkfz/2014-5-19/201451950Nb0P5iXX162731.shtml。2016年6月15日瀏覽。
謝昭華。1995a。〈孤寂入侵〉。《伏案精靈》，頁60-2。臺北：紅螞蟻。
——。1995b。〈東引燈塔行〉。《伏案精靈》，頁129-40。臺北：紅螞蟻。
——。1995c。〈夢醒接壤〉。《伏案精靈》，頁145-6。臺北：紅螞蟻。

——。2012。〈一封信讓地方輿論翻盤 13歲女生反賭感言 打動馬祖人〉。《中時新聞網》，6月24日。tw.news.yahoo.com/%E5%B0%81%E4%BF%A1%E8%AE%93%E5%9C%B0%E6%96%B9%E8%BC%BF%E8%AB%96%E7%BF%BB%E7%9B%A4-13%E6%AD%B2%E5%A5%B3%E7%94%9F%E5%8F%8D%E8%B3%AD%E6%84%9F%E8%A8%80-%E6%89%93%E5%8B%95%E9%A6%AC%E7%A5%96%E4%BA%BA-213000814.html。2019年3月12日瀏覽。
雷盟弟。2006。〈回應「雷盟弟——記憶的味道」〉。《馬祖資訊網》，1月2日。www.matsu.idv.tw/topicdetail.php?f=226&t=26261&p=1。2012年7月17日瀏覽。
——。2008。〈官兵與強盜〉。《馬祖資訊網》，5月15日。www.matsu.idv.tw/topicdetail.php?f=2&%20t=55386。2012年5月10日瀏覽。
實習生。2007。〈牛峰境建廟全紀錄～～G〉。《馬祖資訊網》，3月18日。www.matsu.idv.tw/topicdetail.php?f=4&t=41297&k=#220398。2012年4月13日瀏覽。
實錄館（清）。1799。《清實錄・高宗純皇帝實錄》，1985年，北京：中華書局。
廖志龍。2008。《桃園縣八德市聚落發展之研究》。新竹：國立新竹教育大學人資處社會學習領域碩士論文。
熊手拍。2012。〈回應「馬祖亮島出土7900年前完整人骨骸」〉。《馬祖資訊網》，4月2日。www.matsu.idv.tw/topicdetail.php?f=4&t=100574。2016年6月15日瀏覽。
福建日報。2009a。〈海西：從地方政策到國家決策：來自海峽西岸經濟區的報導（上）〉。《福建日報》，6月26日。
——。2009b。〈海西騰飛正當時〉。《福建日報》，6月26日。
翟本瑞。2000。〈虛擬社區的社會學基礎：虛擬世界對現實世界的滲透〉。刊於《教育與社會：迎接資訊時代的教育社會學反省》，頁223-44。臺北：揚智文化。
閩東日報。2008。〈寧德喜迎近60年來第一艘直航的台灣客輪〉。《新華網福建頻道》，8月7日轉載自《閩東日報》，7月6日。big5.xinhuanet.com/gate/big5/www.fj.xinhuanet.com/dszx/2008-08/07/content_14060715.htm。2013年1月7日瀏覽。
澄俗。1970。〈嘉賓惠臨〉。《馬祖日報》，1月24日，第二版。
網管。2019。〈亞細亞的孤兒，在風中哭泣……〉。《馬祖資訊網》，4月9日。www.matsu.idv.tw/print.php?f=2&t=199010&p=0。2022年8月1日瀏覽。
劉亦。2020。〈台灣不是一個國家？從金馬割棄論到「台灣群島」共同體〉。《聯合新聞網・鳴人堂》，4月1日。opinion.udn.com/opinion/story/10124/4461367。2022年8月1日瀏覽。
劉宏文。2016。《鄉音馬祖》。南竿：連江縣政府。
——。2018。《聆聽神明：橋仔漁村的故事》。南竿：連江縣政府。
——。2020。〈舅舅〉。《馬祖資訊網》，1月2日。www.matsu.idv.tw/topicdetail.php?f=182&t=213706。2022年7月17日瀏覽。
——。2021。〈失去聲音的人〉。刊於《靈魂與灰燼：臺灣白色恐怖散文選・卷五——失落的故鄉》，胡淑雯、童偉格編，頁27-57。臺北：春山。
劉秋月。2010。〈爭取三體高速新臺馬輪 楊綏生拜會中央〉。《馬祖日報》，2月9日。
——。2012。〈亞洲地中海說明會 懷德：澳門能成功，馬祖更具地理優勢〉。《馬祖日報》，4月27日。
——。2013。〈DNA解密 推論「亮島人」為南島語族最早祖先〉。《馬祖日報》，7月17日。
劉秋華。2010。〈馬祖還有幾年可以等？馬祖人你還願意再等嗎？〉。《馬祖日報》，7月23日。
劉家國。1988。《我的家鄉是戰地：金馬問題面面觀》。臺北：自版。
——。1993。〈陳情路迢迢 含恨赴九泉〉。《馬祖通訊》12。http://board.matsu.idv.tw/board_view.php?board=24&pid=23075&link=23075&start=56。2013年2月18日瀏覽。
——。1994。〈土地的悲歌／祖產沒討回來，我死不瞑目！〉。《馬祖通訊》18。board.matsu.idv.tw/board_view.php?board=25&pid=4741&link=14581&start=20。2011年2月1日瀏覽。

彭大年編。2013。《枕戈待旦：金馬戰地政務工作口述歷史》。臺北：政務辦公室。
彭瑩。2011。〈兩岸直航後 寧波迎來450人最大規模台灣團〉。《現代金報》，7月9日。
曾林官。2010。〈曾林官辭馬祖境天后宮新任委員，兼回應各界質疑與指教〉。《馬祖資訊網》，12月16日。www.matsu.idv.tw/topicdetail.php?f=2&t=85802。2011年2月1日瀏覽。
程世原。2010。《馬祖列島聚落與民居變遷之研究》。高雄：樹德科技大學建築與環境設計研究所碩士論文。
馮全忠。2011。〈致馬祖境天后宮曾前主委道歉啟事〉。《馬祖資訊網》，1月12日。www.matsu.idv.tw/topicdetail.php?f=2&t=86577。2011年2月1日瀏覽。
黃仲昭（明）纂修。1485。《八閩通志》。《北京圖書館古籍珍本叢刊》，北京圖書館古籍出版編輯組編，1988年。北京：書目文獻。
黃金花。2005。〈回應「雷盟弟——暗夜三部曲」〉。《馬祖資訊網》，12月9日。www.matsu.idv.tw/topicdetail.php?f=226&t=25434&p=1。2005年12月9日瀏覽。
黃開洋。2017。《兩馬同春鬧元宵？馬祖飛地的認同／發展想像》。臺北：國立臺灣大學地理環境資源系碩士論文。
黃應貴。2006a。〈農村社會的崩解？當代台灣農村新發展的啟示〉。刊於《人類學的視野》，頁175-91。臺北：群學。
——。2006b。〈社會過程中的中心化與邊陲化〉。刊於《人類學的視野》，頁127-47。臺北：群學。
——。2016。〈導論〉。刊於《21世紀的地方社會：多重地方認同下的社群性與社會想像》，黃應貴與陳文德主編，頁1-45。臺北：群學。
賀廣義。2011。《島嶼・群落・祭祀》。南竿：連江縣政府。
楊仁江。1995。《馬祖東犬燈塔之調查研究》。連江縣政府委託楊仁江古蹟及建築攝影研究室執行。（未出版）
——。1996。《馬祖東湧燈塔之調查研究》。連江縣政府委託楊仁江古蹟及建築攝影研究室執行。（未出版）
楊弘任。2007。《社區如何動起來？：黑珍珠之鄉的派系、在地師傅與社區總體營造》。臺北：左岸文化。
楊卓翰。2013。〈要賺世界錢 賭場設在馬祖比淡水好〉。《今周刊》，第847期，3月14日。www.businesstoday.com.tw/article/category/80392/post/201303140019/。2014年2月10日瀏覽。
楊秉訓主纂。2014。〈經濟財稅志〉。刊於《連江縣志》，劉家國、李仕德、林金炎編，第六冊，頁22-455。南竿：連江縣政府。
楊雅心主纂。2014。〈地理志〉。刊於《連江縣志》，劉家國、李仕德、林金炎編，第二冊，頁36-202。南竿：連江縣政府。
楊綏生。2007。〈牛峰境廟宇管理委員會啟事〉。《馬祖資訊網》，1月25日。www.matsu.idv.tw/topicdetail.php?f=4&t=39501&k=#207510。2012年4月13日瀏覽。
——。2008。〈面對博弈的舊道德與新思維〉。《馬祖資訊網》，8月20日。www.matsu.idv.tw/topicdetail.php?f=174&t=59252。2014年2月10日瀏覽。
——。2009。〈詩人話博弈〉。《馬祖資訊網》，7月5日。www.matsu.idv.tw/topicdetail.php?f=174&t=68780。2014年2月10日瀏覽。
——。2010。〈期待總統說yes〉。《馬祖日報》，6月9日。www.matsu-news.gov.tw/2010web/news_detail_101.php?CMD=open&UID=113027。2014年2月10日瀏覽。
瑞雲。2011。〈我的父親曹典樟〉。《馬祖資訊網》，3月19日。www.matsu.idv.tw/topicdetail.php?f=165&t=88211。2013年5月1日瀏覽。
潘欣彤。2010。〈台馬輪年度歲修 合富輪代跑〉。《中國時報》，12月14日。www.chinatimes.com/newspapers/20101214000569-260102?chdtv。2019年3月12日瀏覽。

曹雅評。2017。《捕魚好苦啊！戰地政務體制下的馬祖漁業及漁民家庭處境》。臺北：世新大學社會發展研究所碩士論文。
曹順官。1978。〈從馬祖人口外遷 論地方經建發展〉。《馬祖日報》，6月7-12日，第二版。
——。2012。〈馬祖博弈公投公聽會：正方曹順官〉。取自 www.youtube.com/watch?v=nIwQSsqPJBg。2012年7月1日。2014年7月17日瀏覽。
曹楷智、賀廣義。1998。〈藝術村、社區總體營造、老街復甦〉。《馬祖日報》，8月17日。
——。2000。〈牛角啟示：聚落甦活、再現風華〉。《馬祖日報》，1月10日。
曹爾元。1988。〈潮流擋不住〉。刊於《我的家鄉是戰地：金馬問題面面觀》，劉家國編。臺北：自版。
梁山頂。2010。〈馬港天后宮委員選舉是否合情、理、法？〉。《馬祖資訊網》，12月14日。www.matsu.idv.tw/topicdetail.php?f=2&t=85751。2011年2月1日瀏覽。
梁克家（宋）。1182。《淳熙三山志》。《四庫全書珍本六集》，王雲五編，1976年，臺北：臺灣商務。
梁潔芬、盧兆興。2010。《中國澳門特區博彩業與社會發展》。香港：香港城市大學。
許嘉明。1973。〈彰化平原福佬客的地域組織〉。《中央研究院民族學研究所集刊》36：165-90。
連江縣文獻委員會。1986。《福建省連江縣誌》。南竿：連江縣政府。
——。1979。《連江縣誌》。南竿：連江縣政府。
陳永富。2020。《戰地36：金馬戒嚴民主運動實錄》。金門：行政院金馬聯合服務中心。
陳仲玉。2013。《亮島人DNA研究》。南竿：連江縣政府。
陳其南。1990。〈公民國家的宗教信仰和社會倫理——從盧梭的社約論談起〉。《當代》54：66-83。
——。1992。《公民國家意識與台灣政治發展》。臺北：允晨。
——。1996a。〈社區營造與文化建設〉。《理論與政策》10（2）：109-16。
——。1996b。〈台灣社會的發展與轉型——社區總體營造與地方生程學習體制的建立〉。刊於《建館四十週年文化藝術學術演講論文集——台灣光復後中華文化發展之回顧與省思》，國立歷史博物館編，頁19-48。臺北：國立歷史博物館。
陳其南、陳瑞樺。1998。〈台灣社區營造運動之回顧〉。《研考報導》41：21-37。
陳其敏。2009年9月23日。〈黃瓜魚的故事〉。取自 blog.xuite.net/andwer1972/twblog/127811900-%E9%BB%83%E7%93%9C%E9%AD%9A%E7%9A%84%E6%95%85%E4%BA%8B-%E4%BD%9C%E8%80%85%E9%99%B3%E5%85%B6%E6%95%8F。2018年1月11日瀏覽。
陳治龍。2013。《下江討海-馬祖的傳統漁業》。南竿：連江縣政府。
陳財能。2010。〈鄉親加油！「還我祖先土地」全縣連署已達687人！〉。《馬祖日報》，10月4日。www.matsu.idv.tw/topicdetail.php?f=180&t=83706#411465。2011年6月6日瀏覽。
——。2011a。〈一塊布的力量！〉。《馬祖日報》，5月16日。www.matsu.idv.tw/topicdetail.php?f=180&t=89999#429468。2011年8月1日瀏覽。
——。2011b。〈博奕在馬祖，不如，媽祖在馬祖！〉。《馬祖日報》，9月29日。www.matsu.idv.tw/topicdetail.php?f=180&t=94497&p=1。2012年5月10日瀏覽。
陳俊宏。2021。〈序〉。刊於《靈魂與灰燼：臺灣白色恐怖散文選．卷五——失落的故鄉》，胡淑雯、童偉格編，頁5-16。臺北：春山。
陳儀宇。1999。〈析論馬祖列島住民前期的教育概況（上）〉。《馬祖日報》，5月3日，第三版。
陳韻如。2010。《兩岸軍事對峙下馬祖南竿海防據點軍事空間之調查與研究》。臺北：國立臺灣科技大學建築所碩士論文。
陳壽彭譯。1969。《新譯中國江海險要圖誌》。臺北：廣文。
陳鵬雄。2011。〈民航局長尹承蓬：馬祖機場擴建確定朝北竿機場規劃〉。《馬祖日報》，7月30日。www.matsu-news.gov.tw/2010web/news_detail_101.php?CMD=open&UID=129637&keyword=%A5%C1%AF%E8%A7%BD%AA%F8%A4%A8%A9%D3%BD%B4。2011年8月1日瀏覽。

——。2002.05.13。〈南、北竿大橋實現　將澈底改變馬祖發展空間／寄望大橋〉。《馬祖日報》，5月13日。
——。2007.05.19。〈馬祖鄉親：兩岸直航民心所向 希望直航常態化〉。《馬祖日報》，5月19日。
——。2008.07.05。〈基隆—馬祖—寧德宗教進香歷史首航〉。《馬祖日報》，7月5日。
——。2008.09.02。〈「媽祖金身直航台中」桃園縣馬祖同鄉會將舉行盛大接駕儀式〉。《馬祖日報》，9月2日。
——。2010.05.21。〈用三體快輪賭馬祖一個機會〉。《馬祖日報》，5月21日。
——。2012.12.21。〈回顧101　縣政關鍵時刻系列報導－馬祖新「亮」點！　亮島人出土　改寫馬祖歷史也震撼台閩考古學界〉。《馬祖日報》，12月21日。
馬祖通訊。2002。〈軍管紅皮書：馬祖漁民手冊〉。《馬祖資訊網》，7月28日。board.matsu.idv.tw/board_view.php?board=25&pid=5253&link=14589&start=20。2012年7月17日瀏覽。
——。2003。〈馬祖民眾六成二反對設觀光賭場〉。《馬祖資訊網》，7月30日。board.matsu.idv.tw/board_view.php?board=25&pid=10337&link=10336&start=0。2017年2月22日瀏覽。
馬林諾斯基。于嘉雲譯。1991[1922]《南海舡人：去美拉尼西亞新幾內亞土著之事業及冒險活動報告》。臺北：遠流。
恐龍。2010。〈可憐的馬祖次等公民～～〉。《馬祖資訊網》，4月22日。www.matsu.idv.tw/print.php?f=2&t=78253&p=1。2022年8月1日瀏覽。
雪泥。2010。〈霧裡看花〉。《群島：六人詩合集》頁38-41。南竿：連江縣政府。
莊雅仲。2005a。〈五餅二魚：社區運動與都市生活〉。《社會學研究》116：176-97。
——。2005b。〈巡守社區：權力、衝突與都市地方政治〉。《台灣人類學刊》3（2）：79-114。
國立故宮博物院編。1993。《宮中檔嘉慶朝奏摺》。臺北：故宮。
國防部史政編譯局。1996。《國軍外島地區戒嚴與戰地政務紀實》。臺北：國防部史政編譯局。
張平宜編。2001。《連江縣志》。北京：方志。
張佩芬。2012。〈馬祖航班取消率　近2成〉。《中時新聞網》，7月10日。tw.news.yahoo.com/%E9%A6%AC%E7%A5%96%E8%88%AA%E7%8F%AD%E5%8F%96%E6%B6%88%E7%8E%87-%E8%BF%912%E6%88%90-213000369.html。2014年2月10日瀏覽。
張珣。2003。《文化媽祖：台灣媽祖信仰研究論文集》。臺北：中央研究院。
張馳。1984。〈張逸舟橫行閩海始末〉。《仙游文史資料》2：89-117。
張龍光。2012。〈來論/我本將心向明月，奈何明月照溝渠　思前：回首馬祖的過去　想後：展望馬祖的未來〉。《馬祖日報》，4月25日。
曹以雄。1998。〈聚落保存的緣起與動力〉，《連江水月刊》1998/7。
曹以鋒。2011年4月2日。〈鱸魚的季節　家家戶戶都會看到〉。取自tw.myblog.yahoo.com/tsaoifeng-blog/article?mid=14569&prev=14575&next=14566。2011年5月1日瀏覽。
曹以勳、林瑋嬪。2013。〈馬祖莒光花蛤節：邊境島嶼如何探索未來〉。《民族學研究所資料彙編》23：179-206。
曹昇華。2010。〈漁人之島的繁華與沒落〉。《記憶鑿痕》，初安民編，頁179-91。南竿：連江縣政府。
曹重偉。2009a。〈挑戰聖母峰　李小石揹媽祖金身出發〉。《馬祖日報》，3月14日。
——。2009b。〈揹媽祖登聖母峰　李小石載譽返鄉〉。《馬祖日報》，6月7日。
——。2012a。〈臺灣懷德公司「亞洲地中海計畫」打造馬祖星級渡假村〉。《馬祖日報》，3月2日。
——。2012b。〈威廉懷德議會現身　說明後續作為及實現四大承諾決心〉。《馬祖日報》，9月15日。
曹原彰。2012。〈那些年，我們一起反軍管〉。《馬祖日報》，11月7日。www.matsu-news.gov.tw/2010web/news_detail_101.php?CMD=open&UID=146283&keyword=%A7%DA%AD%CC%A4@%B0_%A4%CF%ADx%BA%DE。2014年2月10日瀏覽。
曹常璧。2011。《福建長樂潭頭厚福曹朱曹姓族譜》。連江縣：自版。

夏淑華、陳天順。2009。《雷盟弟的戰地童年》。臺北：二魚文化。

夏鑄九。1995。〈全球經濟中的台灣城市與社會〉。《台灣社會研究季刊》20：57-102。

——。1999。〈市民參與和地方自主性：台灣的社區營造〉。《城市與設計學報》9/10：175-85。

孫鍵政。1966。〈蝦皮生產在緊鑼密鼓中〉。《馬祖日報》，10月17日，第二版。

徐玉虎。1962。〈鄭和下西洋航海圖考〉。《大陸雜誌》25（12）：14-8。

徐景熹（清）。1754。《福州府志》。《中國方志叢書》，1967年，臺北：成文。

袁炳驊。2009。〈回應「2009/7/5北竿——夏淑華、雷盟弟的戰地童年　新書發表會」〉。《馬祖資訊網》，7月4日。www.matsu.idv.tw/topicdetail.php?f=%204&t=68733。2012年7月17日瀏覽。

郝玉麟（清）。1737。《福建通志》。《文津閣四庫全書》，2006年，北京：商務印書館。

馬祖日報。1959.02.01。〈連江縣政會議　昨圓滿結束　夏兼縣長親自主持〉。《馬祖日報》，2月1日。

——。1960.06.25。〈馬祖中學首屆畢業生班　畢業考試舉行完竣 四十八人畢業考試及格　十五人可保送台灣深造〉。《馬祖日報》，6月25日。

——。1961.03.24。〈維護樹苗成長　縣府明令除羊　盼駐軍響應殺羊運動〉。《馬祖日報》，3月24日。

——。1961.06.09。〈漁民證腰牌問答〉。《馬祖日報》，6月9日。

——。1962.03.12。〈談綠化馬祖〉。《馬祖日報》，3月12日。

——。1962.08.15。〈指揮官關懷漁民　將舉辦漁業貸款　貸予本區各貧苦漁民〉。《馬祖日報》，8月15日。

——。1964.02.03。〈（指揮官）兼主委關懷貧苦漁民　指示縣府春節前貸款　每網貸款數為五百至一千　孤獨貧困老人亦將獲救濟〉。《馬祖日報》，2月3日。

——。1965.04.14。〈漁會協調會作原則決定　採購漁具延誤時間　遠東公司賠償損失　將以無息貸款方式作為補償〉。《馬祖日報》，4月14日。

——。1964.05.05。〈天后宮昨日落成　指揮官親臨剪綵〉。《馬祖日報》，5月5日。

——。1964.10.29。〈曹啟捷愉快表示　漁貸削減核銷乃是一大德政〉，《馬祖日報》10月29日。

——。1965.05.21。〈漁業負責人昨集會　張秘書長親臨主持　商討採購漁具誤期補救辦法〉。《馬祖日報》，5月21日。

——。1965.08.13。〈澈底根絕賭博行為　政委會開座談會　秘書長再申禁賭決心　要求各級主官切實告誡所屬 並鼓勵檢舉以整頓戰地風氣〉。《馬祖日報》，8月13日。

——。1966.01.18。〈司令官德意深重　撥食米貸予漁民　共計有十三萬四千五百市斤　蝦皮收成後無息償還〉。《馬祖日報》，1月18日。

——。1967.11.18。〈司令官關心民瘼　核准貸米予漁民　總數達三萬六千五百餘公斤　貸予手續正由有關單位洽商〉。《馬祖日報》，11月18日。

——。1970.08.02。〈杜絕閒散　端正風氣　防區將管制賭具　並嚴格執行禁賭〉。《馬祖日報》，8月2日。

——。1971.09.17。〈陸主委昨天參觀　戰地各軍經建設　對繁榮進步至表欽羨〉。《馬祖日報》，9月17日。

——。1972.10.07。〈警局查獲賭徒　多達五十六人　其中公務人員兩名〉。《馬祖日報》，10月7日。

——。1972.10.09。〈根絕賭博惡習　決採有效措施〉。《馬祖日報》，10月9日。

——。1974.03.28。〈南北竿漁民昨日舉行　出海作業不違規宣誓　司令官親臨南竿天后宮監誓〉。《馬祖日報》，3月28日。

——。1976.04.09。〈東引地區黃魚季即屆　十七艘漁船合作　昨結隊前往作業〉。《馬祖日報》，4月9日。

——。1978.01.08。〈吳金贊訪南北竿〉。《馬祖日報》，1月8日。

——。1982.01.20。〈政委會重申前令　嚴禁軍公教賭博〉。《馬祖日報》，1月20日。

——。1983.10.18。〈民眾提供軍人賭博場所　連續三次查獲命其遷出　政委會增訂肅清賭博處罰規定〉。《馬祖日報》，10月18日。

林淑萍。2013。〈幸福的苦行僧——劉家國〉。《馬祖日報》，12月18-19日。
——。2016。《我們．馬祖人》。南竿：連江縣政府。
林瑋嬪。2009。〈邊陲島嶼再中心化：馬祖進香的探討〉。《考古人類學刊》71：71-91。
——。2013。〈為何要建廟？從廟宇興建的物質化過程探討馬祖社群再造〉。《台灣社會研究季刊》92：1-33。
——。2016。〈線上馬祖：網路社群與地方想像〉。《考古人類學刊》85：17-50。
——。2018。《媒介宗教：音樂、影像、物與新媒體》。臺北：臺大出版中心。
——。2020。《靈力具現：鄉村與都市中的民間宗教》。臺北：臺大出版中心。
林瑋嬪、王惇蕙。2012。〈823馬祖人為土地上街頭：網路與社會運動初探〉。《民族學研究所資料彙編》22：125-57。
林麗櫻。2007。《桃園工業發展與桃園社會變遷：一九六六年～一九九六年》。桃園：國立中央大學機械工程研究所碩士論文。
欣傳媒。2013年4月3日。〈特別企畫／專訪臺灣懷德總裁威廉懷德　建設先行　配套做足　IR有助提升國際能見度〉。《欣傳媒》，「旅@天下」，第10期。blog.xinmedia.com/article/128677。2014年2月17日瀏覽。
邱筠。2020。〈馬祖民進黨部開幕　主委李問：打破放棄金馬迷思〉。《中央通訊社》，10月24日。www.cna.com.tw/news/aipl/202010240140.aspx。2020年10月30日瀏覽。
邱新福、賀廣義主纂。2014。〈人民志〉。刊於《連江縣志》，劉家國、李仕德、林金炎編，第五冊，頁6-151。南竿：連江縣政府。
神話。2010。〈為什麼廟宇成選舉工具〉。《馬祖資訊網》，6月8日。www.matsu.idv.tw/topicdetail.php?f=4&t=41297&k=#220398。2012年8月20日瀏覽。
施振民。1973。〈祭祀圈與社會組織——彰化平原聚落發展模式的探討〉。《中央研究院民族學研究所集刊》36：191-208。
柯琳．麥嘉露（Colleen McCullough）原著，吳麗玟編譯。1990[1977]。《刺鳥》。臺北：遠志。
茅元儀編（明）。1621。《武備志》。《續修四庫全書》，1995年，上海：上海古籍。
郁永河（清）。1697。《裨海紀遊》。《臺灣文獻叢刊》，1959年，臺北：臺灣銀行經濟研究室。
烘焙王。2012。〈回應「七年級馬祖人的心聲」〉。《馬祖資訊網》，6月13日。www.matsu.idv.tw/topicdetail.php?f=2&t=103007。2014年7月17日瀏覽。
飛毛腿。2012。〈七年級馬祖人的心聲〉。《馬祖資訊網》，6月13日。www.matsu.idv.tw/topicdetail.php?f=2&t=103007。2015年2月7日瀏覽。
夏淑華。2005a。〈月全蝕〉。《馬祖資訊網》，9月14日。www.matsu.idv.tw/topicdetail.php?f=226&t=21926。2012年7月17日瀏覽。
——。2005b。〈回應「遺忘在橋仔村的時光」〉。《馬祖資訊網》，10月13日。www.matsu.idv.tw/topicdetail.php?f=226&t=21931。2012年7月17日瀏覽。
——。2005c。〈我的無敵小金剛〉。《馬祖資訊網》，10月16日。www.matsu.idv.tw/topicdetail.php?f=226&t=23143&p=1。2012年7月17日瀏覽。
——。2005d。〈雷盟弟——遠方的童年〉。《馬祖資訊網》，10月27日。www.matsu.idv.tw/topicdetail.php?f=226&t=23601。2012年7月17日瀏覽。
——。2005e。〈33歲媽媽的迪士尼樂園〉。《馬祖資訊網》，11月19日。www.matsu.idv.tw/topicdetail.php?f=226&t=24488。2012年7月17日瀏覽。
——。2006a。〈中年焦慮〉。《馬祖資訊網》，2月9日。www.matsu.idv.tw/topicdetail.php?f=226&t=27668。2012年7月17日瀏覽。
——。2006b。〈慢活〉。《馬祖資訊網》，3月6日。www.matsu.idv.tw/topicdetail.php?f=226&t=28446&p=1。2012年7月17日瀏覽。
——。2008。〈回應「雷盟弟——海沙的記憶」〉。《馬祖資訊網》，6月15日。www.matsu.idv.tw/topicdetail.php?f=226&t=56874&p=1。2012年7月17日瀏覽。

李月鳳。1965。〈馬祖記行之七：難忘的聚會〉。《馬祖日報》，8月3日，第二版。
李仕德。2006。《追尋明清時期的海上馬祖》。南竿：連江縣政府。
李安如。2013。〈地方、認同和想像地理：高雄大眾捷運系統的文化政治〉。《台灣人類學刊》11（1）：93-122。
李玲玲。2012。〈只要博弈法通過！懷德計畫用600億開發馬祖〉。《今日新聞》，7月9日。tw.news.yahoo.com/%E5%8F%AA%E8%A6%81%E5%8D%9A%E5%BC%88%E6%B3%95%E9%80%9A%E9%81%8E-%E6%87%B7%E5%BE%B7%E8%A8%88%E7%95%AB%E7%94%A8600%E5%84%84%E9%96%8B%E7%99%BC%E9%A6%AC%E7%A5%96-103727463.html。2014年2月17日瀏覽。
李登輝。1995。《經營大台灣》。臺北：遠流。
李詩云、陳治龍與邱新福。2014。《流轉時光：馬祖口述歷史》。南竿：連江縣政府。
李詩云撰文、楊綏生口述。2014。《出路》。新北市：瑞豐。
坂里國小。2010a。〈"橫"掃坂里——坂里國小歲末掃街活動〉。《馬祖資訊網》，12月22日。www.matsu.idv.tw/topicdetail.php?f=143&t=85969。2011年7月28日瀏覽。
——。2010b。〈坂里國小歡樂慶耶誕——寒冬送暖義賣園遊會〉。《馬祖資訊網》，12月24日。www.matsu.idv.tw/topicdetail.php?f=143&t=86039。2011年7月28日瀏覽。
呂欣怡。2014。〈地方文化的再創造：從社區總體營造到社區文化產業〉。刊於《重讀臺灣：人類學的視野——百年人類學回顧與前瞻》，林淑蓉、陳中民與陳瑪玲編，頁253-90。新竹：國立清華大學。
何欣潔、李易安。2021。《斷裂的海：金門、馬祖，從國共前線到台灣偶然的共同體》。臺北：聯經。
吳美雲編。1995。《長住台灣》。臺北：漢聲。
吳軾子。2006。〈解決土地問題只在主政者的是否「用心」〉。《馬祖資訊網》，3月3日。www.matsu.idv.tw/topicdetail.php?f=170&t=28369#141400。2011年6月12日瀏覽。
宋健生。2013。〈參與菲國新賭場投資10%懷德　投資馬祖只欠東風〉。《馬祖日報》，3月17日。www.matsu-news.gov.tw/2010web/news_detail_101.php?CMD=%20open&UID=151315。2014年7月瀏覽。
杜臻（清）。1684。《粵閩巡視紀略》。《四庫全書珍本四集》，王雲五編，1973年，臺北：臺灣商務。
阿岡本著，薛熙平譯。2010[2003]。《例外狀態》。臺北：麥田。
官秀如。2008。《馬祖地區保送制度之研究》。桃園：銘傳大學教育研究所碩士在職專班碩士論文。
忠哥。2010。〈馬港天后宮選舉諸多疑問？〉。《馬祖資訊網》，12月12日。www.matsu.idv.tw/topicdetail.php?f=2&t=85701。2011年5月1日瀏覽。
東海史錄編撰委員會。1998。《東海部隊奮鬥史錄》。臺北：東海聯誼會。
林冰芳。2007。〈牛峰境五靈公廟新建工程　預計兩個月後完工〉。《馬祖日報》，1月21日。
林金官。2012。〈博弈靚妝馬祖？！論壇會發言盈庭　獲八項結論〉。《馬祖日報》，4月22日。
林金炎。1991。《馬祖列島記》。板橋：自版。
——。2006。《莒光鄉志》。莒光：莒光鄉公所。
——。2007。〈馬祖海上王朝——記偽和平救國軍張逸舟部〉。《馬祖資訊網》，1月1日。www.matsu.idv.tw/topicdetail.php?f=165&t=38657。2013年3月20日瀏覽。
——。2013a。〈馬祖首樁漁業貸款〉。《馬祖資訊網》，4月23日。www.matsu.idv.tw/topicdetail.php?f=183&t=112250。2014年7月20日瀏覽。
——。2013b。〈馬祖教育奠基史略　民國38～45年教育拓荒期〉。《馬祖資訊網》，5月15日。www.matsu.idv.tw/topicdetail.php?f=183&t=112897。2014年7月20日瀏覽。
林美容、陳緯華。〈馬祖列島的浮屍立廟研究：從馬港天后宮談起〉。《臺灣人類學刊》6（1）：103-32。
林淑芬。2016。〈範例與例外：Giorgio Agamben的政治存有論初探〉。《政治與社會哲學評論》56：1-67。

王志弘。2006。〈移／置認同與空間政治：桃園火車站週邊消費族裔地景研究〉。《台灣社會研究季刊》61：149-203。
王花俤。1998。〈人與屋對話：側記牛角村石厝新象活動〉。《馬祖日報》，11月2日。
——。2000。《馬祖地區廟宇調查與研究》。南竿：連江縣政府。
——。2009。〈「雷盟弟的戰地童年」，也是我們的童年〉。《馬祖資訊網》，7月3日。www.matsu.idv.tw/topicdetail.php?f=4&t=68733。2011年2月1日瀏覽。
——。2011。〈回應「上彩暝」應為「上節暝」之我見〉。《海上鮮師部落格》，1月7日。https://blog.xuite.net/wht22240/twblog/153007334。2013年3月7日瀏覽。
王花俤、王建華與賀廣義。2016。《馬祖文化事典》。南竿：連江縣政府。
王金利。1999。〈馬祖漁業〉。刊於《第一屆馬祖列島發展史國際學術研討會論文集》，邱金寶編，頁164-86。南竿：連江縣政府。
王長明。2011a。〈今年8月23日走上台灣街頭，爭取早該還給馬祖人民應有的權益〉。《馬祖資訊網》，4月22日。www.matsu.idv.tw/topicdetail.php?f=181&t=89253。2011年6月6日瀏覽。
——。2011b。〈823凱達格蘭大道遊行靜坐口號，請大家一起來提供〉。《馬祖資訊網》，5月17日。www.matsu.idv.tw/topicdetail.php?f=2&t=90033&k=%A4g%A6a#429485。2011年5月26日瀏覽。
王宣晴。2017。〈台馬輪外海失去動力 軍人、台電員工獲救〉。《自由時報》，4月29日。news.ltn.com.tw/news/society/breakingnews/2051335。2018年6月25日瀏覽。
王建華。2010a。〈一塊小水池 無限生命力！〉。《馬祖資訊網》，5月12日。www.matsu.idv.tw/topicdetail.php?f=172&t=78957。2010年5月12日瀏覽。
——。2010b。〈讓孩子學著做更多——開腹蛤〉。《馬祖資訊網》，6月30日。tw.myblog.yahoo.com/arthur-88001/article?mid=2539&prev=2738&l=f&fid=10。2011年2月1日瀏覽。
——。2011。〈錯過這幾天 就要等明年!〉。《馬祖資訊網》，5月18日。tw.myblog.yahoo.com/arthur-88001/article?mid=5263&next=5251&l=f&fid=10。2011年5月1日瀏覽。
王顥中。2012。〈【馬祖，博弈中】專題系列二：中央失能，博弈業者成地方父母官！？〉。《苦勞網》，7月4日。www.coolloud.org.tw/node/69370。2022年8月1日瀏覽。
中國科技大學。2007。《96年度連江縣文化景觀普查計畫》。連江縣政府文化局委託中國科技大學執行。（未出版）
世園。2011。〈台電負責任的承諾在哪裡？〉。《馬祖資訊網》，4月19日。www.matsu.idv.tw/topicdetail.php?f=2&t=89113&k=%E5%8F%B0%E9%9B%BB%E8%B2%A0%E8%B2%AC%E4%BB%BB%E7%9A%84%E6%89%BF%E8%AB%BE%E5%9C%A8%E5%93%AA%E8%A3%A1#426464。2011年5月1日瀏覽。
安徽省政協文史資料委員會與東至縣政協文史資料委員會編。1989。《許世英》。北京：中國文史。
成之。1968。〈馬祖一週〉。《馬祖日報》，7月1日，第二版。
江柏煒。2009。〈宗族、宗祠建築及其社會生活：以福建金門為例〉。刊於《海峽兩岸傳統文化藝術研究》，林蔚文編，頁364-98。福州：海潮攝影藝術。
——。2011。〈混雜的現代性：近代金門地方社會的文化想像及其實踐〉。《民俗曲藝》174：185-257。
宋怡明。《前線島嶼：冷戰下的金門》。臺北：臺大出版中心。
艾德。2008。〈山隴大火紀實，提供各界參考！〉。《馬祖資訊網》，2月15日。www.matsu.idv.tw/topicdetail.php?f=2&t=52086。2010年3月1日瀏覽。
李小石。2010。《喚山：我與珠峰的相遇》。新北市：INK印刻文學。
李丁讚。2004。〈公共領域中的親密關係：對新港和大溪兩個造街個案的探討〉。收錄於《公共領域在台灣：困境與契機》，李丁讚主編，頁357-95。臺北：桂冠。
李元宏。1998。《軍事化的空間控制——戰地政務時期馬祖地區之個案》。臺北：國立臺灣大學建築與城鄉研究所碩士論文。

參考文獻

admin。2005。〈本站會員註冊、登入、升級、忘記密碼及其他使用問題Q&A〉。《馬祖資訊網》，5月26日。www.matsu.idv.tw/topicdetail.php?f=6&t=17773&k=%E5%BF%98%E8%A8%98%E5%AF%86%E7%A2%BC#76931。2011年5月1日瀏覽。

——。2008。〈南竿發生大火，災情慘重，縣長、副縣長都不在馬祖〉。《馬祖資訊網》，1月20日。www.matsu.idv.tw/topicdetail.php?f=176&t=51092。2011年5月1日瀏覽。

——。2011a。〈秋日過馬祖南竿牛角巷道偶見／作者：謝昭華〉。《馬祖資訊網》，1月16日。www.matsu.idv.tw/topicdetail.php?f=4&t=8668。2011年5月1日瀏覽。

——。2011b。〈LAG很久的孫孝豪與王靜怡婚禮照片－晚宴篇〉。《馬祖資訊網》，1月23日。www.matsu.idv.tw/topicdetail.php?f=143&t=86888&k=LAG%E5%BE%88%E4%B9%85#420540。2011年5月1日瀏覽。

——。2011c。〈台灣本島40年來第一次發現的紅喉潛鳥，東引現蹤〉。《馬祖資訊網》，1月24日。www.matsu.idv.tw/topicdetail.php?f=4&t=%2086904。2011年5月1日瀏覽。

CTC。2011。〈馬祖政府機關效率真是棒！真正棒！〉。《馬祖資訊網》，4月27日。www.matsu.idv.tw/topicdetail.php?f=2&t=89382。2011年6月5日瀏覽。

Leayang。2005。〈回應「最好的時光」〉。《馬祖資訊網》，11月7日。www.matsu.idv.tw/topicdetail.php?f=226&t=23801。2012年7月17日瀏覽。

LOLO。2011。〈這樣的日曆，你敢掛嗎？〉。《馬祖資訊網》，1月7日。www.matsu.idv.tw/topicdetail.php?f=2&t=86456。2011年5月1日瀏覽。

pinkheart。2012。〈馬祖的青年，站出來支持7/7公投!!〉。《馬祖資訊網》，6月12日。www.matsu.idv.tw/topicdetail.php?f=2&t=102939&fb_comment_id=10151040244155815_25077375。2017年2月22日瀏覽。

Timing。2010。〈「情定十六　馬祖好讚」五育闖關躍成年〉。《馬祖資訊網》，9月15日。www.matsu.idv.tw/topicdetail.php?f=4&t=93989&%20k=%A4%FB%AEp%B9%D2#438113。2012年4月13日瀏覽。

Vice Admin。2010。〈回應「雷盟弟——彩暝亮風燈」〉。《馬祖資訊網》，2月4日。www.matsu.idv.tw/topicdetail.php?f=226&t=75766&p=1。2015年2月17日瀏覽。

Weidner, William。2013。《馬祖夜未眠：亞洲的地中海》。臺北：時英。

七號鈎。2010。〈回應「雷盟弟——彩暝亮風燈」〉。《馬祖資訊網》，2月18日。www.matsu.idv.tw/topicdetail.php?f=226&t=75766&p=1。2012年5月10日瀏覽。

于浩。2007。〈馬祖航線五月分取消135班次　立榮有苦難言〉。《大紀元》，6月3日。www.epochtimes.com/b5/7/6/3/n1731933.htm。2014年2月10日瀏覽。

大方。1969。〈等待蝦皮望眼欲穿〉。《馬祖日報》，1月13日，第二版。

不著撰人（清）。1873。《福建省例》。《臺灣文獻叢刊》，1964年，臺北：臺灣銀行經濟研究室。

不著撰人（清）。年代不詳。《臺案彙錄辛集》。《臺灣文獻叢刊》，1964年，臺北：臺灣銀行經濟研究室。

中和阿芳。2008。〈回應「快訊：山隴新街於今晚發生大火，火勢歷時3小時才受控制」〉。《馬祖資訊網》，1月20日。www.matsu.idv.tw/topicdetail.php?f=1&t=51090。2010年3月10日瀏覽。

文化部。2004年10月6日。〈陳其南催生新文化藝術共同體〉。取自210.69.67.46/MOC/Code/NewListContent.aspx?id=d8293db2-9d6b-410c-85d4-5be8be1d80dd#。2012年12月18日瀏覽。

方雯玲。2012。〈懷德開發台北辦公室開幕 移植澳門經驗到馬祖〉。《欣傳媒》，12月7日。n.yam.com/Article/20121207038794。2017年11月2日瀏覽。

Voice
春山之聲
044

島嶼幻想曲：戰地馬祖的想像主體與未來

（本書英文版*Island Fantasia: Imagining Subjects on the Military Frontline between China and Taiwan*為劍橋大學出版社「劍橋臺灣研究叢書」首作）

作　　者　林瑋嬪
總 編 輯　莊瑞琳
責任編輯　盧意寧
行銷企畫　甘彩蓉
美術設計　徐睿紳
內文排版　丸同連合 Un-Toned Studio
法律顧問　鵬耀法律事務所戴智權律師

出　　版　春山出版有限公司
地址　11670臺北市文山區羅斯福路六段297號10樓
電話　02-29318171
傳真　02-86638233

總 經 銷　時報文化出版企業股份有限公司
地址　33343桃園市龜山區萬壽路二段351號
電話　02-23066842

製　　版　瑞豐電腦製版印刷股份有限公司
印　　刷　搖籃本文化事業有限公司
初版一刷　2023年3月

定　　價　500元

填寫本書線上回函

春山出版
Email　SpringHillPublishing@gmail.com
Facebook　www.facebook.com/springhillpublishing/

國家圖書館預行編目資料

島嶼幻想曲：戰地馬祖的想像主體與未來 / 林瑋嬪作. –初版. –臺北市：春山出版有限公司，2023.03，360面；14.8×21公分–（春山之聲；44）
ISBN 978-626-7236-18-5（平裝）
1.CST：歷史　2.CST：人文地理　3.CST：連江縣
673.19/137.2　112000853

ALL VOICES FROM THE ISLAND | 島嶼湧現的聲音